财政部规划教材
全国高职高专院校财经类教材
QUANGUO GAOZHI GAOZHUAN YUANXIAO CAIJINGLEI JIAOCAI

管理会计

（第四版）

主　编　郭素娟　石晓燕
副主编　杨忠英　洪　燕　笪　艳

中国财经出版传媒集团
中国财政经济出版社

图书在版编目（CIP）数据

管理会计/郭素娟，石晓燕主编．—4版．—北京：中国财政经济出版社，2019.6
财政部规划教材　全国高职高专院校财经类教材
ISBN 978-7-5095-8954-0

Ⅰ.①管…　Ⅱ.①郭…②石…　Ⅲ.①管理会计-高等职业教育-教材　Ⅳ.①F234.3

中国版本图书馆CIP数据核字（2019）第068652号

责任编辑：樊　闽　　　　　　责任校对：黄亚青
封面设计：构远设计

中国财政经济出版社出版
URL：http：//www.cfeph.cn
E-mail：cfeph@cfeph.cn

社址：北京市海淀区阜成路甲28号　邮政编码：100142
营销中心电话：010-88191537
北京富生印刷厂印刷　各地新华书店经销
787×1092毫米　16开　16.5印张　402 000字
2019年6月第4版　2021年12月北京第3次印刷
定价：40.00元
ISBN 978-7-5095-8954-0
（图书出现印装问题，本社负责调换）
本社质量投诉电话：010-88190744
打击盗版举报热线：010-88191661　QQ：2242791300

第四版前言

《管理会计》第二版于2012年出版以来，深受高职院校师生和广大读者的认可和厚爱，值此第四版问世之际，谨向选用本书和提出宝贵修改建议的广大师生和读者朋友，致以衷心的感谢！

2014年10月，财政部颁发《关于全面推进管理会计体系建设的指导意见》［财会（2014）27号］指出，要大力发展管理会计，建立与我国社会主义市场经济体制相适应的管理会计体系。近年来，我国管理会计标准建设不断加强，《管理会计基本指引》［财会（2016）10号］于2016年6月发布，《管理会计应用指引第100号——战略管理》等应用指引亦陆续发布，管理会计示范案例库不断完善，逐步形成以管理会计基本指引为统领、以管理会计应用指引为具体指导、以管理会计案例示范为补充的管理会计指引体系。基于此，管理会计教材应与时俱进，与管理会计指引体系相契合，结合企业对管理会计岗位人才的素质要求，按照高职高专管理会计课程的教学目标，吸收管理会计的最新内容，充分考虑企业专家的意见和建议，结合高职学生的认知特点，内容设置充分体现课证融合与课赛融合，教学团队在总结长期教学经验的基础上编写而成。

第四版教材共分为十一个项目，五大单元，全面系统地介绍了管理会计的基本理论和方法。第一单元（项目一至项目四）为管理会计的基础，内容包括管理会计认知、成本性态分析、变动成本计算、本量利分析；第二单元（项目五至项目七）为预测与决策会计，内容包括预测分析、短期经营决策、长期投资决策；第三单元（项目八至项目十）为规划与控制会计，内容包括成本控制、预算管理；第四单元（项目十一）为责任与评价会计。每一项目的体例为学习目标、基本内容、项目小结、职业能力训练与案例分析等，既能满足理论教学的需要，又有助于学生的思辨能力以及实践技能的提升。

本教材的特点如下：

1. 在第三版的基础上进行调整与完善

课程团队在第三版的基础上对本版教材的内容和职业能力训练与案例分析等进行了调整与完善。调整与完善的依据是教师的合理化建议和政府颁发的管理会计指引体系相关文件。通过调整、完善与更新，做到与时俱进，满足适应大数据和人工智能迅猛发展背景下的会计人才的培养需要。

2. 教材内容适用性强

本教材注重强调适用性与针对性，强调理论与实践的结合，其内容力求做到规范而新颖。兼顾会计岗位对学生素质的要求，教材内容具有前瞻性，充分吸收国内外最新教材、最新科研成果和最新案例，增加图、表、实例、案例等内容，强调教材的科学性、趣味性、先进性和适用性。本教材结构严谨，例题较多，内容浅显易懂。

3. 充分体现课证融合

本教材的内容与财政部中级会计资格考试《财务管理》以及注册会计师考试《财务成本管理》的相关内容相融合，充分体现课证融合，为学生的未来可持续发展做好知识储备。

4. 充分体现课赛融合

本教材在内容设计上，充分考虑到全国职业院校（高职组）会计技能赛项（会计基本技能竞赛）涉及的相关知识点，做到课赛融合，为学生参加比赛以及综合素质的提升提供支撑。

5. 校企合作的编写团队增强了教材的实践性

吸纳有丰富管理会计教学经验的教师和有丰富管理会计实践经验的不同业态的企业专家加入编写队伍，使教材更加贴近企业会计岗位对管理会计知识的需求，共同提高教材质量。

本教材由山东商业职业技术学院教授、高级会计师、注册会计师郭素娟和山东商业职业技术学院副教授石晓燕担任主编；山东商业职业技术学院副教授杨忠英、山东商业职业技术学院讲师洪燕和中石化宁波工程有限公司兰州分公司高级会计师笪艳担任副主编；山东商业职业技术学院于涵、丁光亮、谭霞，山东航空公司济南分公司财务经理、高级会计师张涛参编。山东商业职业技术学院教授张洪波担任主审。

本教材各项目编写的具体分工如下：项目一、项目二、项目三、项目四由郭素娟编写，项目五由杨忠英编写，项目六由于涵、张涛编写，项目七由笪艳编写，项目八由谭霞编写，项目九由洪燕编写，项目十由石晓燕编写，项目十一由丁光亮编写。全书由郭素娟总纂定稿。

本教材既可作为高职高专财经类专业教材，也可作为在职会计人员培训及自学者自学用书。本教材电子课件等教学资源可向中国财政经济出版社索取或登录中国财经教育网（http：//cjjc. cfeph. cn）下载。

本教材在编写过程中参阅、借鉴了一些相关教材、著作和网络资源，在此对相关作者表示诚挚的谢意。由于编写时间仓促，作者水平和实践经验有限，书中不妥之处，恳请读者批评。

编　者

2019 年 6 月

目　录

项目一 管理会计认知

【学习目标】

☐ 了解管理会计的产生与发展
☐ 理解管理会计的含义
☐ 理解管理会计的职能
☐ 掌握管理会计与财务会计的区别与联系
☐ 懂得具备良好的管理会计师职业道德的重要性

任务一 管理会计的产生与发展认知

一、管理会计的产生与发展

从英国产业革命开始，资本主义有了较快发展，原有的单凭经验管理企业的方法，已经不能适用经济的迅速发展。1911 年，被西方誉为“科学管理之父”的泰罗（Fredrick Taylor）发表了著名的《科学管理原理》，开辟了企业管理的新纪元。泰罗为生产劳动制定了各种标准，制定了比较精确的工作方法，实行了比较完善的计算和监督制度，具有较高的科学性。与他同时代的一些学者和工程师，开始设计利用实际成本与标准成本之间的差异，控制企业的经营。这时，产生了分析标准成本差异的现代分析方法。1919 年，美国全国成本会计师协会成立，开始了标准成本会计的推广工作。

预算控制，也是将科学管理原理引进会计系统的产物。法国的法约尔（Henri Fayol）是与泰罗同时代的管理过程学派的重要人物。他具有长期从事高层管理工作的经历，对全面管理工作有深刻的体会和了解，积累了丰富的经验和智慧。他认为，管理活动有五项职能，即计划、组织、指挥、协调、控制。受这些理论的影响，人们不断摸索企业管理计划和控制的途径和方法。1907 年，卡彭特系统地论述了预算控制。1921 年，美国国会公布《预算和会计法》，对民间企业推行预算控制产生了决定性影响。

西方管理会计的两个萌芽——标准成本制度和预算控制，都是产生于20世纪初的美国。

第二次世界大战后，资本主义经济高速发展，竞争加剧，通货膨胀率上升，资本利润率下降，企业更加重视内部经营管理，以提高产品质量，降低产品成本，提高竞争力。这就要求会计从单纯的记账、算账、报账，向协助企业管理当局加强企业内部管理方向转化。

在这种情况下，传统会计的主要工作在西方出现了分离，即根据公认的会计原则，向企业外部关系人报告企业的财务状况、经营成果、现金流量，被称为财务会计；涉及企业内部管理的部分从传统会计中分离出来，被称为管理会计。因此，管理会计既是管理学的一个分支，又是与财务会计并列的会计学的一个分支。

1952年，世界会计学年会正式通过了“管理会计”这个专有名词。随着现代管理水平的日益提高，管理会计的内容不断丰富，逐渐形成了相对独立的理论方法体系。20世纪70年代，在经济发达的美、日及西欧诸国，管理会计已十分盛行。20世纪80年代以来，美国管理会计实务委员会共发布了十几个《管理会计公告》，使管理会计由原来的重视各种技术应用，向重视管理会计的理论研究转变。

在我国，虽然管理会计相关理论引入较晚，但我国实践早已有之，不乏成功探索和有益尝试。如，新中国成立之初，以成本为核心的内部责任会计，包括班组核算、经济活动分析和资金成本归口分级管理等；20世纪70年代末到80年代末的以企业内部经济责任制为基础的责任会计体系；90年代后的成本性态分析、盈亏临界点与本量利依存关系、经营决策与经济效益的分析评价等，都属于管理会计的范畴。河北邯郸钢铁公司实行的“模拟市场，成本否决”可谓成本管理在我国企业应用的典范。宝钢集团于1993年起推行标准成本制度，历经多年探索，不断完善，在增强员工成本意识、控制成本、支持决策等方面发挥了重要作用。如今，包括全面预算管理、平衡计分卡等绩效评价方法，作业成本法、标准成本法等成本管理方法在内的管理会计工具方法陆续在我国企业中运用，单位对管理会计的应用意识有所增强，应用水平有所提高。国家开发银行、中国电信、北汽福田、三一重工等一批企业专门设置了管理会计机构或岗位，积极开展管理会计工作，取得了较好成效。同时，管理会计在行政事业单位预算编制、执行、决算分析和评价等工作中也得到了一定应用。一些行政事业单位建立了适应单位内部财务和业务部门畅通联系的信息平台，及时掌控预算执行和项目进度，深入开展决算分析与评价，及时发现预算执行中存在的问题并提出改进意见和建议，财政财务管理水平和资金使用效益不断提高。

2014年10月27日，财政部根据《会计改革与发展“十二五”规划纲要》，制定发布了《关于全面推进管理会计体系建设的指导意见》，明确了管理会计体系建设的指导思想和基本原则，提出了管理会计体系建设的总目标，并围绕该目标部署了相应的任务、具体措施和工作要求，全面推进管理会计体系建设，推动经济转型升级。

可见，现代财务会计的雏形—簿记方法在数千年前就已经产生，而管理会计的产生只有百年历史。

二、管理会计的含义

管理会计是一门新兴学科，目前，无论在西方国家还是在中国，对管理会计的定义各家表述众说纷纭，不尽相同。国际会计师联合会财务和管理会计委员会对管理会计的定义："管理会计师为管理当局用于企业的计划、评价和控制，保证适当使用各项资源并承担经营责任，而进行确认、计量、累积、分析、解释和传递财务信息等的过程。"美国会计学会对管理会计的定义："管理会计是运用适当的技术和概念，处理和分析企业的历史资料或预测的经济资料，以帮助管理阶层制定经营目标，编制计划，做出一系列的决策，从而达到企业的而经营目标。"

我国财政部《〈关于全面推进管理会计体系建设的指导意见〉系列解读之一》对管理会计的定义：管理会计是会计的重要分支，主要服务于单位（包括企业和行政事业单位）内部管理需要，是通过利用相关信息，有机融合财务与业务活动，在单位规划、决策、控制和评价等方面发挥重要作用的管理活动。

三、管理会计的职能

一般认为，管理的职能是决策、计划、组织、指挥、控制和评价，而会计的基本职能是核算与监督。管理会计既是一项具体的会计活动，又是一种管理行为，因此，其基本职能应该是会计职能和管理职能的综合与发展。

管理会计的主要职能可以概括为以下五个方面：

（一）预测职能

管理会计利用财务会计等相关历史资料，采用灵活多样的方法，对企业经营活动的各项经济指标进行科学预测，揭示未来经济活动的发展趋势，减少企业经营管理决策的盲目性，为合理决策提供信息。

（二）决策职能

管理会计根据企业决策目标，依据预测提供的财务信息及相关资料，运用科学方法，从各种备选方案中选择最优方案的过程。决策正确与否，关系到企业的成败，因此，决策职能是管理会计的核心职能。

（三）计划职能

"凡事预则立，不预则废"。管理会计的计划职能是通过编制各种计划和预算实现的。它要求根据最终选择的决策方案，编制全面预算和责任预算，在企业内部层层分解，落实各项经济指标，确保企业实行计划管理，减少盲目经营，已达到预期目标。

（四）控制职能

管理会计根据计划职能确定的全面预算和责任预算的各项经济指标在实际

工作中的执行情况，与计划发生的偏差进行对比和分析，以便及时采取切实可行的措施，纠正偏差，保证经济活动有效进行，实现预算指标。

（五）考核评价

管理会计的考核评价职能主要是通过建立责任会计制度来实现的。即在事后对各责任单位所编制的责任报告进行考核和评价，将实际数与预算数进行对比，计算出差异并分析原因，奖勤罚懒，奖优惩劣，充分调动企业各级员工的积极性和创造性。

管理会计的五项职能是相互联系，相互作用的。

四、管理会计的应用

管理会计的基本思想是从制造业发展起来的，然而，这些思想通过演变已适用于各行各业，包括服务性组织。在这里，服务性组织是指制造业和批发业之外的那些组织，即不生产和销售有形产品的组织，包括以营利为目的的服务性组织和非营利性组织。会计师事务所、律师事务所、管理咨询公司、运输公司、银行、保险公司和旅馆，都是以营利为目的的服务性组织。医院、学校、图书馆和政府机构都是非营利性组织。不管是营利性组织还是非营利性组织，管理人员和会计人员都要筹集和花费资金，需要制定预算，需要设计和执行控制系统，需要实现资源的而有效配置，因此灵活运用管理会计，对提高经营效率，实现预期目标至关重要。

任务二　管理会计与财务会计的关系认知

管理会计与财务会计是现代会计的两大分支，分别服务于企业内部管理的需要和外部决策的需要，两者之间既有联系又有区别。

一、管理会计与财务会计的联系

（一）两者的研究对象相同

管理会计与财务会计是同属于企业会计系统的两个子系统，它们的对象都是企业，都是企业经济活动信息。但是因为两者的分工不同，在时间和空间上各有侧重。在时间上，管理会计侧重于现在和未来的经济活动信息，财务会计则侧重于已经发生的经济活动信息；在空间上，管理会计侧重于特定的、部分的经济活动信息，财务会计则侧重于企业整体的、全部的经济活动信息。这样，管理会计和财务会计不仅在企业经济活动信息这一对象上保持了一致，而且在时间和空间上相互补充，使企业经济活动信息更加完整和全面。

（二）两者的资料来源相同

管理会计与财务会计的原始资料都来源于企业发生的各项经济业务事项。财务会计是按照原始资料发生的先后顺序，进行全面的记录、计算、记账和报账，形成财务会计信息；管理会计则直接利用这些会计信息进行分析、加工、调整和延伸，为强化企业内部经营管理提供信息。

（三）两者的目标相同

管理会计与财务会计的最终目标都是为了提高企业经济效益，实现企业价值最大化。管理会计是为企业内部经营管理人员提供管理信息，以强化内部经营管理，提高企业经济效益；财务会计主要是为企业外部利害关系人提供财务信息，以提高企业经济效益。

二、管理会计与财务会计的区别

（一）服务主体与对象不同

管理会计主要以企业内部各个责任单位为会计主体，同时也从整个企业的全局出发，为企业内部各级管理人员的预测、决策、计划和控制提供有关信息，以强化企业内部管理，提高经济效益，因此，管理会计又称为“内部会计”或“对内报告会计”。

财务会计主要以整个企业为主体，主要向企业外部利害关系人提供会计信息，因此又称为“外部会计”或“对外报告会计”。

（二）核算依据与程序不同

管理会计不受会计准则、国家统一的会计制度的制约，其核算程序可以根据企业管理的实际情况和需要确定，具有很大的灵活性。

财务会计必须严格按照会计准则、国家统一的会计制度进行核算，其核算程序比较固定，具有强制性，从会计凭证、会计账簿到会计报表都有严格的格式和程序。

（三）工作重点和信息不同

管理会计的工作重点是面向未来的，算“活账”，所需要的信息具有“未来定向性”，属于“经营型会计”，其一般提供选择的、部分的、特定的管理信息，且不对外公开发表，不需承担法律责任。

财务会计的工作重点是反映和监督已经发生的经济业务事项，算“呆账”，所需要的信息具有“历史性”，属于“报账型会计”，其一般提供系统的、连续的、综合的财务信息，且对外公开发表，需承担法律责任。

（四）会计方法和行为不同

管理会计的方法灵活多样，大量运用现代数学方法，既使用货币量度，也使用非货币量度。管理会计非常关心计量结果和责任报告对管理人员日常行为的影响。

财务会计必须按照会计准则、会计制度的要求选择会计核算方法，而且核算方法在前后各期要保持一致和相对稳定，不得随意变更。财务会计比较关心如何计量和传输会计信息，一般不重视对管理人员日常行为的影响。

（五）会计期间和精确度不同

管理会计的会计期间有较大的弹性，可以为每小时、每天、十年、十五年，由于其着眼于未来，不确定因素较多，所以报告的数据不要求绝对精确，一般只求近似值即可。

财务会计的会计期间弹性很小，通常为月度、季度、半年度、年度，由于其着眼于过去，一般都是肯定性的经济业务事项，所以报告的数据要求精确度到小数点后两位数。

任务三　管理会计师的职业道德认知

一、管理会计的工作组织

在西方企业的组织结构中，财务与会计通常有明确的分工。财务部门与会计部门直接受财务副总经理的领导。会计部门的工作，通常由总会计师负责；财务部门的工作，一般由财务主管负责。西方国家的企业组织结构如图 1－1 所示。

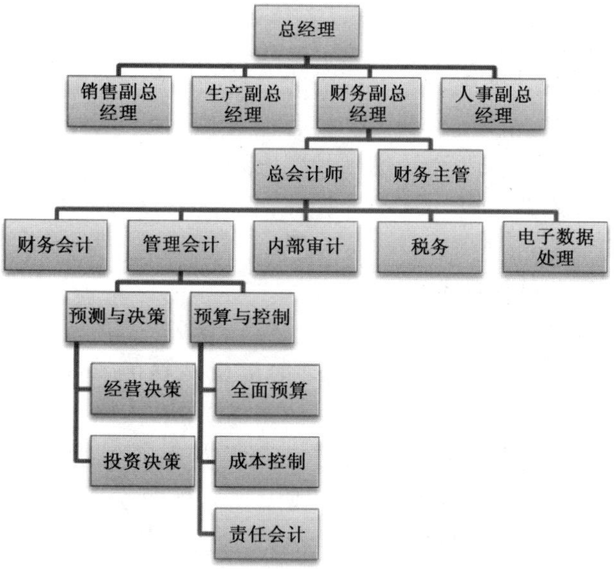

图 1－1　企业组织结构图

在我国，大多数企业的财务与会计工作并无明确分工，均在总会计师的领导下工作。我国的总会计师相当于西方企业的财务副总经理。迄今为止，我国的极少数大型企业设置了专门的管理会计工作岗位，其他企业有关管理会计的工作，通常由财务会计人员来完成。因此，在财务会计人员工作繁忙的时候，管理会计的工作往往被忽视，影响管理会计的预测、决策与控制的作用。因此，在总会计师的领导下，建立专门的管理会计机构，配备管理会计人员，是十分必要的。

二、管理会计师的职业道德

近年来，随着对管理会计重视和需求的日益增强，在美国，注册管理会计师（Certified Management Accountants，简称CMA）的队伍不断发展壮大。相对于注册会计师而言，它是内部会计师。管理会计师协会（Institute of Management Accountants，简称IMA）是美国最大的致力于管理会计师方面的会计师职业机构，负责监督注册管理会计师的考试程序。在管理领域，注册管理会计师的认可度与注册会计师相当。

管理会计和财务管理执业人员对其服务的公众、职业、组织及他们自身都有道德品行最高标准的义务。为了明确这些义务，管理会计师协会已颁布了以下管理会计和财务管理执业人员应遵循的道德品行标准。

（一）能力

（1）通过不断丰富他们的知识和技能，保持与其职业能力相适应的专业水平。

（2）严格依据相关法规、制度和专业标准履行职责。

（3）提供准确、清晰、简明、及时的决策支持信息和建议。

（二）保密

（1）防止泄露工作中获得的机密信息，除非得到所有者的同意或法律要求披露这些信息。

（2）通知下属对工作中获得的机密信息予以保密，并监督其行为。

（3）防止使用机密信息去谋求不道德或非法的利益。

（三）正直

（1）避免实际的或明显的利益冲突，告知各恰当的利益相关者所存在的潜在冲突。

（2）避免参加任何有碍于正确履行职责的行为。

（3）放弃参加或支持任何使职业信用丧失的活动。

（四）客观性

（1）公正并客观地传达信息。

（2）充分披露所有可能影响预计使用者理解报告、评论和建议的相关信息。

（五）道德冲突的解决方法

在运用道德品行标准时，管理会计和财务管理执业人员可能会在确认不道德行为和解决道德冲突方面遇到问题。当面临重大的道德冲突时，管理会计和财务管理执业人员应该遵循已有的有关解决此类问题的原则——如果这些原则还不能帮助解决道德冲突，那么执业人员应考虑采取以下一系列行动：

（1）与自己的直属上级讨论这些问题。在有证据显示直属上级领导也牵扯其中的情况下，执业人员应该向更高级的管理层汇报问题；问题首次提出之后，如果不能得到满意的解决，则应该将问题上报更高层的管理人员。如果直属上级就是执行总裁，或者职位相当的管理人员，那么可接受的核准当局可能就是一个小组，如审计委员会、执行委员会、董事会、理事会等。

（2）与客观的外部顾问（例如管理会计师协会的道德咨询部门）私下交流相关的道德问题，以便获得更好的备选行动方案；也可以向私人律师咨询有关道德冲突的法定责任和权力。

（3）如果在所有的内部审核之后道德冲突依然存在，那么除了辞职并向一位合适的组织负责人递交一份信息备忘录之外，可能没有其他更好的选择了。在递交辞呈之后，根据道德冲突的性质，可能需要告知其他相关人员。

【项目小结】

- 管理会计认知
  - 管理会计的产生与发展
    - 管理会计的产生与发展
    - 管理会计的含义
    - 管理会计的职能
  - 管理会计与财务会计的关系
    - 管理会计与财务会计的联系
    - 管理会计与财务会计的区别
  - 管理会计师的职业道德
    - 管理会计工作组织
    - 管理会计师的职业道德

【职业能力训练与案例分析】

一、单项选择题

1. （　　）世界会计年会正式通过了“管理会计”这个专有名词。

A. 1911 年	B. 1933 年
C. 1945 年	D. 1952 年

2. 下列不属于管理会计的主要内容的是（　　）。

A. 对外提供会计报告	B. 经营决策
C. 全面预算	D. 责任会计

3. 管理会计的服务对象侧重于（　　）。

A. 投资者	B. 债权人
C. 政府	D. 企业内部管理人员

4. 会计学的两个重要分支是（　　）。

A. 管理会计与决策会计	B. 管理会计与责任会计
C. 管理会计与财务会计	D. 管理会计与预算会计

5. 管理会计是因（　　）产生而产生。

A. 受托经济责任	B. 现代管理科学
C. 行为科学	D. 运筹学

6. 以下不属于管理会计主要职能的是（　　）。

A. 核算	B. 预测
C. 控制	D. 决策

7. 科学管理原理是由（　　）最先提出的。
A. 法国的法约尔　B. 美国的泰罗
C. 美国的奎因斯坦　D. 英国的汤玛斯·萨遮兰
8. 管理会计的核心职能是（　　）。
A. 规划职能　B. 控制和考评职能
C. 预测职能　D. 决策职能
9. 管理会计的信息载体主要是（　　）。
A. 资产负债表　B. 利润表
C. 现金流量表　D. 内部报告
10. 管理会计的业绩报告（　　）。
A. 具有法律效力　B. 不具有法律效力
C. 严格遵循会计准则　D. 具有统一格式

二、多项选择题

1. 管理会计的职能包括（　　）。
A. 预测　B. 决策
C. 控制　D. 业绩评价
2. 管理会计不同于财务会计的特点是（　　）。
A. 侧重于为企业内部经营管理服务　B. 方式方法灵活多样
C. 不具有法律责任　D. 必须严格遵循企业会计准则的要求
3. 管理会计与财务会计的联系表现在（　　）。
A. 研究对象相同　B. 采用的方法相同
C. 基本信息同源　D. 最终目标一致
4. 管理会计的主体可以是（　　）。
A. 企业整体　B. 企业内部各个层次的责任单位
C. 企业的最高领导　D. 责任人
5. 下列不属于管理会计服务对象的是（　　）。
A. 股东　B. 债权人
C. 政府　D. 企业内部经营管理者
6. 管理会计所编制报告的时间可以是（　　）。
A. 一年　B. 一个月
C. 一个季度　D. 十年
7. 管理会计师的职业道德标准有（　　）。
A. 能力　B. 保密
C. 正直　D. 客观性
8. 管理会计又叫做（　　）。
A. 对内报告会计　B. 对外报告会计
C. 内部会计　D. 外部会计
9. 下列可以作为管理会计主体的有（　　）。

A. 投资中心　　B. 利润中心
C. 生产车间　　D. 整个企业
10. 下列会计课程中，注重信息真实性和准确性的是（　　）。
A. 管理会计　　B. 财务会计
C. 成本会计　　D. 责任会计

三、判断题

1. 管理会计报告的提交对象一般是企业内部各个管理层次，不负有法律责任。（　　）
2. 财务会计和管理会计都必须遵守企业会计准则。（　　）
3. 管理会计主要为企业外界服务，因而又称为“外部会计”。（　　）
4. 管理会计的方法灵活多样，大量运用现代数学方法，既使用货币量度，也使用非货币量度。（　　）
5. 管理会计仅仅适用于制造业。（　　）
6. 管理会计的最终目标是提高企业的经济效益。（　　）
7. 管理会计的主体是多层次的，主要以内部责任单位为主体。（　　）
8. 管理会计主要侧重于对未来的预测、计划和控制，要求数据必须绝对准确。（　　）
9. 管理会计具有固定的核算程序。（　　）
10. 管理会计一般不涉及填制凭证和按复式记账登记账簿的问题。（　　）

四、案例分析

杨氏电子公司（Yang Electronics Company，简称 YEC）开发了一种高速度、低成本的复印机，这种复印机主要供家庭使用。然而，随着 YEC 的客户逐渐意识到使用 YEC 复印机的简单和便宜，越来越多的小企业也开始使用它。由于一些企业大量订购该产品，销售量直线上升。但是，这些企业的过渡使用导致机器某些部件损坏，而保修条款规定，不论复印机的使用量是多少，其保修期均为 2 年。结果，YEC 为更换损坏部件而承担了高额成本。

YEC 董事会的季度例会即将召开，副总会计师马克需要编制一份情况报告，但是，他很难预测这件事情的确切影响；另一方面，许多企业用户开始向其竞争对手购买更为昂贵的复印机。显而易见，维修成本的增加影响了 YEC 的盈利能力。马克尽其所能为董事例会准备了一份概括当前形势的报告。

YEC 的总会计师艾丽斯十分关注这份报告对董事会的影响，她并非不赞同这些分析，但是她认为这将给人留下管理不力的印象，甚至可能使董事会决定停止生产这种产品。在与工程负责人会谈后，艾丽斯相信，对复印机的设计进行细微的改动，就可满足对复印机使用率高的客户的要求，而停止生产可能会错过一个获利机会。

艾丽斯把马克教导办公室，要求他删除报告中有关部件损坏的内容，她说这一点只需向董事会口头提及同时说明该问题在技术上即将得到解决就可以了。但是，马克坚持认为，对报告做出这样的修改会在这个对公司盈利能力存在重大负面影响的问题上误导董事会。

你能解释一下为什么艾丽斯对马克的要求是不道德的。马克怎样解决这个问题?

资料来源：〔美〕查尔斯·亨格瑞等著．潘飞等译．管理会计教程（第15版）．北京：人民邮电出版社．2016.

项目二 成本性态分析

【学习目标】

☐ 掌握成本性态的含义
☐ 掌握固定成本、变动成本、混合成本的含义及特点
☐ 掌握混合成本的历史资料分析法

任务一 成本按性态分类

一、成本的分类

成本是企业为生产和经营产品所支出的费用总和，是衡量一个经济单位的经营管理水平和经济效益的一项综合性指标。成本与利润一样，它并不具有十分明确的概念，在它的前面加上不同的定语，就有了不同的含义。如制造成本、期间成本、变动成本、固定成本、混合成本等。为了满足经营管理工作的多种需要，企业可以选择不同的角度对成本进行多种不同的分类。通常，较为常见的成本分类有两种：一是在传统的财务会计中，成本按其经济职能被划分为制造成本和非制造成本两大类；二是在管理会计中，成本按其性态被划分为固定成本、变动成本和混合成本，其中混合成本最终亦被分解为固定成本和变动成本两部分。

（一）成本按其经济职能分类

在财务会计中，成本按经济职能分类是最主要的分类方法，也一种传统的分类方法。按照这种分类标准，在制造业中，成本可以分为制造成本和非制造成本两大类。

1. 制造成本。制造成本，即产品生产成本，是指在产品生产过程中发生的各种耗费的总和。按其具体的经济用途可分为直接材料、直接人工和制造费用三部分。随着企业生产力水平的提高，制造费用在产品生产成本中的比重将不断上升。

(1) 直接材料。它是指为生产产品而耗用的原材料、辅助材料、燃料、动力以及其他直接材料。

(2) 直接人工。它是指企业直接从事产品生产人员的工资、奖金、津贴和补贴,以及从生产工人工资总额中按比例提取的职工福利费等。

(3) 制造费用。它是指在产品生产过程中不能归于上述两个成本项目的间接材料、间接人工和其他制造费用。如企业生产部门管理人员的工资及福利费,生产单位房屋建筑物、机器设备等的折旧费、水电费、差旅费、办公费,季节性生产和修理期间的停工损失,以及其他制造费用。

2. 非制造成本。非制造成本又称期间费用、非生产成本,指企业在行政管理、产品营销、筹集和运用资金过程中发生的各项耗费的总和。通常可以分为销售费用、管理费用和财务费用等三部分。

(1) 销售费用。它是指企业在推销产品过程中发生的各项费用。如销售过程中发生的运杂费、包装费、销售佣金、广告费、展览费,以及专设销售机构的各项经费等。

(2) 管理费用。它是指企业行政管理部门为组织和管理企业的生产经营活动而发生的各项费用。如工会经费、职工教育经费、业务招待费、劳动保险费、企业行政管理部门人员工资等。

(3) 财务费用。它是指企业在筹集和运用资金过程中发生的各种耗费。如金融机构手续费、利息以及汇兑损益等。

成本按经济职能分类能够反映产品成本的基本构成和成本所起的作用,便于对成本的事后分析和考核,分析成本升降的原因,寻求降低成本的途径。但是,这种分类难以揭示不同成本与业务量之间在数量上的内在联系,不能为企业的经营决策提供更加相关的成本资料,也不便于事前的预测和控制。

(二) 成本按其性态分类

成本按性态分类,亦即成本按其与业务量的关系分类,可以分为变动成本、固定成本和混合成本。

变动成本,是指随业务量的变动而成正比例变动的成本,如直接材料、直接人工等。

固定成本,是指不随业务量的变动而变动的相对稳定的成本,如办公费、财产保险费等。

混合成本,是指介于固定成本和变动成本之间,随业务量的变动而变动,但又不成正比例变动的成本,如机器设备的维护保养费等。

二、成本性态的含义

成本性态 (Cost Behavior),亦译为成本习性、成本特性,它是指成本与业务量之间的依存关系。即成本如何随业务量的变动而产生不同的变动。因为这种依存关系是客观存在的,所以称为“性态”或“习性”、“特性”。成本性态是管理会计学中最基本和最重要的成本分类标志之一。

成本按性态分类避免了成本按经济职能分类的缺陷,能够将成本同企业的生产能力挂钩，便于事前预测和控制。全部成本按其性态可分为固定成本、变动成本和混合成本三大类。成本性态分析，就是在明确各种成本性态的基础上，按照一定的程序和方法最终将全部成本分解为固定成本和变动成本，并建立相应的成本函数模型。

三、成本按性态分类

（一）固定成本

固定成本是指在一定时期和一定业务量范围内，其总额不受业务量的变动影响而保持不变的成本。例如，固定月工资、房屋设备租赁费、劳动保险费、财产保险费、按直线法计提的折旧费、水电费、办公费、广告费、职工培训费、科研开发费等都属于固定成本。固定成本有两个特点：（1）在一定时期、一定业务量范围内，固定成本总额不受业务量变动的影响而保持不变；（2）在一定时期、一定业务量范围内，单位固定成本与业务量的增减呈反比例变动。

【例2－1】 某企业只生产一种产品，设备年最大生产能力为5 000件产品，设备按直线法计提折旧，年折旧额为10 000元。生产量与固定成本数额如表2－1所示。

表2－1 **产量与固定成本数额**

产量（件）	固定成本总额（元）	单位固定成本（元）
1 000	10 000	10. 00
2 000	10 000	5. 00
3 000	10 000	3. 33
4 000	10 000	2. 50
5 000	10 000	2. 00

从以上例题可以看出，产量在最大生产能力范围内，固定成本总数并不改变，但随着产品数量的增加，单位产品中的固定成本逐渐下降。因此，要想降低产品成本，在允许的相关范围内，尽可能地增加生产量，形成一定的生产规模是一条不可忽视的途径。

我们还可以用直角坐标系来表示固定成本的成本性态，如图2－1、图2－2所示。

在直角坐标系内，固定成本总额是一条与横轴平行的直线，该直线与纵轴的截距即为固定成本总额，如图2－1；单位产品固定成本是一条与产量成反比的曲线，产量越高，单位固定成本越低，如图2－2。

企业在一定时期内发生的固定成本按其支出数额大小是否受管理层短期决策的影响，可进一步划分为约束性固定成本和酌量性固定成本两类。

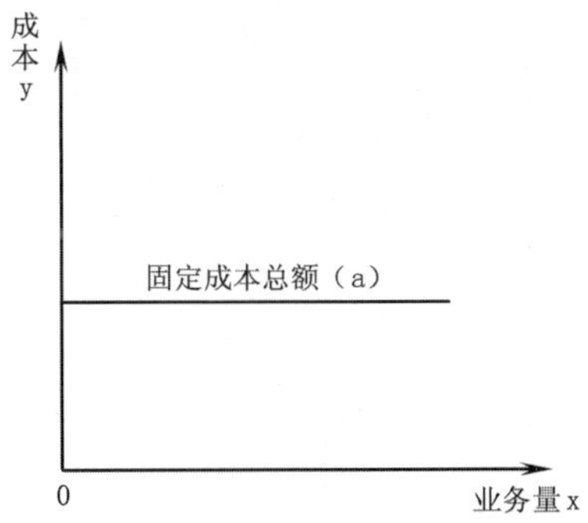

图 2-1　固定成本总额与业务量的关系

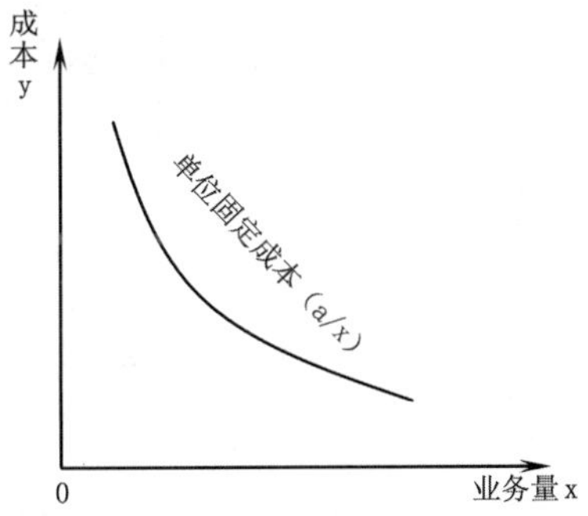

图 2-2　单位固定成本与业务量的关系

（1）约束性固定成本。它是管理当局的短期经营决策行动不能改变其具体数额的固定成本。例如，固定资产折旧、财产保险费、管理人员工资及福利费等。约束性固定成本是企业维持一定的生产能力必然要发生的最低支出，其支出额取决于设施和机构的规模和质量。这部分固定成本带有很大的约束性，管理当局通过自己当前的决策行为很难改变。约束性固定成本是维护企业正常生产经营必不可少的成本，所以又称为“经营能力成本”，如果企业不改变生产能力，就必须承担这些成本。降低约束性固定成本的基本途径，只有合理利用企业现有生产能力，提高生产效率，以取得更大的经济效益。

（2）酌量性固定成本。它是管理当局的短期经营决策行动能够改变其具体数额的固定成本。例如，新产品研发费、广告费、职工培训费等。它是企业为完成特定活动而支出的固定成本，其发生额是根据企业的经营方针由经理人员决定的。对于这类固定成本，管理当局可以通过其决策行动改变其数额。这要取决于企业管理当局根据经营方针所做出的判断，故又称“经营方针成本”。对于一个想要长期稳定发展的企业来说，酌量性固定成本绝不是可有可无的，它关系到企业的竞争能力。所以，经理人员要进行综合判断，以决定其预算数额。预算一经确定，这类成本的支出额便与一定会计期间相联系，而与产量无关，故应视为期间成本。降低酌量性固定成本，只有厉行节约，精打细算，编制出积极可行的费用预算并严格执行，防止浪费和过度投资。

（二）变动成本

变动成本是指在一定时期和一定业务量范围内，其总额随业务量的变动而发生正比例变动的成本。例如，直接材料、直接人工、按工作量法计提的固定资产折旧、按销售收入的一定比例提取的佣金等。变动成本亦有两个特点：

（1）在一定时期、一定业务量范围内，变动成本总额随业务量的变动呈正比例变动；

（2）在一定时期、一定业务量范围内，单位变动成本不受业务量影响，保持不变。

【例 2-2】　某企业只生产一种产品，单位产品的变动成本为 5 元，在产量变动时变动成本总额和单位变动成本如表 2-2 所示。

表 2－2　　　　产量与变动成本

产量（件）	变动成本总额（元）	单位变动成本（元）
1 000	5 000	5
2 000	10 000	5
3 000	15 000	5
4 000	20 000	5
5 000	25 000	5

从以上例题可以看出，变动成本总额随业务量的增加呈正比例变动，而单位变动成本则保持不变。降低产品成本的途径是在允许的相关范围内，尽可能地降低单位产品的耗用量。

同样地，我们也可以用直角坐标系来表示变动成本的成本性态，如图 2－3、图 2－4 所示。在直角坐标系内，变动成本总额是一条斜率等于单位变动成本的直线，如图 2－3；单位变动成本是一条与横轴平行的直线，直线到横轴的距离等于单位变动成本，如图 2－4。

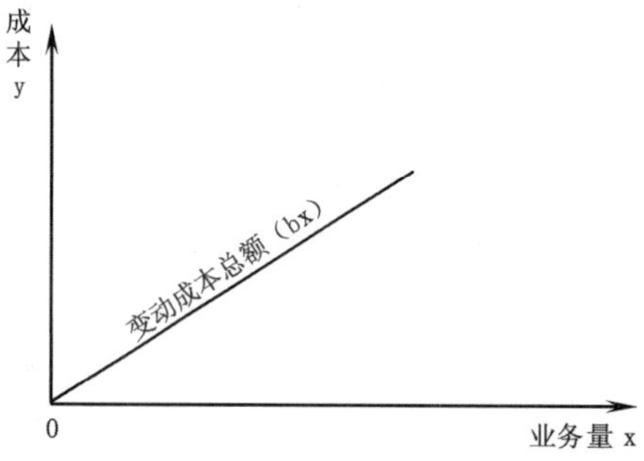

图 2－3　变动成本总额与业务量的关系

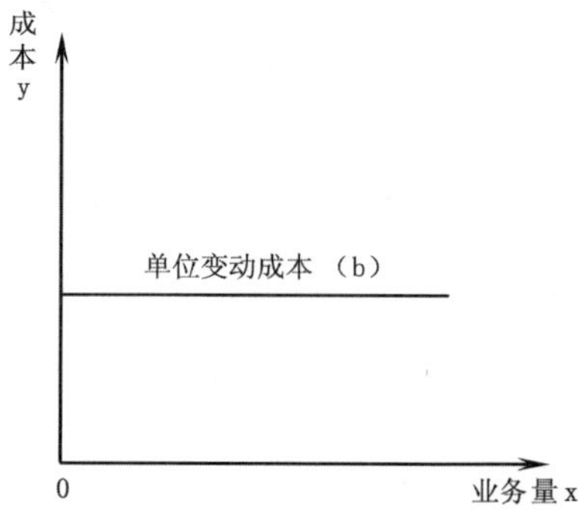

图 2－4　单位变动成本与业务量的关系

如前所述，变动成本的发生额取决于产量的大小和单位变动成本的高低。产量是根据市场需求和企业资源状况并由经理人员决定的；而单位变动成本按其是否可在一定时期内改变，进一步划分为技术性变动成本和酌量性变动成本。

（1）技术性变动成本。它是指与产量有明确的技术或实物关系的变动成本。这类成本是利用生产能力所必须发生的成本。固定成本给企业带来生产能力，如果不加以利用，不生产产品，则不会发生技术性变动成本。生产能力利用得越充分，则这种成本发生得越多。例如，某服装厂购买了一条服装生产线，支出了固定成本，从而获得了生产服装的能力，但在生产之前并没有得到服装。服装生产线利用得越充分，支出的布料和人工费等变动成本越多，生产的服装也就越多。

（2）酌量性变动成本。它是指可以由管理当局通过决策行动改变其支出数额的变动成本。这种成本主要用于提高企业竞争力或改善企业形象。其最佳的合理支出难以计算，通常要依靠管理当局的综合判断来决定。例如，按销售收入的一定百分比支出的销售佣金、技术转让费等。管理当局的决策一经做出，其支出额将随产量呈正比例变动，具有技术性变动成本的同样特征。

要特别注意的是，在“固定成本”和“变动成本”的定义中，都是指成本总额，而不是单位成本。要分析成本类型，以下两个基本原则很有用：

（1）将固定成本视为成本总额。不管业务量水平如何变化，固定成本总额不变。

（2）将变动成本视为单位成本。不管业务量水平如何变化，单位变动成本不变。

（三）混合成本

混合成本顾名思义，是指混合了固定成本和变动成本两种不同性质的成本，它们随着业务量的变动而变动，但不是成正比例关系。

混合成本的情况比较复杂，其发生额虽然受业务量变动的影响，但其变动幅度并不同业务量保持严格的比例关系。如机器设备的维修费、检验人员工资、有固定月租费的电话费等。

混合成本与业务量的关系按其变动形态的不同，一般可将其分为四个主要类别。

1. 半变动成本。是指在一定初始量的基础上随业务量的增长呈正比例增长的成本。例如，电话费、煤气费等公用事业费、机器设备的维护费和修理费等。

这类成本通常有一个初始量（即初始基数），一般不随业务量变化，相当于固定成本；在这个基础上，成本总额随业务量成正比例变化，又相当于变动成本。这两部分成本混合在一起，构成半变动成本。

【例2－3】 某企业租用一台设备，租赁合同中规定，租金分为两部分：年固定租金10 000元，设备每运行1小时支付租金1元。假设该设备今年共运转了3 500小时，则共支付租金：

$$10\ 000+1\times3\ 500=13\ 500\text{（元）}$$

可见，这项租金支出包括两部分：固定成本10 000元和变动成本$1\times3\ 500=3\ 500$元。

其成本性态可用图2－5表示。

2. 阶梯式成本。是指总额随业务量呈阶梯式增长的成本，亦称半固定成本。其特点是：在一定业务量范围内，发生额保持不变；当业务量增长到一定限度时，其发生额会突然跳跃到一个新的水平，然后，在新的业务量范围内，其发生额又保持不变，直到另一个新的跳跃为止。例如，受开工班次影响的动力费、检验人员工资等。

【例2－4】 某企业根据实践经验，每个质检员每月可检验1 000件产品，每个质检员的月工资为2 000元。若企业每月生产的产品超过1 000件而低于2 000件时，则需要增加一名质检员，质检员的工资变成了4 000元。这样，质检员的月工资支出在月产量超过1 000件时，跳跃性地增加2 000元。依此类

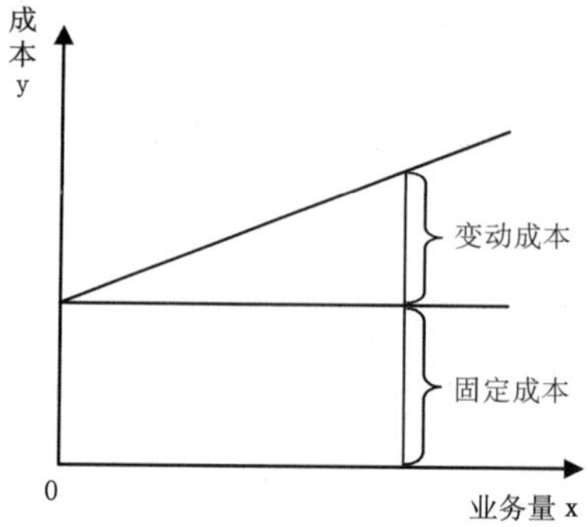

图2-5 半变动成本性态图

推，在不同的产量下，质检员的工资呈阶梯式增长。

对于阶梯式成本，可根据产量变动范围的大小，分别归属于固定成本和变动成本。例如，产量变动的范围在1 000~2 000件时，可视质检员的工资为固定成本。若产量的变动范围在1 000~5 000件时，可视之为变动成本。其成本性态可用图2-6表示。

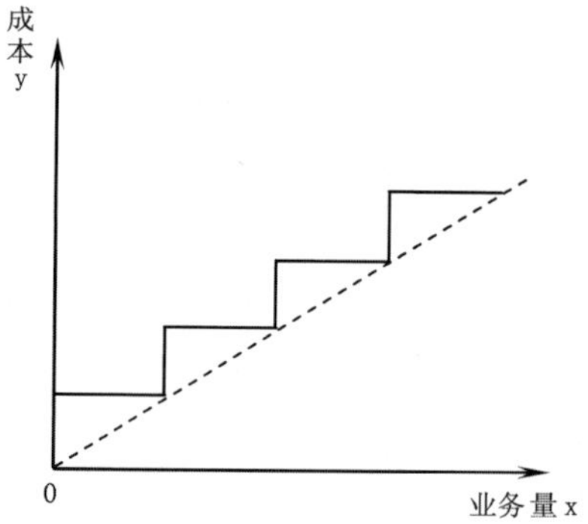

图2-6 阶梯式成本性态图

3. 延期变动成本。又称低坡式混合成本，是指其总额在一定业务量范围内保持稳定，但当业务量超过这一特定范围后，则随业务量呈正比例变动。例如，企业支付给职工的工资一般是固定不变的，但当职工加班时，企业则要根据加班时间支付加班费，这种人工成本就属于延期变动成本。

【例2-5】 某企业规定，销售人员的薪金由两部分构成：基本工资和提成。月销售额在500件以内，支付基本工资3 500元；超过500件，除基本工资外，每超过1件提成10元。

上例中，销售人员的工资支出就属于延期变动成本，月销售额在500件以下时，表现为固定成本，即基本工资支出3 500元；月销售额在500件以上时，除了包含固定工资支出3 500元外，每增加1件销量，工资支出增加10元，为变动成本。

延期式变动成本的成本性态可用图2-7表示。

4. 曲线式混合成本。是指总额随产量增长而呈曲线增长的成本。这种成

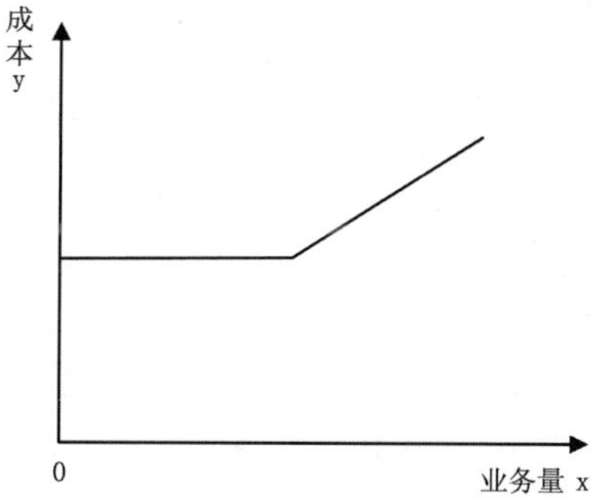

图 2－7　延期变动成本性态图

本和业务量有依存关系，但不是直线关系。这类成本通常有一个初始量，相当于固定成本；在这个初始量的基础上，随着业务量的增加，成本也逐步增加（或减少），但两者的增减幅度并不一致，呈现出抛物线上升或下降趋势，分别称为递增曲线混合成本和递减曲线混合成本。

例如，热处理用的电炉设备，每班都需要预热，因预热而耗用的成本（初始量）属于固定成本性质，而预热后进行热处理的耗电成本，则随着业务量的增加，呈现出抛物线上升的趋势，但上升越来越慢，其变化率是递减的。

递增曲线混合成本和递减曲线混合成本的成本性态如图 2－8 和图 2－9 所示。

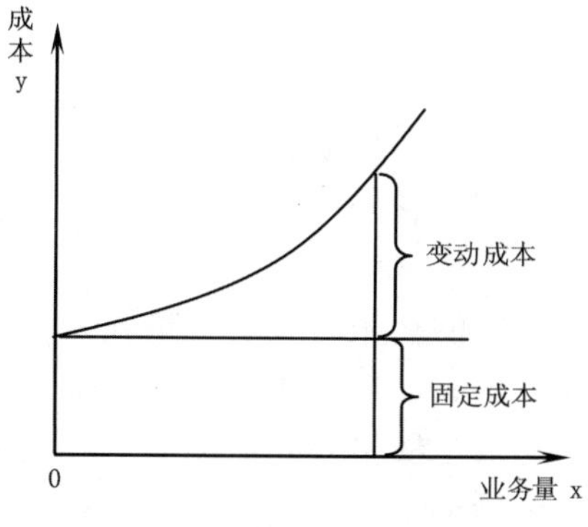

图 2－8　递增式混合成本

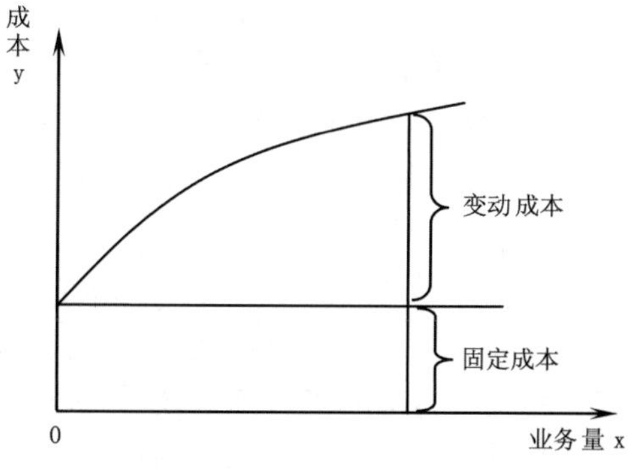

图 2－9　递减式混合成本

四、成本性态的相关范围

前面我们所讲述的，在一定时期和一定业务量范围内，固定成本总额和单位变动成本保持不变，这里的“一定时期”和“一定业务量范围内”，就是成本性态的相关范围。在相关范围内，固定成本总额保持不变，变动成本总额与业务量之间呈正比例变动的关系也保持不变；超过相关范围，成本的性态将会发生变化。

（一）固定成本的相关范围

固定成本的相关范围有两方面的含义：

（1）固定成本总额“在一定时期内”保持不变。从较长时期来看，所有成本都是可变的。如随着租金水平的提高，本期和下期的房屋租赁费可能会有所不同；又如，从长远来看，企业要发展，必定要扩大生产能力，增加设备，因此，折旧费会增加，但在一定时期内是不变的。

（2）固定成本总额“在一定业务量范围内”保持不变。这里的一定业务量范围指的是企业现有的生产能力。如例 2－1，设备的年最大生产能力为 5 000 件，若产量超过 5 000 件，则需要增加设备，这时，设备年折旧额不再是 10 000 元，将会相应增加，即固定成本总额不再保持不变。固定成本相关范围如图 2－10 所示。

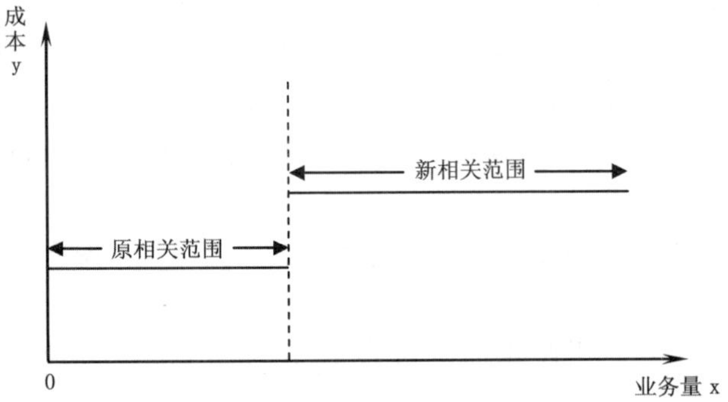

图 2－10　固定成本的“相关范围”示意图

（二）变动成本的相关范围

变动成本与固定成本相似，只有在相关范围内，变动成本总额与业务量才存在完全的线性关系，一旦超出了这一相关范围，它们之间就可能表现为非线性关系。

例如，当企业生产一种产品时，在产品生产的初级阶段，产量较低，单位产品所消耗的材料和工时较多，变动成本就不会同产量成正比例变动。一般来说，成本的增加幅度低于产量的增加幅度，总成本线呈现一定的向下弯曲的非线性状态。在产量增加的中间阶段，随着产量的递增，生产的稳定性和效率逐步提高，从而使得单位产品的消耗趋于平稳，产品成本与产量呈现完全的线性关系。变动成本的“相关范围”就指这一段而言。若产量达到一定的规模，再继续增加，就会出现“生产疲劳”现象。由于废品增多，加班生产提高单件人工工资等原因，使得单位产品成本趋于上升。这时，总成本线呈现一定的向上弯曲的非线性状态。变动成本相关范围如图 2－11 所示。

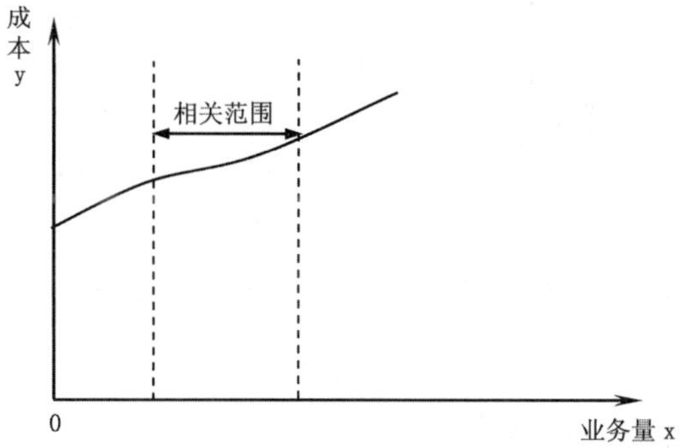

图 2－11　变动成本“相关范围”示意图

任务二　成本性态分析的方法

成本性态分析，就是在明确各种成本性态的基础上，按照一定的程序和方法最终将全部成本分解为变动成本和固定成本，并建立相应的成本函数模型。

成本性态分析模型通常用 $y=a+bx$ 来表示，其中 y 代表成本总额，a 代表固定成本总额，b 代表单位变动成本，x 代表业务量，bx 为总成本中的变动成本部分。在成本性态分析过程中，进行混合成本分解，就是设法求出 a、b 的数值，并建立 $y=a+bx$ 模型的过程。

成本性态分析的方法就是完成成本性态分析任务必须采取的技术手段。常用的成本性态分析的方法主要有技术测定法、契约检查法、历史资料分析法等。

一、技术测定法

技术测定法又称工程技术法，指工程技术人员运用工业工程的研究方法，研究测定工业企业正常生产过程中的投入产出关系，在此基础上直接估算固定成本和变动成本的一种成本分解方法。例如热处理的电炉设备，当热处理时都要预热一段时间，它与热处理的数量没有关系，预热耗电成本视为固定成本，预热后进行热处理的耗电成本为变动成本。

二、契约检查法

契约检查法是指根据企业签定的契约和合同、既定的管理与核算制度，以及支付费用的规定等估算固定成本和单位变动成本的方法。

【例 2－6】　某企业因业务需要租入一辆货车，租赁合同规定：年基本租金 20 000 元，每行驶 1 公里另付租金 0.50 元。

根据租赁合同，租金成本由两部分构成：一部分是固定成本，即年基本租金 20 000 元；另一部分是变动成本，即每公里支付租金 0.50 元与货车的实际行驶里程之乘积。在这里，单位变动成本为 0.50 元，实际行驶里程为 x。由此，我们可以得到总租赁成本模型：

$$y = 20\ 000 + 0.50x$$

契约检查法适应于有明确计算办法的各项成本，例如，电费、电话费、以及上例中的租赁费等。这种方法的应用，不依赖于历史成本数据，而是有关的正式文件。

三、历史资料分析法

历史资料分析法是指根据过去一定时期实际发生的相关成本和业务量资料，运用一定的数学方法对其数据进行处理，从而确定固定成本和单位变动成本的数值，并建立成本函数模型的一种定量分析方法。历史资料分析法包括高低点法、散布图法和回归直线法。

（一）高低点法

高低点法是根据过去一定期间的业务量与相应的成本资料，从中选出最高点业务量和最低点业务量所对应的两点坐标，据此来推断固定成本总额和单位变动成本的一种成本性态分析方法。

高低点法的基本原理是运用成本函数模型 $y = a + bx$，根据历史资料中最高业务量（即高点）对应的混合成本和最低业务量（即低点）对应的混合成本之差，除以最高业务量和最低业务量之差，计算出单位变动成本（b），然后根据总成本和单位变动成本来确定固定成本（a），从而求出混合成本函数模型。其具体步骤如下：

1. 确定高低点坐标。根据一定期间的成本和业务量资料，以最高点和最低点业务量为准，确定出最高点（$x_{高}$，$y_{高}$）和最低点（$x_{低}$，$y_{低}$）。

2. 计算单位变动成本 b。

$$b = \frac{y_{高} - y_{低}}{x_{高} - x_{低}}$$

3. 计算固定成本 a。将 b 值代入最高点或最低点的成本方程 $y = a + bx$，求出 a。

$$a = y_{高} - bx_{高}$$

或：$a = y_{低} - bx_{低}$

4. 建立成本性态模型。将 a、b 值代入成本方程 $y = a + bx$，建立成本性态模型。

【例 2－7】 某企业 2019 年上半年的设备维修成本的有关资料如表 2－3。要求：运用高低点法进行成本性态分析，建立成本性态模型。

表 2-3　维修成本的历史资料

月份	机器工作小时	维修成本（元）
1	12 000	2 130
2	9 800	1 980
3	9 000	1 800
4	11 800	2 080
5	13 000	2 200
6	12 500	2 160

（1）根据题目所给资料确定高低点坐标，分别为（13 000，2 200）和（9 000，1 800）。

（2）计算单位变动成本 b。

$$b=\frac{2\ 200-1\ 800}{13\ 000-9\ 000}=0.10\ (\text{元})$$

（3）计算固定成本 a。

$$a=2\ 200-0.1\times13\ 000=900\ (\text{元})$$

或：$a=1\ 800-0.1\times9\ 000=900$（元）

（4）维修成本的方程为：$y=900+0.1x$。

运用高低点法进行成本性态分析时，需要注意以下两点：

①通过高低点法确定的成本性态方程只适应于相关范围内的情况；

②确定最高点和最低点坐标时，应以业务量为准，而不是总成本。

高低点法的主要优点是简便，不需要很多数据。其缺点是只采用了历史成本资料中的两组数据，而不管收集了多少相关数据点，造成了信息使用的低效率，其代表性较差。

（二）散布图法

散布图法，是根据若干期的历史成本资料，在坐标系中逐一标注出来，形成散布图，然后通过目测，画一条尽可能接近所有坐标点的直线，该直线的截距即为固定成本，再据此计算单位变动成本的成本性态分析方法。

散布图的具体步骤如下：

（1）建立直角坐标系，以横轴代表业务量 x，以纵轴代表混合成本 y；

（2）将若干期的历史成本资料逐一标注在直角坐标系中，形成散布图；

（3）通过目测画一条直线，画此线时，力求直线两边的散布点个数相同，并且各点到直线的距离之和最小，以反映成本的平均变动趋势；

（4）该直线与纵轴的交点即为固定成本的平均值；在直线上任取一点 M（x_0，y_0），将该点坐标值代入成本方程，求出单位变动成本 b，即：

$$b=\frac{y_0-a}{x_0}$$

将 a、b 值代入成本方程，得出成本性态模型：y = a + bx

【例 2-8】 根据例 2-7 提供的资料，运用散布图法进行成本性态分析，建立成本性态模型。

首先，将 6 个月的历史成本资料逐一标注在直角坐标系中，形成散布图，如图 2-12 所示；其次，通过目测，画一条直线，使各点到直线的距离之和最小；再次，根据画出的直线与纵轴的交点，确定直线的截距为 900 元，即为固定成本的平均值；最后，在直线上任取一点（9 000，1 800），据此计算单位变动成本：

$$b=\frac{1\ 800-900}{9\ 000}=0.10\text{（元）}$$

维修成本模型为：y = 900 + 0.1x

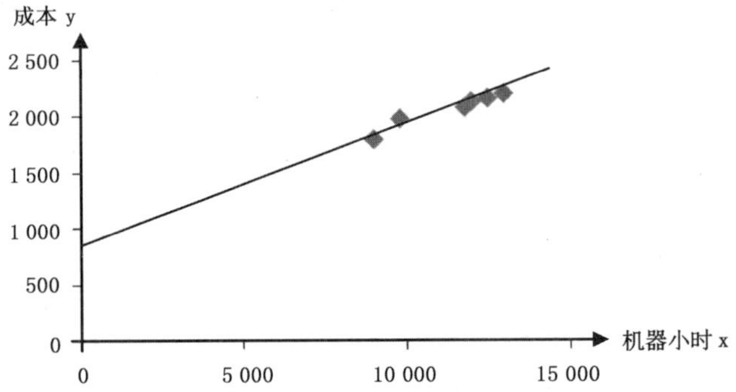

图 2-12 散布图法示意图

散布图法考虑了已经取得的全部历史资料，在这种意义上可以认为是对只考虑两个点的高低点法的一种改进。但是，成本直线是根据目测画出的，固定成本的数额也是在图上目测出来的，因此不可能十分精确。采用散布图法进行成本性态分析，所得结果往往因人而异，这是其主要缺点。它的优点是比较直观且容易掌握。

（三）回归直线法

回归直线法，是根据一系列历史成本资料，用数学上的最小平方法的原理，计算能代表平均成本水平的直线截距和斜率，以其作为固定成本和单位变动成本的一种成本形态分析方法。

设共有 n 期业务量 x 和成本 y 的资料，每期资料的 x、y 之间的关系可用直线方程 y = a + bx 表示，根据线性回归模型可求得 a、b 两个回归系数的值（推导过程从略）：

$$a=\frac{\sum y-b\sum x}{n}$$

$$b=\frac{n\sum xy-\sum x\sum y}{n\sum x^2-(\sum x)^2}$$

在运用回归分析法时，首先根据历史资料列表，求出n、$\sum x$、$\sum y$、$\sum xy$、$\sum x^2$ 的值；其次，根据微分极值原理，计算回归直线方程中a、b的值；最后，将a、b的值代入成本方程，建立成本性态模型：$y = a + bx$。

【例2-9】 根据例2-7提供的资料，运用回归分析法进行成本性态分析，建立成本性态模型。

（1）根据表2-3提供的资料，计算有关数据见表2-4。

表2-4　　回归分析法计算表

月份	机器工作小时x	维修成本y（元）	xy	x^2
1	12 000	2 130	25 560 000	144 000 000
2	9 800	1 980	19 404 000	96 040 000
3	9 000	1 800	16 200 000	81 000 000
4	11 800	2 080	24 544 000	139 240 000
5	13 000	2 200	28 600 000	169 000 000
6	12 500	2 160	27 000 000	156 250 000
n=6	$\sum x=68\ 100$	$\sum y=12\ 350$	$\sum xy=141\ 308\ 000$	$\sum x^2=785\ 530\ 000$

（2）将计算的有关数据代入上述公式，求出a、b的值。

$$b = \frac{n\sum xy - \sum x\sum y}{n\sum x^2 - (\sum x)^2}$$

$$= \frac{6 \times 141\ 308\ 000 - 68\ 100 \times 12\ 350}{6 \times 785\ 530\ 000 - 68\ 100^2} = 0.09(\text{元})$$

$$a = \frac{\sum y - b\sum x}{n}$$

$$= \frac{12\ 350 - 0.09 \times 68\ 100}{6} = 1\ 036(\text{元})$$

（3）由此得出维修成本模型为：

$y = 1\ 036 + 0.9x$

回归直线法利用了微分极值原理，因此计算结果比前面两种方法更为准确。但是，计算过程比较烦琐。该方法适用于利用EXCEL进行计算。

四、成本性态分析的意义

成本性态分析是管理会计的一项最基本的内容。通过成本性态分析，确定了企业一定期间总成本的基本构成，即全部成本可按性态分为固定成本和变动成本两部分；同时，揭示了成本与业务量之间的依存关系，即这种依存关系可以用直线方程 $y = a + bx$ 进行定量化的描述。成本性态分析的基本内容渗透在管理会计理论及方法体系的各个方面，是管理会计实现预测、决策、计划和控制职能的基础，可应用于企业内部管理的所有领域，是管理当局对企业的生产经营活动进行规划和控制的有效工具。其重要意义主要体现在以下几个方面。

(一) 成本性态分析是变动成本法和本量利分析的基础

变动成本法和本量利分析被认为是管理会计的基础分析方法，而成本性态分析则是变动成本法和本量利分析的基础。

变动成本法就是以成本性态分析为前提，将企业一定期间发生的成本划分为固定成本和变动成本两大类，在计算产品生产成本时，只计入和产品产量直接有关的变动成本，而将与产量无关的固定成本作为期间成本，从当期损益中扣除。可见，进行成本性态分析，正确区分固定成本和变动成本，是运用变动成本法的基础。

本量利分析，指的是成本—业务量—利润之间相互依存关系的分析。本量利分析的基本模型是：

利润 = 销售收入总额 - 成本总额

= 销售收入总额 - （变动成本总额 + 固定成本总额）

可见，运用这个模型，必须先将成本按性态分类，将所有成本分为固定成本和变动成本两部分。

(二) 成本性态分析为企业进行经营预测提供了可能

成本性态分析的基本原理为企业进行经营预测提供了可能。其一，只要企业的生产经营能力和基本组织结构没有发生变异，就可以根据成本性态分析的模型 $y = a + bx$，基本掌握未来时期成本变动的趋势，并可以确定某一特定业务量水平下的成本预测值；其二，可以根据成本性态所确定的固定成本和单位变动成本等资料，预测计划期为实现目标利润所需达到的销售量水平；其三，在确定目标利润时，根据成本性态所确立的成本结构模式也是必不可少的。

(三) 成本性态分析为企业进行经营决策提供了条件

决策，就是在众多的备选方案中选择一个最优方案。成本性态分析为企业选择最优方案提供了条件。由于成本性态分析科学地区分了受业务量影响的变动成本和不受业务量影响的固定成本，因此，在正确评价、鉴别有关备选方案的经济效益时，就有了重要的客观依据：变动成本和固定成本。如在短期经营决策中，为了区分相关成本和无关成本，需要先将成本按性态划分为固定成本和变动成本，一般情况下，固定成本大多属于无关成本，而变动成本大多属于相关成本。可见，成本按性态分类是正确进行短期经营决策的条件。

(四) 成本性态分析为企业进行内部控制提供了有效手段

内部控制是企业顺利实现各项经营目标的重要保证，包括存货控制、成本控制以及责任成本控制等。而成本控制是利润目标圆满实现的关键，管理会计的控制职能主要是通过成本控制完成的。企业可以依据历史资料，对混合成本中的固定成本和变动成本进行预测，然后与实际发生的成本进行比较，确定成本差异，落实成本控制的责任。通常情况下，固定成本应由管理部门负责，变动成本应由生产部门负责。另外，企业可以建立成本中心，分解成本指标，落实成本责任，为最终完成成本控制的任务奠定基础。

需要指出的是，成本性态分析是以一定的基本假设为前提的。首先是相关范围假设，其次是一元线性假设。超出相关范围，成本函数可能是非线性的；

影响成本的因素可能有很多，但是，为简化分析，我们假定影响成本的因素只有一个，即业务量，所以总成本可近似地用一元线性方程 $y = a + bx$ 来表示。

【项目小结】

- 成本性态分析
  - 成本按性态分类
    - 成本的分类
    - 成本性态的含义
    - 成本性态的相关范围
    - 成本按性态分类
      - 固定成本
      - 变动成本
      - 混合成本
  - 成本性态分析方法
    - 技术测定法
    - 契约检查法
    - 历史资料分析法
      - 高低点法
      - 散布图法
      - 回归直线法
  - 成本性态分析意义

【职业能力训练与案例分析】

一、单项选择题

1. 成本按（　　）分类，可以分为生产成本和非生产成本。

A. 发生时间　　B. 经济职能

C. 性态　　D. 可控性

2. 当业务量变动时，单位固定成本将（　　）。

A. 成正比例变化　　B. 成反比例变化

C. 固定不变　　D. 降低

3. 下列成本项目中不属于固定成本的是（　　）。

A. 广告费　　B. 管理人员工资

C. 计件工资形式下的生产工人工资　　D. 房屋租赁费

4. 根据成本性态，在一定时期一定业务量范围内，职工培训费一般属于（　　）。

A. 半变动成本　　B. 半固定成本

C. 约束性固定成本　　D. 酌量性固定成本

5. 在历史资料分析法进行混合成本的分解时，计算结果最精确的方法是（　　）。

A. 高低点法　　B. 散布图法

C. 回归直线法　　D. 直接分析法

6. 在相关范围内，业务量增加时，单位固定成本将（　　）。

A. 直线上升　　B. 保持不变
C. 直线下降　　D. 曲线下降

7. 可由管理者的决策行为决定的固定成本是（　　）。
A. 约束性固定成本　　B. 固定制造费用
C. 固定销售费用　　D. 酌量性固定成本

8. 下列费用中属于约束性固定成本的是（　　）。
A. 管理人员工资　　B. 广告费
C. 职工教育培训费　　D. 业务招待费

9. 下列费用中属于酌量性固定成本的是（　　）。
A. 房屋及设备租金　　B. 技术开发费
C. 行政管理人员薪金　　D. 财产税

10. 在一定业务量范围内其总额保持固定不变，但超过这个范围后，其数额随产销量的增长呈正比例变动。具备这一特点的成本项目称为（　　）。
A. 半变动成本　　B. 半固定成本
C. 阶梯式变动成本　　D. 延期变动成本

11. 下列各项中，属于变动成本项目的是（　　）。
A. 职工培训费用　　B. 管理人员基本薪酬
C. 新产品研究开发费用　　D. 按销售额提成的销售人员佣金

12. 企业生产产品所耗用的直接材料属于（　　）。
A. 技术性变动成本　　B. 酌量性变动成本
C. 酌量性固定成本　　D. 技术性固定成本

13. 某公司对营销人员薪金支付采取在正常销量以内支付固定月工资，当销量超过正常水平后支付每件 10 元的奖励，这种人工成本属于（　　）。
A. 半变动成本　　B. 半固定成本
C. 延期变动成本　　D. 曲线成本

14. 某公司电梯维修合同规定，当每年上门维修不超过 3 次时，维修费用为 5 万元，当超过 3 次时，则在此基础上按每次 2 万元付费，根据成本性态分析，该项维修费用属于（　　）。
A. 半变动成本　　B. 半固定成本
C. 延期变动成本　　D. 曲线变动成本

15. 在应用高低点法进行成本性态分析时，选择高点坐标的依据是（　　）。
A. 最高的业务量　　B. 最高的成本
C. 最高的业务量和最高的成本　　D. 最高的业务量或最高的成本

二、多项选择题

1. 成本按经济职能可分为生产成本和非生产成本，其中非生产成本包括（　　）。
A. 管理费用　　B. 制造费用

C. 财务费用　　D. 销售费用

2. 下列属于固定成本的有（　　）。

A. 管理人员工资　　B. 直接人工费

C. 直接材料费　　D. 保险费

3. 下列属于变动成本的是（　　）。

A. 直接材料费　　B. 直接人工费

C. 产品销售支付的佣金　　D. 广告费

4. 以下属于酌量性固定成本的是（　　）。

A. 广告宣传费　　B. 职工培训费

C. 新产品研发费　　D. 慈善捐款

5. 以下属于约束性固定成本的是（　　）。

A. 按直线法计提的设备折旧费　　B. 职工培训费

C. 管理人员薪金　　D. 新产品开发费

6. 固定成本的特点是（　　）。

A. 总额的不变性　　B. 总额的变动性

C. 单位固定成本的反比例变动性　　D. 单位固定成本的不变性

7. 变动成本的特征是（　　）。

A. 在相关范围内，变动成本总额随业务量的增减呈正比例变动

B. 在相关范围内，单位变动成本随业务量的增减呈正比例变动

C. 在相关范围内，变动成本总额不随业务量的变动而变动

D. 在相关范围内，单位变动成本不随业务量的变动而变动

8. 下列各项中，属于固定成本项目的有（　　）。

A. 采用工作量法计提的折旧　　B. 不动产财产保险费

C. 直接材料费　　D. 写字楼租金

9. 固定成本可以分为（　　）。

A. 酌量性固定成本　　B. 半固定成本

C. 约束性固定成本　　D. 半变动成本

10. 维持企业正常生产经营必不可少的固定成本属于（　　）。

A. 酌量性固定成本　　B. 约束性固定成本

C. 经营方针成本　　D. 经营能力成本

三、判断题

1. 只有在一定的相关范围内，变动成本总额与业务量之间才能够呈完全的线性关系。（　　）

2. 高低点法中的高点和低点分别指成本最高与成本最低两个点。（　　）

3. 在相关范围内，固定成本总额和单位变动成本均具有不变性。（　　）

4. 在混合成本的分解方法中，回归直线法的分解结果最精确。（　　）

5. 约束性固定成本可以随时根据实际需要和财务承受能力改变其指出数额。（　　）

6. 酌量性固定成本可以由管理当局通过决策行动改变其支出数额。（　　）

7. 成本性态分析是对外提供财务报告的前提。（　　）

8. 不论业务量如何变化，固定成本总额永远固定不变。（　　）

9. 成本性态分析的相关范围是指一定时期和一定业务量。（　　）

10. 成本性态又称为成本习性，是指成本总额与特定业务量之间的依存关系。（　　）

四、计算分析题

1. 某工厂历史数据表明，物料用品费用在相关范围内的变动情况如表2－5所示。

要求：

（1）采用高低点法对物料用品费用进行分解，写出混合成本模型。

（2）当直接人工为10万小时时，预测物料用品费用的数额。

表2－5　　直接人工小时与物料用品费用资料表

直接人工小时（万小时）	物料用品费用（万元）	直接人工小时（万小时）	物料用品费用（万元）
9.5	39.7	7.5	31.7
9	37.7	6.6	28.1
8.7	36.5	5.8	23.9
8.2	34.5	5	21.7
7.8	32.9		

2. 某工厂历史数据表明，维修成本在相关范围内的变动情况如表2－6所示。

要求：

（1）采用回归直线法进行维修成本的分解，并写出混合成本模型。

（2）预计机器工作80小时时，维修成本的发生额。

表2－6　　机器工时与维修成本资料表

机器工作工时（小时）	维修成本（元）	机器工作工时（小时）	维修成本（元）
50	120	30	80
30	110	20	70
10	60	60	150
50	150	40	110
40	100	20	50

五、案例分析

瑞祥公司正经历财务困境。本季度公司主要产品的销售发生严重滑坡，其管理者正考虑暂时削减成本。他们必须决定以下哪种固定成本应该被削减或完全取消，且每项成本可节约多少元？(见表2－7)

表2－7　瑞祥公司固定成本开支表

固定成本	计划金额（元）
广告与促销费	300 000
折旧费	400 000
员工培训费	100 000
管理者薪金	800 000
抵押付款	250 000
财产税	600 000
研究与开发费	1 500 000
总　计	3 950 000

请思考：

瑞祥公司可以削减或者取消哪些固定成本？为什么？

项目三 变动成本法

【学习目标】

- □ 掌握变动成本法的概念
- □ 理解变动成本法的理论依据
- □ 会计算贡献毛益相关指标
- □ 能够运用变动成本法与完全成本法计算税前损益
- □ 了解变动成本法的优缺点

任务一 变动成本法认知

一、变动成本法的概念

变动成本法是相对于完全成本法的一种产品成本计算方法，也是一种损益的计算方法。它于20世纪30年代产生于美国，第二次世界大战以后，被广泛应用于美、日、西欧等国家的企业的内部管理，并逐步成为管理会计的一个重要组成部分。

完全成本法又称制造成本法、全部成本法或吸收成本法，是传统的财务会计中所采用的产品成本计算法。它是在成本按经济职能分类的基础上，将一定时期的所有制造成本，包括变动成本和固定成本，全部计入产品成本中去。这样，产品成本就包括了直接材料、直接人工和制造费用三部分。一般来说，直接材料和直接人工是变动成本，而制造费用则较为复杂，其中一部分属于变动成本，称为变动性制造费用，另一部分属于固定成本，称为固定性制造费用。在完全成本法下，固定性制造费用同其他直接消耗的变动成本一样，计入了产品的成本。这样，在已售产品、未售产品以及在产品存货中就包含了固定性制造费用，并随着产品的流转而结转。运用这种方法所计算的产品成本不便于直接进行成本分析、控制和决策。

变动成本法又称直接成本计算法，它是在管理会计中所采用的计算产品成本和损益的方法。它在成本按性态分类的基础上，计算产品生产成本时，只计入和产品产量直接相关的变动成本，即直接材料、直接人工和变动性制造费用，而将固定性制造费用作为期间成本，在当期全部转销，直接计入当期损益。

变动成本计算法和完全成本计算法的根本区别在于对固定性制造费用的处理不同。在完全成本法下，固定性制造费用归属于产品，是产品成本的一部分；而在变动成本法下，将固定性制造费用作为期间成本，全部计入当期损益，不作为产品成本的一部分。

二、变动成本法的理论依据

变动成本法在计算产品成本时，只包括变动生产成本，而将固定性制造费用作为期间成本处理，其理论依据是：

1. 产品成本是指在产品生产过程中发生的，应与产品产量密切相关的，随产量的变动而变动的成本。因此，只有直接材料、直接人工和变动性制造费用是在产品生产过程中发生的，并随产量的变动而变动的成本。所以，在变动成本法下，产品成本只包括这三部分成本。

2. 固定性制造费用是企业为维持一定的生产经营能力而发生的成本，它与产品产量的关系并不密切，在一定范围内，无论企业是否进行生产或生产多少，这些费用都要发生，而且其数额基本不变，与产品产量无直接关系。相反，固定性制造费用与会计期间的关系更为密切，不同时期的经营条件不同，相应的固定性制造费用的数额就会有所不同，所以固定性制造费用不应计入产品成本，而应在发生的当期全部计入当期损益，作为期间成本的构成内容。

三、贡献毛益

我们在研究变动成本法之前，必须弄清楚管理会计的一个基本概念——贡献毛益。

贡献毛益（Contribution Margin），又称“边际贡献”“贡献边际”“边际利润”或“创利额”，指产品销售收入超过其变动成本总额的金额。它是管理会计中一个非常重要的概念，也是研究变动成本法的常用概念。

在完全成本法下，计算税前利润的中间指标是销售毛利，即销售收入扣除销售成本后的余额；而在变动成本法下，计算税前利润的中间指标则是贡献毛益，即销售收入扣除变动成本后的余额。

贡献毛益有两种表现形式：

（一）贡献毛益总额（Total Contribution Margin，简称 Tcm）

贡献毛益总额，是指从产品的销售收入总额中减去各种产品的变动成本总额后的余额。用公式表示为：

贡献毛益总额 = 销售收入总额 - 变动成本总额

即 $Tcm = px - bx$

$= (p - b)x$

式中，p 为销售单价，b 为单位变动成本，x 为销售量。

(二) 单位贡献毛益 (cm)

单位贡献毛益，是一种产品的销售单价减去该种产品的单位变动成本后的余额。用公式表示为：

单位贡献毛益 = 销售单价 - 单位变动成本

即 $cm = p - b$

单位贡献毛益与贡献毛益总额的关系为：

贡献毛益总额 = 单位贡献毛益 × 销售量

即 $Tcm = cm \cdot x$

在变动成本法下，计算税前利润的基本公式为：

税前利润 = 销售收入总额 - 变动成本总额 - 固定成本总额

将贡献毛益总额代入以上公式，则

税前利润 = 贡献毛益总额 - 固定成本总额

若以 P 表示税前利润，上式可表示为：

$P = Tcm - a$

变动成本法的损益确定程序就是按以上步骤进行的，即销售收入首先弥补变动成本，计算出中间指标贡献毛益；然后再弥补固定成本，计算出税前利润。可见，贡献毛益首先要补偿固定成本总额，如果补偿固定成本总额后还有剩余，才能为企业提供利润；如果贡献毛益不足以补偿固定成本，企业就会发生亏损。

任务二 变动成本法与完全成本法的比较分析

如前所述，完全成本法是传统的会计中所采用的成本计算方法，而变动成本法则是管理会计中计算成本和损益的一种方法。两者的根本区别在于对固定性制造费用的处理不同，前者计入产品成本，后者计入当期损益，从而使得两种方法在产品成本构成、存货估价和分期损益的确定等方面存在一系列差异。

一、变动成本法与完全成本法的区别

(一) 应用的前提条件不同

变动成本法应用的前提条件是进行成本性态分析，把全部成本按性态分为变动成本和固定成本两部分，尤其是要把属于混合成本性质的制造费用按性态分解为变动性制造费用和固定性制造费用两部分。

完全成本法应用的前提条件是将成本按经济职能分类，凡是在产品生产过程中发生的成本全部归于产品成本，凡是由于产品的销售或进行日常行政管理及资金筹集而发生的成本都归于非生产成本。

(二) 产品成本的组成内容不同

完全成本法要求将成本按经济职能分为生产成本和非生产成本，将生产成本（包括变动成本和固定成本）全部计入产品成本（完全成本法因此而得名），而非生产成本不计入产品成本，直接作为期间成本，列入利润表的减项。

变动成本法要求将所有成本（包括生产成本和非生产成本）按性态分为变动成本和固定成本两大类。其中，生产成本中的变动成本部分计入产品成本，它们包括直接材料、直接人工和变动性制造费用；生产成本中的固定成本部分即固定性制造费用作为期间成本处理，在发生的当期转为费用，列入利润表；全部非生产成本也作为期间成本处理，并列入利润表。虽然将非生产成本全部作为期间成本，但从管理需要考虑，也应区分为变动成本和固定成本两部分。

变动成本法和完全成本法在成本划分标准和成本构成内容的区别如表 3－1 所示。

表 3－1　　变动成本法和完全成本法内容构成区别

<table>
<tr><th>区分标志</th><th colspan="3">变动成本法</th><th colspan="2">完全成本法</th></tr>
<tr><td>成本分类标准</td><td colspan="3">按成本性态分类</td><td colspan="2">按经济职能分类</td></tr>
<tr><td rowspan="10">成本构成</td><td rowspan="6">变动成本</td><td rowspan="3">变动生产成本</td><td>直接材料</td><td rowspan="5">生产成本</td><td rowspan="2">直接材料</td></tr>
<tr><td>直接人工</td></tr>
<tr><td>变动性制造费用</td><td>直接人工</td></tr>
<tr><td rowspan="3">变动非生产成本</td><td>变动管理费用</td><td rowspan="2">全部制造费用</td></tr>
<tr><td>变动销售费用</td></tr>
<tr><td>变动财务费用</td><td rowspan="5">非生产成本</td><td rowspan="2">管理费用</td></tr>
<tr><td rowspan="4">固定成本</td><td>固定生产成本</td><td>固定性制造费用</td></tr>
<tr><td rowspan="3">固定非生产成本</td><td>固定管理费用</td><td>销售费用</td></tr>
<tr><td>固定销售费用</td><td rowspan="2">财务费用</td></tr>
<tr><td>固定财务费用</td></tr>
<tr><td rowspan="3">产品成本构成</td><td rowspan="3">变动生产成本</td><td colspan="2">直接材料</td><td rowspan="3">生产成本</td><td>直接材料</td></tr>
<tr><td colspan="2">直接人工</td><td>直接人工</td></tr>
<tr><td colspan="2">变动性制造费用</td><td>全部制造费用</td></tr>
</table>

【例 3－1】 假设某企业只生产甲产品，若无期初存货，本期完工产品 10 000 件，销售 8 000 件，销售单价 30 元。甲产品的成本资料如表 3－2 所示。要求：采用变动成本法和完全成本法计算其在产品成本组成内容方面的差异。

表 3－2　　甲产品成本资料　　单位：元

成本项目	金　额
直接材料	100 000
直接人工	60 000
变动性制造费用	20 000
固定性制造费用	30 000
变动销售费用	1 000
固定销售费用	8 000
变动管理费用	2 000
固定管理费用	4 000
变动财务费用	1 000
固定财务费用	3 000

根据上述资料，计算两种成本计算法下产品成本的组成如表 3－3 所示。

表 3－3　　两种成本计算法产品成本比较表　　单位：元

成本项目	变动成本计算法		完全成本计算法	
	总成本	单位成本	总成本	单位成本
直接材料	100 000	10	100 000	10
直接人工	60 000	6	60 000	6
变动制造费用	20 000	2	20 000	2
固定制造费用	—	—	30 000	3
合　计	180 000	18	210 000	21

由表 3－3 可见，变动成本法下计算的单位产品成本为 18 元，而完全成本法下为 21 元，两者的差额为 3 元。产生差额的原因是：完全成本法下计算的单位产品成本 21 元中，包含了单位产品负担的固定性制造费用 3 元；而变动成本法下计算的单位产品成本 18 元，则不包含这 3 元的固定性制造费用。所以，由于两种方法对固定性制造费用的处理不同，导致了产品成本的构成内容不同，而且直接影响到两种成本计算法中单位产品成本的高低。

（三）存货估价水平不同

采用完全成本法时，各会计期发生的全部生产成本（包括固定性制造费用）要在完工产品和在产品中进行分配。在已经销售的产成品中包含的固定性制造费用，随着销售的实现转为当期费用；而在产品和库存产成品中包含的固定性制造费用，则作为存货成本的一部分，随期末存货结转到下一个会计期间。也就是说，各会计期末的在产品和产成品存货，是按完全成本计价的，其中既有变动成本又有固定成本。

采用变动成本法时，产品成本只包括变动生产成本，无论在产品、库存产成品还是已销产品，其成本项目构成中只包含变动成本，包含固定性制造费用在内的固定成本全部作为期间成本，计入当期损益。所以，期末在产品和库存产成品存货计价时不包含固定成本。很显然，变动成本法下的期末存货成本要低于完全成本法下的存货成本。

【例3－2】 承上例。要求：比较两种成本计算法的存货成本。

存货结存数量＝10 000－8 000＝2 000（件）

两种成本计算法的存货成本比较见表3－4。

表3－4 两种成本计算法的存货成本比较 单位：元

计算方法	存货成本	单位成本
变动成本计算法	2 000×18＝36 000	18
完全成本计算法	2 000×21＝42 000	21

可见，采用完全成本法计算的存货成本比变动成本法多6 000元，是因为在完全成本法下，每件期末存货“吸收”了3元固定性制造费用，2 000件存货共“吸收”了2 000×3＝6 000元；而变动成本法则将当期发生的全部固定性制造费用全部作为期间成本，计入当期损益。

（四）盈亏计算的不同

完全成本法计算盈亏的程序：首先计算出中间指标销售毛利，然后用销售毛利扣除非生产成本得出税前利润。税前利润由传统的职能式利润表确定。其计算公式是：

销售毛利＝销售收入总额－销售成本总额

税前利润＝销售毛利－当期非生产成本

其中：销售成本＝期初存货成本＋本期生产成本－期末存货成本

非生产成本＝管理费用＋销售费用＋财务费用

变动成本法计算盈亏的程序：首先计算中间指标贡献毛益总额，然后用贡献毛益总额扣除固定成本总额得出税前利润。税前利润由贡献式利润表确定。其计算公式是：

贡献毛益总额＝销售收入总额－变动成本总额

税前利润＝贡献毛益总额－固定成本总额

其中：变动成本总额＝变动生产成本＋变动非生产成本

固定成本总额＝固定生产成本（固定制造费用）＋固定非生产成本

【例3－3】 根据例3－1的资料，采用变动成本法和完全成本法编制利润表，确定税前利润（见表3－5）。

由表3－5可见，两种成本计算法确定的税前利润相差6 000元，即53 000－47 000＝6 000元。差异形成的原因是：由于本期销售量小于生产量，形成期末存货2 000件，在采用完全成本法时，每件期末存货“吸收”了固定性制造费用3元，共6 000元。若这2 000件存货在下期销售，这6 000元的固定性制造费用将随着产品的销售，转为下期的费用。采用变动成本法时，这6 000

表 3－5 **两种成本计算法下的利润表比较** 单位：元

完全成本法（职能式）			变动成本法（贡献式）		
项　目	金　额		项　目	金　额	
销售收入		240 000	销售收入		240 000
减：销售成本		168 000	减：变动成本		148 000
期初存货成本	0		变动生产成本	144 000	
本期生产成本	210 000		变动非生产成本	4 000	
减：期末存货成本	42 000		变动管理费用	2 000	
销售毛利		72 000	变动销售费用	1 000	
减：非生产成本		19 000	变动财务费用	1 000	
管理费用	6 000		贡献毛益		92 000
销售费用	9 000		减：固定成本		45 000
财务费用	4 000		固定制造费用	30 000	
—			固定管理费用	4 000	
—			固定销售费用	8 000	
—			固定财务费用	3 000	
税前利润		53 000	税前利润		47 000

元的固定性制造费用全部在本期转为费用，计入损益，期末存货中不包含固定性制造费用，所以利润比完全成本法少了 6 000 元。

由此我们可以得出，两种成本计算法税前利润产生差异的原因是计入当期损益的固定性制造费用不同造成的。

（五）产销量不平衡时，分期损益的确定不同

1. 产量连续不变，销量逐期变动。

【例 3－4】 某公司生产甲产品，2017—2019 年连续 3 年的相关资料如表 3－6 所示。

表 3－6 **某公司 2017—2019 年相关资料表** 单位：元

年份	产量（件）	销量（件）	单价	直接材料	直接人工	变动制造费用	固定制造费用	变动销售费用	固定销售费用
2017	5 000	5 000	100	20	15	10	100 000	5	5 000
2018	5 000	4 000	100	20	15	10	100 000	5	5 000
2019	5 000	6 000	100	20	15	10	100 000	5	5 000

根据以上资料，分别用完全成本法和变动成本法编制连续 3 年的利润表。如表 3－7 和表 3－8 所示。

完全成本法下单位产品成本 = 20 + 15 + 10 + 100 000 ÷ 5 000 = 65（元）
变动成本法下单位产品成本 = 20 + 15 + 10 = 45（元）

表 3－7　　2017—2019 年利润表（完全成本法）　　单位：元

摘　　要	2017 年	2018 年	2019 年
销售收入	500 000	400 000	600 000
减：销售成本	325 000	260 000	390 000
其中：期初存货成本	0	0	65 000
本期生产成本	325 000	325 000	325 000
减：期末存货成本	0	65 000	0
销售毛利	175 000	140 000	210 000
减：销售及管理费用	75 000	70 000	80 000
税前利润	100 000	70 000	130 000

表 3－8　　2017—2019 年利润表（变动成本法）　　单位：元

摘　　要	2017 年	2018 年	2019 年
销售收入	500 000	400 000	600 000
减：变动成本	250 000	200 000	300 000
变动生产成本	225 000	180 000	270 000
变动销售及管理费用	25 000	20 000	30 000
贡献毛益	250 000	200 000	300 000
减：固定成本	150 000	150 000	150 000
固定性制造费用	100 000	100 000	100 000
固定销售及管理费用	50 000	50 000	50 000
税前利润	100 000	50 000	150 000

通过比较以上两份利润表，我们可以得出如下结论：

（1）2017 年甲产品的产销量平衡，均为 5 000 件，两种成本计算法确定的税前利润相同，都是 100 000 元。

（2）2018 年甲产品的产量为 5 000 件，销量为 4 000 件，产量比销量多 1 000 件，形成了期末存货。完全成本法确定的税前利润为 70 000 元，比变动成本法确定的税前利润 50 000 元多了 20 000 元。税前利润产生差异的原因是：在完全成本法下，期末存货 1 000 件吸收了本期固定性制造费用 20 000 元（20 × 1 000），并结转到下一年度。从而 2018 年已销产品 4 000 件，只负担了 80 000 元（20 × 4 000）的固定性制造费用；而在变动成本法下，100 000 元的固定性制造费用全部计入当期损益。因此，完全成本法确定的税前利润比变动成本法多 20 000 元。

（3）2019 年甲产品的产量为 5 000 件，销量为 6 000 件，产量比销量少 1 000 件，2018 年的期末存货 1 000 件在本期销售。完全成本法确定的税前利润为 130 000 元，变动成本法确定的税前利润为 150 000 元，差额为 20 000 元。

税前利润产生差异的原因是：在完全成本法下，期初存货 1 000 件在本期实现了销售，其包含的固定性制造费用 20 000 元在本期释放了出来，而本年生产的 5 000 件产品在本期全部实现销售，无期末存货。这样，本年计入销售成本的固定性制造费用由两部分构成：上年期末存货结转的固定性制造费用 20 000 元，本期的固定性制造费用 100 000 元，共计 120 000 元；而在变动成本法下，2019 年计入当期损益的固定性制造费用为 100 000 元。所以，完全成本法计算的税前利润比变动成本法少 20 000 元。

（4）从较长时期来看，即将三个年度看作一期，两种方法计算的税前利润是相同的，均为 300 000 元，这是因为，从三年整体来看，生产量等于销售量，均为 15 000 件。

2. 产量逐期变动，销量连续不变。

【例 3 －5】 某公司生产甲产品，2017—2019 年连续三年的相关资料如表 3 －9 所示。

表 3 －9　　某公司 2017—2019 年相关资料表　　单位：元

年份	产量（件）	销量（件）	单价	直接材料	直接人工	变动制造费用	固定制造费用	变动销售费用	固定销售费用
2017	5 000	5 000	100	20	15	10	120 000	5	5 000
2018	6 000	5 000	100	20	15	10	120 000	5	5 000
2019	4 000	5 000	100	20	15	10	120 000	5	5 000

根据以上资料，分别用完全成本法和变动成本法编制利润表，如表 3 －10 和表 3 －11。

完全成本法下单位产品成本：

2017 年 ＝20 ＋15 ＋10 ＋120 000 ÷5 000 ＝69（元）

2018 年 ＝20 ＋15 ＋10 ＋120 000 ÷6 000 ＝65（元）

2019 年 ＝20 ＋15 ＋10 ＋120 000 ÷4 000 ＝75（元）

变动成本法下单位产品成本 ＝20 ＋15 ＋10 ＝45（元）

表 3 －10　　2017—2019 年利润表（完全成本法）　　单位：元

摘　要	2017 年	2018 年	2019 年
销售收入	500 000	500 000	500 000
减：销售成本	345 000	325 000	365 000
其中：期初存货成本	0	0	65 000
本期生产成本	345 000	390 000	300 000
减：期末存货成本	0	65 000	0
销售毛利	155 000	175 000	135 000
减：销售及管理费用	75 000	75 000	75 000
税前利润	80 000	100 000	60 000

表 3－11　　2017—2019 年利润表（变动成本法）　　单位：元

摘　要	2017 年	2018 年	2019 年
销售收入	500 000	500 000	500 000
减：变动成本	250 000	250 000	250 000
变动生产成本	225 000	225 000	225 000
变动销售及管理费用	25 000	25 000	25 000
贡献毛益	250 000	250 000	250 000
减：固定成本	170 000	170 000	170 000
固定性制造费用	120 000	120 000	120 000
固定销售及管理费用	50 000	50 000	50 000
税前利润	80 000	80 000	80 000

从表 3－10 和表 3－11 可以看出：

（1）采用变动成本法时，各年的税前利润是相等的，均为 80 000 元。这是因为各年的销量相同，销售收入相同，计入每年损益的变动成本和固定成本均相同，所以税前利润相同。产量和存货量变动对税前利润没有影响，税前利润只与销量相关，而且成正比例关系。

（2）采用完全成本法时，尽管各年销量相同，但利润却不相同，呈现出较大的波动性。为什么呢？各年的销售量和单价未变，销售收入相同，利润的波动显然是由于成本波动造成的。在成本支出水平稳定的情况下，销量相同，各年的变动成本总额也相同，不同的是已销产品所负担的固定性制造费用。已销产品所包含的固定性制造费用，转为当期费用从销售收入中抵减，而未销产品中包含的固定性制造费用，则作为存货成本的一部分，结转到下期。具体分析如下：

2017 年，产销平衡，无期末存货，故 120 000 元固定性制造费用全部随产品转化为当期费用。

2018 年，产量大于销量，形成期末存货 1 000 件。这样，当期发生的固定性制造费用，有 20 000 元（120 000 ÷ 6 000 × 1 000）滞留在期末存货中；随销售转为当期费用的只有 100 000 元（120 000 ÷ 6 000 × 5 000）。所以，完全成本法确定的税前利润比变动成本法多 20 000 元。

2019 年，销量大于产量，不仅当年生产的产品 4 000 件全部销售，而且销售了年初的存货 1 000 件。这样，计入当期损益的固定性制造费用由两部分构成：一是当年发生的固定性制造费用 120 000 元，二是年初存货中包含的固定性制造费用 20 000 元，共计 140 000 元。而在变动成本法下，计入当期损益的固定性制造费用为 120 000 元，所以，完全成本法确定的税前利润比变动成本法少 20 000 元。

我们通过以上分析可以发现，采用完全成本法时，尽管三年的销量相同，单价相同，单位变动成本相同，每年的固定成本总额也相同，但是，各年的税前利润却不同。原因是每年从销售收入中抵减的固定性制造费用不同造成的。

二、变动成本法的优点和缺点

（一）变动成本法的优点

1. 符合“收益与费用相配比”的公认会计原则。变动成本法只将与销售量密切相关的变动成本计入产品生产成本，而将为维持企业生产经营能力而发生的固定性制造费用作为期间成本，直接计入当期损益，和当期的销售收入相配比。这符合“收益与费用相配比”的会计原则，同时，与“权责发生制”的记账要求也是一致的。

2. 有利于企业进行短期经营决策。变动成本法揭示了成本、业务量、利润之间的依存关系，为管理当局进行盈亏平衡分析，以及销售预测、利润预测、编制弹性预算、短期经营决策等预测、决策活动提供了可靠的信息。

3. 便于进行成本控制与业绩评价。变动成本法所提供的关于变动成本和固定成本的信息资料，便于确定成本责任的归属。如固定成本主要应由管理部门负责，而变动成本则应由生产部门和材料采购部门负责。因此，变动成本法有利于分清各部门的责任，便于管理当局进行成本控制与业绩评价。

4. 促进重视销售环节，防止盲目生产。采用变动成本法，在销售单价、单位变动成本不变的情况下，税前利润与销量成正比例变动，而不随产量变动。这样，管理当局就会重视销售工作，把管理工作的重心转向销售，避免因单纯增加产量而导致的利润虚增现象。这样，才能防止盲目生产，避免造成库存积压。

5. 简化了产品成本的分配工作。变动成本法直接将固定性制造费用列入期间成本，从本期销售收入中一次性减除，从而使得固定性制造费用不再分摊，大大简化了成本分配工作，也避免了由于分配标准的多样性而带来的主观随意性。

正是基于以上优点，变动成本法更适合于企业内部经营管理。

（二）变动成本法的缺点

1. 产品成本观念不符合会计准则。按照会计准则，存货成本应当包括固定性制造费用。因为成本无论是变动的还是固定的，都是企业在生产产品或提供劳务的过程中对资源的耗费，都是存货成本的一部分。

2. 不能适应长期决策和定价决策的需要。变动成本法是以成本性态分析为基础的，在相关范围内，固定成本总额和单位变动成本保持不变。但是，成本性态受诸多因素的影响，从长期来看，固定成本总额可能会突破相关范围，单位变动成本也将随着技术进步而下降。而长期决策需要解决的是生产能力的增减和经营规模的问题，因此，变动成本法不能适应长期决策的需要。另外，在制定产品价格时，无论是变动成本还是固定成本，理应都得到价值补偿，所以，变动成本法提供的产品成本资料，不能完全地作为定价的基础。

3. 将会影响有关各方及时获得收益。采用变动成本法，将固定性制造费用一次计入当期损益，期末存货成本中不包含固定性制造费用。因此，当期的税前利润会少于按完全成本法计算的税前利润。只有当不包含固定性制造费用的期末存货销售以后，才能补回减少的利润。这就延迟了所得税缴纳和股东分红。尽管从长期来看，变动成本法和完全成本法计算的税前利润是一致的，只是各期分布不同，但是，在考虑货币时间价值的情况下，还是会影响到各方面的实际利益的。

【项目小结】

- 变动成本法
  - 变动成本法认知
    - 变动成本法的概念
    - 变动成本法的理论依据
    - 贡献毛益的概念
  - 变动成本法与完全成本法比较
    - 应用的前提条件不同
    - 产品成本的组成内容不同
    - 存货估价水平不同
    - 盈亏计算不同
  - 变动成本法的优缺点

【职业能力训练与案例分析】

一、单项选择题

1. 变动成本法下的产品成本是指（　　）。

A. 固定生产成本　　B. 变动生产成本

C. 固定非生产成本　　D. 变动非生产成本

2. 完全成本法下的期间成本是指（　　）。

A. 直接材料费　　B. 直接人工费

C. 制造费用　　D. 非生产成本

3. 下列说法中不属于变动成本法优点的是（　　）。

A. 能够促进企业以销定产　　B. 便于简化成本核算

C．能更好地满足对外提供报告的要求　　D. 有利于促进成本降低

4. 应用变动成本法的前提条件是（　　）。

A. 将变动成本划分为生产成本和非生产成本

B．将全部成本划分为固定成本和变动成本

C. 将全部成本划分为固定成本、变动成本和混合成本

D. 将全部成本划分为销货成本和存货成本

5. 某产品本期按完全成本法计算的本期单位产品成本是 14 元，本期产量 500 件，销售量 400 件，固定生产成本 2 000 元，则按变动成本法计算的本期单位产品成本为（　　）。

A. 14 元　　B. 10 元

C. 9 元　　D. 18 元

6. 某产品本期按变动成本法计算的销货成本是 50 000 元，期初无存货，本期产销量相等，本期发生的固定性制造费用为 15 000 元，非生产成本为 13 000 元，则按完全成本法计算的销货成本为（　　）。

A. 35 000 元　　B. 65 000 元

C. 78 000 元　　D. 37 000 元

7. 某企业生产甲产品，当年的生产量为 8 000 件，销售量为 6 000 件，发生的直接材料为 12 000 元，直接人工为 9 000 元，变动制造费用为 8 400 元，固定制造费用为 12 800 元，变动销售及管理费用为 4 800 元，固定销售及管理费用为 2 000 元，则按变动成本法和完全成本法分别确定的单位产品成本为（　　）。

A. 3.675 元，6.075 元　　B. 5.275 元，3.675 元

C. 3.675 元，5.875 元　　D. 3.675 元，5.275 元

8. 当期末存货量为零，而期初存货量不为零时，变动成本法确定的税前利润（　　）完全成本法确定的税前利润。

A. 必然大于　　B. 必然小于

C. 必然等于　　D. 不一定等于

9. 变成成本法和完全成本法计算的税前利润存在差异的根本原因是（　　）。

A. 两者计入当期损益表的制造费用不同

B. 两者计入当期损益表的固定制造费用不同

C. 两者计入当期损益表的变动制造费用不同

D. 两者计入当期损益表的变动管理费用不同

10. 变动成本法确定的产品成本（　　）完全成本法确定的产品成本。

A. 必然大于　　B. 必然小于

C. 必然等于　　D. 不一定等于

二、多项选择题

1. 在变动成本法下，下列成本项目属于产品成本的有（　　）。

A. 直接材料　　B. 直接人工

C. 变动制造费用　　D. 固定制造费用

2. 在变动成本法和完全成本法下，都计入期间成本的费用是（　　）。

A. 变动销售及管理费用　　B. 固定销售及管理费用

C. 变动制造费用　　D. 固定制造费用

3. 变动成本法的理论依据是（　　）。

A. 产品成本只应包括变动生产成本

B. 产品成本只应包括生产成本

C. 固定生产成本应作为期间成本处理

D. 制造费用应作为期间费用处理

4. 变动成本法与完全成本法之间存在的区别有（　　）。

A. 产品成本的构成　　B. 存货成本的构成

C. 计算税前利润的步骤　　D. 期间成本的构成

5. 完全成本法与变动成本法对（　　）的处理方法相同，只是在计入利润表的位置和补偿途径方面有形式上的区别。

A. 销售费用　　B. 管理费用

C. 财务费用　　D. 制造费用

6. 在变动成本法下，期间成本包括（　　）。

A. 变动制造费用　　B. 固定制造费用

C. 变动销售费用　　D. 固定销售费用

7. 完全成本法下的税前利润与变动成本法下的税前利润的关系是（　　）。

A. 可能大于　　B. 可能小于

C. 可能等于　　D. 不可能相等

8. 完全成本法和变动成本法共同的产品成本是（　　）。

A. 直接材料　　B. 直接人工

C. 销售费用　　D. 管理费用

9. 变动成本法和完全成本法计算的税前利润存在差异的大小取决于（　　）。

A. 期初存货“吸收”的固定性制造费用

B. 期初存货“释放”的固定性制造费用

C. 期末存货“吸收”的固定性制造费用

D. 期末存货“释放”的固定性制造费用

三、判断题

1. 制造费用在两种成本计算法下都属于产品成本的内容。（　　）

2. 完全成本法下固定制造费用不可能转化为存货成本和销货成本。（　　）

3. 变动成本法下的存货成本，不包括变动性销售和管理费用。（　　）

4. 如果本期生产量大于本期销售量，且期初无存货，则变动成本法下的营业利润大于完全成本法下的营业利润。（　　）

5. 在变动成本法下，生产量与存货量变动对其税前利润没有影响。（　　）

6. 在变动成本法下，其税前利润和销售量是直接相关的，呈正比例关系。（　　）

7. 变动成本法计算的产品成本包括直接材料、直接人工、变动制造费用和变动销售及管理费用，不包括固定制造费用。（　　）

8. 两种成本计算法对固定制造费用的处理不同，完全成本法确定的产品成本一般比变动成本法确定的产品成本高。（　　）

9. 变动成本法计算税前利润的中间指标是贡献毛益。 （ ）

10. 变动成本法和完全成本法的主要区别是对固定性制造费用的处理不同。 （ ）

四、计算分析题

1. 某公司生产某产品，产品的有关资料如下：本年度生产量为 5 000 件，销售单价为 20 元/件，直接材料为 20 000 元，直接人工为 15 000 元，变动制造费用为 20 000 元，固定性制造费用为 20 000 元，销售及管理费用（全部固定）为 10 000 元。要求：

（1）按照完全成本法和变动成本法计算单位产品成本。

（2）假设本年度销售产品 4 000 件，期初无存货，请按照完全成本法和变动成本法分别编制利润表。

2. 假设某公司产销某种产品，其 2019 年有关业务量、售价与成本资料如表 3－12 所示。假定该年投产的产品均完工。

表 3－12 某公司 2019 年有关业务量、售价与成本资料表

业务量及售价		成本项目	
年初产成品数量	0 件	直接材料	8 000 元
本年完工产成品数量	4 000 件	直接人工	4 000 元
本年销售产成品数量	3 000 件	变动制造费用	3 000 元
年末产成品数量	1 000 件	固定制造费用	5 000 元
销售单价	10 元/件	变动管理费用	900 元
		固定管理费用	1 100 元
		变动销售费用	2 100 元
		固定销售费用	900 元

要求：试分别采用变动成本法和完全成本法编制该公司的贡献式利润表和职能式利润表。

五、案例分析

2019 年 3 月，某医药工业公司的财务部经理根据本公司各企业的年报及有关文字说明，写了一份公司年度经济效益分析报告送交经理室。总经理阅后，对报告中提及的两个企业的情况颇感困惑：一个是专门生产输液原料的甲制药厂，另一个是生产制药原料的乙制药厂。甲制药厂 2018 年产销不景气，库存大量积压，贷款不断增加，资金频频告急。2019 年该厂想方设法，广开渠道，扩大销售，减少库存。但报表上反映的利润 2019 年却比 2018 年下降。而乙制药厂的情况正好相反，2019 年市场不景气，销售量比 2018 年下降，年度财务报表上几项经济指标，除资金外，都比上年好。于是总经理将财务部经理召去，让他将财务报表和财务分析重新研究。

甲制药厂的有关资料如表 3－13 所示。

表 3 – 13 利　润　表

编制单位：甲制药厂　　2019 年 12 月　　金额单位：元

项　　目	2018 年	2019 年
销售收入	1 855 000	2 597 000
减：销售成本	1 272 000	2 234 162
销售费用	85 000	108 000
净利润	498 000	254 838
库存资料（单位：瓶）		
在制品		
期初存货数	16 000	35 000
本期生产数	72 000	50 400
本期销售数	53 000	74 200
期末存货数	35 000	11 200
期末在制品		
单位售价	35	35
单位成本	24	30. 11
其中：		
材料	7	7
工资	4	5. 71
燃料和动力	3	3
制造费用	10	14. 4

工资和制造费用每年分别为 288 000 元和 720 000 元，销售成本用先进先出法。该厂在分析其利润下降原因时，认为这是生产能力没有充分利用，工资和制造费等固定费用未能得到充分摊销所致。

乙制药厂的有关资料如表 3 – 14 所示。

表 3 – 14 利　润　表

编制单位：乙制药厂　　2019 年 12 月　　金额单位：元

项　　目	2018 年	2019 年
销售收入	1 200 000	1 100 000
减：销售成本	1 080 000	964 700
销售费用	30 000	30 000
净利润	90 000	105 300
库存资料（单位：千克）		
在产品		
期初存货数	100	100
本年生产数	12 000	13 000
本年销售数	12 000	11 000
期末存货数	100	2 100
售价（每千克）	100	100

续表

项　目	2018 年	2019 年
单位成本（每千克）	90	87.7
其中：		
原材料	50	50
工资	15	13.85
燃料和动力	10	10
制造费用	15	13.85

工资和制造费用这两年均分别为 180 000 元，销售成本也采用先进先出法。该厂在分析其利润上升的原因时，认为他们在市场不景气的情况下，为多交利润、保证国家利润不受影响，全厂职工一条心，充分利用现有生产能力，增产节支的结果。

请思考：

1. 甲、乙制药厂的分析结论对吗，为什么？
2. 如果你是财务部经理，你将得出何种结论，并且如何向你的经理解释？

项目四　本量利分析

【学习目标】

- □ 理解本量利分析的基本含义
- □ 掌握本量利分析的基本模型
- □ 理解本量利分析的基本假定
- □ 掌握贡献毛益及相关指标的计算
- □ 掌握保本分析与保利分析
- □ 理解本量利分析图
- □ 掌握安全边际及相关指标的计算
- □ 掌握加权平均贡献毛益率法计算多品种保本点
- □ 理解利润敏感性分析

任务一　本量利分析基本模型认知

一、本量利分析的含义

本量利分析是成本、业务量、利润分析的简称，又称为 CVP 分析（cost-volume-profit analysis）。它是指在成本性态分析的基础上，通过分析企业在一定期间内的成本、业务量和利润三者之间的关系，建立数学化的会计模型和图式，进而揭示变动成本、固定成本、销售量、销售单价和利润等诸多变量之间的内在规律性联系，为企业预测、决策、规划和业绩考评提供财务信息的一种定量分析方法。

本量利分析作为一种完整的方法体系，在企业经营管理中应用非常广泛。运用本量利分析可以预测保本保利条件下应实现的销售量或销售额；与经营风险分析相结合，可以为企业提供降低经营风险的方法和手段，以保证企业实现既定目标；与决策分析相联系，可以用于企业进行的生产决策、定价决策和投资项目的可行性分析，为全面预算、成本控制、责任会计应用等提供理论准备。

二、本量利分析的基本模型

如果把成本、业务量和利润三者之间的依存关系用方程式来描述，就得到本量利分析的基本模型，即：

利润 = 销售收入 - 变动成本 - 固定成本

= 销售单价 × 销售量 - 单位变动成本 × 销售量 - 固定成本

= （销售单价 - 单位变动成本） × 销售量 - 固定成本

若设销售单价为 p，销售量为 x，固定成本总额为 a，单位变动成本为 b，利润为 P，则这些变量之间可以用下式表达：

$P = px - bx - a = (p - b)x - a$

由于本量利的各种数学模型均是在上式的基础上建立起来的，故可以将该式称为本量利分析的基本模型。该式有 5 个变量，它们相互联系，给定其中任意 4 个变量，就可求出另外一个变量的值。

三、本量利分析的基本假设

在本量利分析中，成本、业务量和利润之间的数量关系是建立在一系列假设基础上的，这些假设一方面有助于建立简单数学模型来反映成本、业务量和利润之间的关系；另一方面也使得本量利分析方法在实际运用中有一定的局限性。一般来说，本量利分析主要有以下基本假设：

1. 成本性态分析假设。假设企业的全部成本已按性态合理地划分为固定成本和变动成本两部分。

2. 相关范围及线性关系假设。包括两方面内容，一是假设销售单价为常数，即销售收入与销售量成正比例关系，销售收入函数表现为线性方程。该假设的前提条件是产品处于成熟期，售价比较稳定。二是在相关范围内，单位变动成本为常数，变动成本与产销量成正比例关系，即变动成本函数表现为线性方程。以上两方面内容都是以相关范围为前提的。

3. 固定成本不变假设。假设在相关范围内，固定成本总额保持不变。

4. 产销平衡假设。假设在只安排一种产品生产的条件下，生产出来的产品总是可以找到市场，即产量和销售量相等，可以实现产销平衡。

5. 品种结构稳定假设。在一个多品种生产和销售的企业中，假设各种产品的销售收入在总收入中所占的比重不会发生变化。

6. 单一成本动因假设。假设产量是影响成本高低的唯一因素。事实上，影响成本水平的因素有很多，但是在一般情况下，产量是影响一定时期企业成本水平的重要因素。这一假设尽管有一定局限性，但能使问题大大简化。

7. 变动成本法假设。假设产品成本是按变动成本法计算的，只将变动生产成本包括在产品成本中，而将所有的固定成本作为期间成本处理。

8. 关于利润的假设。除特别说明，本量利分析中的利润一般假设为不考虑投资收益和营业外收支的“营业利润”，即为通常假设投资收益和营业外收支为零时的利润总额。

四、贡献毛益及相关指标的计算

在项目三中，我们已经对贡献毛益做了简单介绍。

1. 贡献毛益。贡献毛益的绝对数有两种表现形式。一种是单位概念，称为单位贡献毛益，是指产品的销售单价减去单位变动成本后的余额。其计算公式如下：

单位贡献毛益(cm) = 销售单价 - 单位变动成本 = p - b

单位贡献毛益反映的是单位产品的创利能力，也就是每增加一个单位产品的销售可提供的创利额。

贡献毛益的另一种表现形式是总额概念，称为贡献毛益总额，简称贡献毛益（用 Tcm 表示），是指产品的销售收入总额减去变动成本总额后的余额。其计算公式如下：

贡献毛益（Tcm） = 销售收入 - 变动成本

= 单位贡献毛益 × 销售量

$= px - bx = (p - b)x = cm \times x$

根据前述本量利关系的基本公式，贡献毛益、固定成本及营业利润三者之间的关系可用下式表达：

营业利润(P) = 贡献毛益 - 固定成本 = Tcm - a

2. 贡献毛益率。贡献毛益也可以用相对数，即贡献毛益率（cmR）来表示。贡献毛益率是指贡献毛益总额占销售收入总额的百分比，或单位贡献毛益占销售单价的百分比。它反映每百元销售额中能提供的贡献毛益额。其计算公式如下：

$$贡献毛益率 = \frac{贡献毛益}{销售收入} \times 100\% = \frac{单位贡献毛益}{销售单价} \times 100\%$$

$$或：cmR = \frac{Tcm}{px} \times 100\% = \frac{cm}{p} \times 100\%$$

3. 变动成本率。与贡献毛益率密切相关的一个指标是变动成本率。变动成本率（bR）是指变动成本总额占销售收入总额的百分比，或单位变动成本占销售单价的百分比。它反映每百元销售额中变动成本所占的金额。其计算公式如下：

$$变动成本率 = \frac{变动成本}{销售收入} \times 100\% = \frac{单位变动成本}{销售单价} \times 100\%$$

$$或：bR = \frac{bx}{px} \times 100\% = \frac{b}{p} \times 100\%$$

4. 贡献毛益率与变动成本率的关系。由于贡献毛益加上变动成本等于销售收入，则贡献毛益率加上变动成本率等于 100%，故它们之间的关系如下：

贡献毛益率 + 变动成本率 = 1

或：贡献毛益率 = 1 - 变动成本率

很显然，贡献毛益率与变动成本率具有互补关系。变动成本率低的企业，则贡献毛益率高，创利能力强；反之，变动成本率高的企业，必然贡献毛益率低，创利能力弱。

【例 4－1】 某公司生产甲产品，每件售价 1 500 元，耗用的原材料、人工等变动成本 900 元。固定成本总额为 450 000 元，共生产销售了 1 000 件，则：

单位贡献毛益 = 1 500 − 900 = 600（元）

贡献毛益总额 = 1 500 × 1 000 − 900 × 1 000 = 600 000（元）

或：贡献毛益总额 =（1 500 − 900）× 1 000 = 600 000（元）

$$贡献毛益率 = \frac{600\ 000}{1\ 500 \times 1\ 000} \times 100\% = 40\%$$

$$或：贡献毛益率 = \frac{600}{1\ 500} \times 100\% = 40\%$$

$$变动成本率 = \frac{900 \times 1\ 000}{1\ 500 \times 1\ 000} \times 100\% = 60\%$$

$$或：变动成本率 = \frac{900}{1\ 500} \times 100\% = 40\%$$

贡献毛益率 + 变动成本率 = 40% + 60% = 1

利润 =（1 500 − 900）× 1 000 − 450 000 = 150 000（元）

或：利润 = 600 000 − 450 000 = 150 000（元）

任务二　保本分析与保利分析

一、保本分析

（一）保本点的含义与形式

保本点，亦称盈亏临界点、损益平衡点、够本点等，是指当产品的销售业务达到某一点时，其总收入等于总成本，贡献毛益正好抵偿全部固定成本，利润为零，企业处于不盈不亏的状态，这种特殊的状态就称为保本状态，使企业达到保本状态的销售量或销售额之点即保本点。

保本点的意义和作用在于它能帮助管理人员正确地把握产品销售量与企业盈利之间的关系，即企业要盈利，其销售量一定要超过其保本点。保本点的另一重要意义是，超过保本点后的销售量所提供的贡献毛益就是利润，这是因为所有固定成本都已由保本点销售量所提供的贡献毛益所抵偿，而超过保本点的销售量所提供的贡献毛益已无须抵偿任何固定成本，所以即为利润。故企业的销售一旦超过了保本点，销售越多，利润的增长也就越快。

保本点主要有两种表现形式：保本销售量（简称保本量）和保本销售额

(简称保本额)，前者以实物量表示，后者以货币价值量单位表示。

(二) 单一品种保本点的计算

单一品种的保本点可以采用数学推导法来计算确定，即在本量利分析的基本模型的基础上，根据保本点定义，即不盈不亏，利润为零的销售业务量之点。

根据本量利分析的基本模型：

利润 = 销售量 ×（销售单价 - 单位变动成本）- 固定成本

即 P =（p - b）x - a

设：保本量为 X_0，保本额为 Y_0，令利润 P = 0，则

$$保本量(x_0)=\frac{a}{p-b}=\frac{a}{cm}$$

$$保本额(y_0)=px_0=\frac{ap}{p-b}=\frac{a}{\frac{p-b}{p}}=\frac{a}{cmR}=\frac{a}{1-bR}$$

【例 4-2】 某公司只产销 A 产品，全年产销量为 10 000 件，单位变动成本为 1 800 元，固定成本总额为 600 万元，每件售价为 3 000 元，则

$$保本量(x_0)=\frac{a}{p-b}=\frac{6\ 000\ 000}{3\ 000-1\ 800}=5\ 000（件）$$

$$保本额(y_0)=px_0=3\ 000\times5\ 000=15\ 000\ 000（元）$$

$$或：保本额(y_0)=\frac{a}{cmR}=\frac{6\ 000\ 000}{40\%}=15\ 000\ 000（元）$$

以上计算表明，该企业今年销售量为 5 000 件或销售额为 1 500 万元时刚好处于不盈不亏的状态，即保本。

(三) 各因素变动对保本点的影响

以上关于保本点的本量利分析，都是假设在相关范围内除业务量以外的销售单价、单位变动成本、固定成本、品种结构等因素保持不变的条件下讨论的。而在实际的经营活动中，每个因素都会发生变动。所以事先了解有关因素对保本点的影响，争取降低保本点，对企业避免亏损有重要意义。

【例 4-3】 假设某公司只产销甲产品，每件售价为 20 元，单位变动成本为 14 元，计划期内固定成本总额为 6 000 元。由此，可计算出保本点：

$$保本量(x_0)=\frac{6\ 000}{20-14}=1\ 000（件）$$

$$保本额(y_0)=1\ 000\times20=20\ 000（元）$$

1. 销售单价变动对保本点的影响。沿上例，若在其他因素不变的情况下，销售单价提高至 22 元，则此时保本点为：

$$保本量(x_0')=\frac{6\ 000}{22-14}=750（件）$$

$$保本额(y_0')=750\times22=16\ 500（元）$$

可见，销售单价上升，保本点随之下降。

2. 单位变动成本变动对保本点的影响。上例中，假设单位变动成本由 14

元增加到16元，其他因素不变，则此时保本点为：

$$保本量(x_0') = \frac{6\ 000}{20-16} = 1\ 500 \text{（件）}$$

$$保本额(y_0') = 1\ 500 \times 20 = 30\ 000 \text{（元）}$$

可见，单位变动成本增加，保本点随之上升。

3. 固定成本变动对保本点的影响。上例中，假设固定成本总额由6 000元下降到5 400元，其他因素不变。则此时保本点为：

$$保本量(x_0') = \frac{5\ 400}{20-14} = 900 \text{（件）}$$

$$保本额(y_0') = 900 \times 20 = 18\ 000 \text{（元）}$$

可见，固定成本下降，保本点也随之下降。

通过以上分析可以看出，销售单价与保本点的变动方向相反；单位变动成本和固定成本与保本点的变动方向相同；销售量的变动对保本点没有影响。

二、保利分析

（一）保利点的含义

保利点，是指将目标利润引进本量利分析的基础数学模式，在单价和成本水平既定的情况下，为确保目标利润的实现，而应达到的销售量和销售额。为此，保利点也称实现目标利润的业务量，具体包括实现目标利润销售量和实现目标利润销售额两项指标。

可以看出，前述的保本点分析仅仅是企业本量利分析内容的一部分，即假设目标利润为零时的本量利分析。由于保本经营并非企业的最终目的，确定保本点只是为管理者建立一道经营中的预警线，企业经营的最终目的还是为了盈利。因此，为保证既定目标利润的顺利实现，企业应在保本点分析的基础上，进一步进行目标利润的规划分析，即分析为实现企业目标利润应完成的销售量、应控制的成本水平以及应制定的价格水平等。

值得说明的是，尽管现实中的成本、业务量和利润等诸因素之间存在着错综复杂的制约关系，但为了简化分析，在揭示任何一个因素与目标利润之间的关系时，通常均假设其他因素是已知或不变的。因此，目标利润的规划分析实质上是在目标利润已确定的前提下，孤立抽象地逐一研究目标利润与业务量、成本、价格等因素间的数量关系。

（二）保利点的计算

根据前述的本量利分析的基本数学模型，保利点的计算公式如下：

$$保利量(x') = \frac{a+P}{p-b} = \frac{a+P}{cm}$$

$$保利额(y') = px' = \frac{a+P}{cmR} = \frac{a+P}{1-bR}$$

【例4-4】 仍用例4-2资料，假设该公司年目标利润为120万元，价格和成本水平保持不变，则：

$$保利量(x') = \frac{a + P}{p - b} = \frac{6\ 000\ 000 + 1\ 200\ 000}{3\ 000 - 1\ 800} = 6\ 000（件）$$

$$保利额(y') = px' = 3\ 000 \times 6\ 000 = 18\ 000\ 000（元）$$

$$或：保利额(y') = \frac{6\ 000\ 000 + 1\ 200\ 000}{40\%} = 18\ 000\ 000（元）$$

计算结果表明，该企业为实现120万元目标利润，需完成6 000件销售量或1 800万元的销售额。

三、本量利图分析

将成本、销量、利润的关系反映在直角坐标系中，即成为本量利图，因其能清晰地显示企业不盈利也不亏损时应达到的产销量，故又称为盈亏临界图或损益平衡图。用图示表达本量利的相互关系，不仅形象直观，一目了然，而且容易理解。

（一）基本式本量利图

基本式本量利图反映的是本量利的基本关系。其特点是能够清晰地反映出固定成本不随业务量的变化而变化，总成本线是在固定成本线的基础上加上变动成本而得到的。

基本式本量利图的绘制程序如下：

首先建立直角坐标系，以横轴表示销售量，以纵轴表示销售额和成本（金额）。然后在该直角坐标系中以固定成本a为y轴上的截距，以单位变动成本b为斜率，作总成本直线 $y = a + bx$；再以销售单价p为斜率，过原点O作一条直线 $y = px$，即销售收入线；只要销售单价p大于单位变动成本b，销售收入线与总成本线在直角坐标系的第Ⅰ象限内必有交点，两直线的交点即为保本点（见图4－1）。

【例4－5】 某公司计划生产和销售甲产品1 000件，销售单价为10元，单位变动成本为6元，固定成本总额为2 000元。

$$保本量 = \frac{2\ 000}{10 - 6} = 500（件）$$

$$保本额 = 500 \times 10 = 5\ 000（元）$$

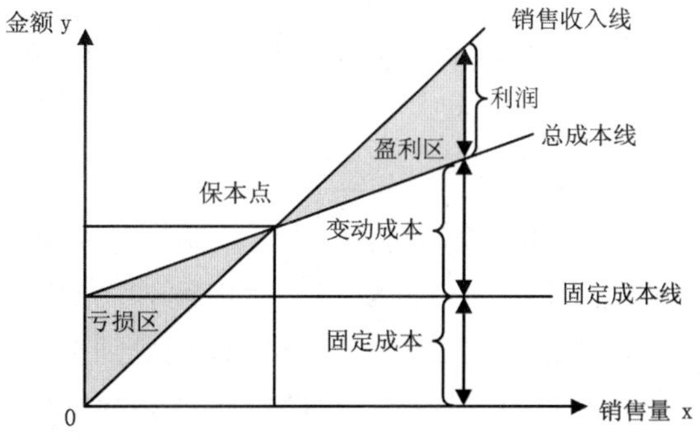

图4－1　基本式本量利图

通过对图 4－1 的分析，可以清楚地看到：

（1）在保本点不变的情况下，销售量超过保本点就能盈利，销售量越多，实现的利润就越多；反之，销售量低于保本点则发生亏损，且销售量越少，亏损额就越大。

（2）在销售量不变的情况下，保本点越低，产品的盈利能力越大，亏损越小；反之，保本点越高，产品盈利能力就越小，亏损越大。

（3）在销售收入不变的情况下，单位变动成本或固定成本总额越小，则保本点越低；反之，则保本点越高。

（4）在总成本线不变的情况下，保本点受销售收入线斜率（即单价）的影响，销售单价越高，销售收入线斜率越大，保本点越低；反之，则保本点越高。

（二）贡献毛益式本量利图

与基本式本量利图相比，贡献毛益式本量利图将固定成本线置于变动成本线上，使总成本线成为一条平行于变动成本线的直线，更形象地反映了贡献毛益的构成以及与利润之间的关系。

贡献毛益式本量利图的绘制程序如下：

首先建立直角坐标系，然后在第Ⅰ象限内以单位变动成本 b 为斜率，过原点 O 作一条变动成本线 y = bx，再以固定成本 a 为 y 轴上的截距，过截距作一条与变动成本线相平行的直线，此直线即为总成本线 y = a + bx；最后以销售单价 p 为斜率，过原点 O 作一条销售收入线 y = px，则销售收入线与总成本线的交点即保本点。如图 4－2 所示。

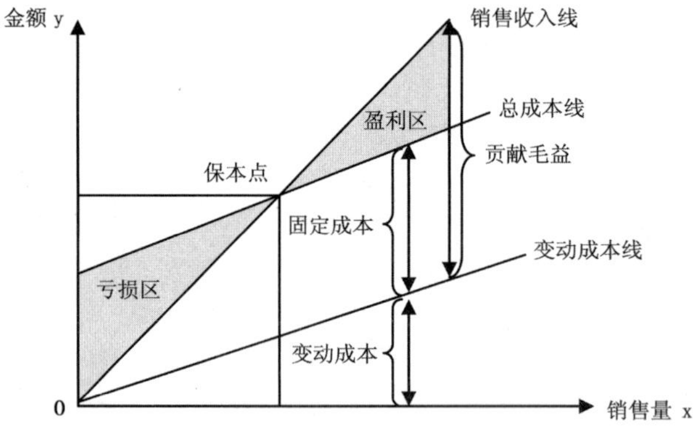

图 4－2　贡献式本量利图

从图 4－2 可以看出，当销售量为零时，贡献毛益为零，固定成本总额没有得到任何补偿，此时企业处于亏损状态，亏损额为固定成本总额。随着销售量的逐步提高，贡献毛益逐渐增加，固定成本总额得到部分补偿，未能得到补偿的固定成本总额便是企业的亏损额。当销售量达到 500 件时，贡献毛益正好能补偿全部固定成本总额，此时利润为零，则该点为保本点。此后，随着销售量的提高，贡献毛益开始超过固定成本总额，贡献毛益补偿固定成本总额后还有剩余，该剩余部分即为利润。

四、企业经营安全程度分析

（一）安全边际与安全边际率

1. 安全边际。安全边际是指企业实际或预计的销售量（或销售额）与保本销售量（或销售额）之间的差量（或差额），称为安全边际量（或安全边际额）。

安全边际量 = 实际（或预计）销售量 - 保本销售量

安全边际额 = 实际（或预计）销售额 - 保本销售额

= 安全边际量 × 销售单价

安全边际可以表明从实际或预计销售量（额）到保本销售量（额）之间的差距，说明企业达不到预计销售目标而又不至于亏损的范围有多大，这个范围越大，说明企业发生亏损的可能性越小，经营就越安全。

2. 安全边际率。企业生产经营的安全性，还可以用安全边际率来表示。安全边际率是安全边际与实际（或预计）销售量（或销售额）之间的比率，公式如下：

$$安全边际率 = \frac{安全边际量（额）}{实际（或预计）销售量（额）} \times 100\%$$

安全边际与安全边际率都是评价企业经营安全程度的指标，即指标数值越大，说明企业经营越安全；反之，指标数值越小，则企业经营风险越大。安全边际率是相对指标，便于不同企业和不同行业的比较。企业经营安全性的经验数据如表 4 - 1 所示。

表 4 - 1　企业经营安全性检验标准

安全边际率	10% 以下	10% ~20%	20% ~30%	30% ~40%	40% 以上
经营安全程度	危险	值得注意	比较安全	安全	很安全

【例 4 - 6】 某企业生产甲产品，单价为 2 元，单位变动成本为 1.2 元，固定成本为 1 600 元，正常销售量为 2 500 件，正常销售额为 5 000 元，计算其安全边际量、安全边际额和安全边际率。

$$保本量 = \frac{1\ 600}{2 - 1.2} = 2\ 000（件）$$

保本额 = 2 × 2 000 = 4 000（元）

安全边际量 = 2 500 - 2 000 = 500（件）

安全边际额 = 5 000 - 4 000 = 1 000（元）

或：安全边际额 = 500 × 2 = 1 000（元）

$$安全边际率 = \frac{500}{2\ 500} = 20\%$$

$$或：安全边际率 = \frac{1\ 000}{5\ 000} = 20\%$$

（二）保本点作业率

保本点作业率又称盈亏临界点作业率，是指保本点销售量（销售额）占实际或预计销售量（销售额）的百分比。该指标是一个逆指标，指标数值越小，说明企业经营越安全。其计算公式为：

$$保本点作业率=\frac{保本点销售量（或销售额）}{实际或预计的销售量（或销售额）}\times 100\%$$

保本点作业率表明企业的保本业务量在正常业务量（实际或预计业务量）中所占的比重。由于多数企业的生产经营能力是按正常销售量来规划的，生产经营能力与正常销售量基本相同，所以，保本点作业率还表明保本状态下生产经营能力的利用程度。

由于企业实际或预计的销售量（额）包括安全边际量（额）和保本销售量（额）两部分，所以，正指标安全边际率与逆指标保本作业率具有互补关系（见图 4－3）。

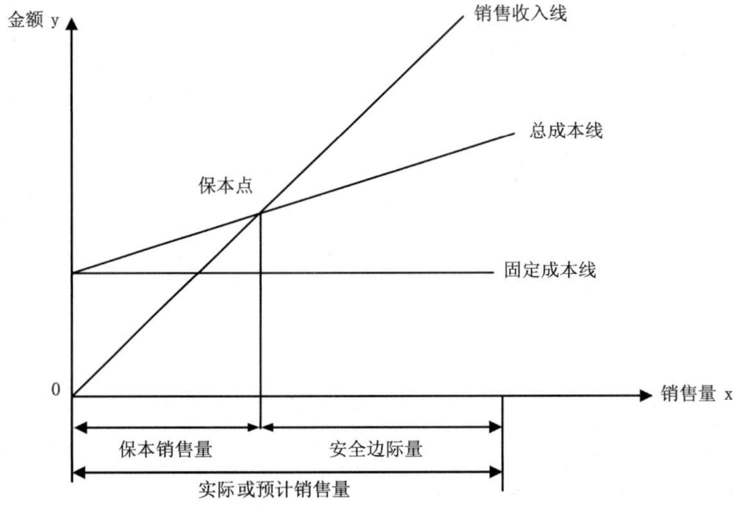

图 4－3　安全边际量与保本点销售量图

根据图 4－3 可以看出，保本点把实际或预计的销售量分为两部分：一部分是保本销售量；另一部分是安全边际量。即：

保本销售量＋安全边际量＝实际或预计销售量

上述公式两端同时除以实际或预计销售量，便得到：

保本点作业率＋安全边际率＝1

【例 4－7】　根据例 4－6 的资料，计算保本点作业率，并验证安全边际率与保本作业率之间的关系。

$$保本点作业率=\frac{2\ 000}{2\ 500}\times 100\%=80\%$$

$$或：保本点作业率=\frac{4\ 000}{5\ 000}\times 100\%=80\%$$

安全边际率＋保本点作业率＝20%＋80%＝1

（三）安全边际与利润的关系

从保本点分析的角度考察，保本点销售量提供的贡献毛益只能为企业收回固定成本总额，不能提供利润。当销售量超过保本点销售量（即安全边际量）时，才能为企业提供利润。安全边际额减去其自身的变动成本后的差额，也就是安全边际额中的贡献毛益，形成企业的利润。也就是说，当产品销售超过保本点一个单位的业务量，即可获得一个单位贡献毛益的盈利。因此，利润又可表示为：

$$利润=（实际或预计销售量-保本点销售量）\times 单位贡献毛益$$
$$=安全边际量\times 单位贡献毛益$$
$$=安全边际额\times 贡献毛益率$$

$$销售利润率=\frac{利润}{销售额}=\frac{安全边际额\times 贡献毛益率}{销售额}$$
$$=安全边际率\times 贡献毛益率$$

从上述关系式可以看出，要提高企业的销售利润率主要有两种途径：一是扩大现有销售水平，提高安全边际率；二是降低变动成本水平，提高边际贡献率。

【例4-8】 根据例4-6的资料，计算利润与销售利润率。

$$利润=安全边际量\times 单位贡献毛益=500\times（2-1.2）=400（元）$$

$$贡献毛益率=\frac{2-1.2}{2}=40\%$$

$$销售利润率=安全边际率\times 贡献毛益率=20\%\times 40\%=8\%$$

五、多品种条件下的保本点的计算

以上所讨论的保本分析和本量利分析图，都是假设在单一产品条件下进行的。但是实际上大多数企业都不可能只生产销售一种产品，而是同时生产和销售多种产品。这就需要进一步探讨多品种条件下的保本点计算问题。

企业在产销多种产品的条件下，由于各种产品的性能存在着差异，在实物数量上无法简单相加。因此，在计算多品种保本点时，不适宜采用实物量单位进行分析，只能用金额来反映，即计算保本点的销售额。多品种条件下保本点的计算常用的方法有加权平均贡献毛益率法和分别计算法等。

（一）加权平均贡献毛益率法

加权平均贡献毛益率法又叫综合贡献毛益率法，是指以各品种产品的贡献毛益率为基础，用各产品的预计销售比重（即产品销售结构）为权数，进行加权平均计算的，反映企业多产品综合创利能力的平均贡献毛益率。在实际工作中，加权平均贡献毛益率法是计算多种产品保本点最常用的方法。主要计算公式如下：

$$加权贡献毛益率=\sum（各种产品的贡献毛益率\times 该种产品销售比重）$$

$$或：加权平均贡献毛益率=\frac{\sum 各种产品贡献毛益}{\sum 各种产品销售额}$$

$$某种产品销售比重 = \frac{该种产品预计销售额}{\sum 各产品预计销售额} \times 100\%$$

$$综合保本额 = \frac{固定成本总额}{加权平均贡献毛益率}$$

某种产品保本销售额 = 综合保本销售额 × 该产品销售比重

$$某种产品保本销售量 = \frac{该产品保本销售额}{该产品销售单价}$$

【例4－9】 某企业计划期产销甲、乙、丙三种产品，有关资料如表4－2所示。

表4－2　　计算资料表

摘　要	甲产品	乙产品	丙产品
产销量（件）	500	2 500	1 000
销售单价（元）	20	10	15
单位变动成本（元）	15	7	9
固定成本总额（元）	3 200		

将上述资料计算整理如表4－3所示。

表4－3　　计　算　表

摘　要	甲产品	乙产品	丙产品
单位贡献毛益	5	3	6
贡献毛益率	25%	30%	40%
销售额（元）	10 000	25 000	15 000
销售比重	20%	50%	30%

则：加权贡献毛益率 = 25% × 20% + 30% × 50% + 40% × 30% = 32%

$$或：加权平均贡献毛益率 = \frac{5 \times 500 + 3 \times 2\ 500 + 6 \times 1\ 000}{10\ 000 + 25\ 000 + 15\ 000} \times 100\% = 32\%$$

$$综合保本额 = \frac{3\ 200}{32\%} = 10\ 000（元）$$

三种产品的保本点分别为：

甲产品：

保本销售额 = 10 000 × 20% = 2 000（元）

保本销售量 = 2 000 ÷ 20 = 100（件）

乙产品：

保本销售额 = 10 000 × 50% = 5 000（元）

保本销售量 = 5 000 ÷ 10 = 500（件）

丙产品：

保本销售额 = 10 000 × 30% = 3 000（元）

保本销售量 = 3 000 ÷ 15 = 200（件）

（二）分别计算法

如果企业的固定成本能够比较合理地分配给各种产品，就可以采用分别计算法确定多种产品的综合保本点。所谓分别计算法，是指先将企业的固定成本总额按一定的标准分配给各产品，然后按确定单一品种保本点的方法分别计算确定每一品种产品的保本点，最后汇总计算多品种的综合保本销售额的方法。

【例 4－10】 某公司生产 A、B、C 三种产品，有关资料如表 4－4 所示。要求：根据资料按产品的贡献毛益分配共同固定成本，并采用分别计算法进行保本预测。

表 4－4　计算资料表

摘　　要	A 产品	B 产品	C 产品
预计销售量（件）	1 000	1 200	800
销售单价（元）	10	8	15
单位变动成本（元）	7	6	12
单位贡献毛益（元）	3	2	3
专属固定成本（元）	1 680	1 300	1 200
共同固定成本（元）	2 340		

（1）分配共同固定成本。

$$共同固定成本分配率 = \frac{a}{\sum Tcm} = \frac{2\ 340}{3 \times 1\ 000 + 2 \times 1\ 200 + 3 \times 800} = 0.30$$

分配给 A 产品的固定成本 = 3 × 1 000 × 0.30 = 900（元）

分配给 B 产品的固定成本 = 2 × 1 200 × 0.30 = 720（元）

分配给 C 产品的固定成本 = 3 × 800 × 0.30 = 720（元）

（2）计算各产品保本点。

$$A 产品保本销售量 = \frac{1\ 680 + 900}{3} = 860（件）$$

A 产品保本销售额 = 860 × 10 = 8 600（元）

$$B 产品保本销售量 = \frac{1\ 300 + 720}{2} = 1\ 010（件）$$

B 产品保本销售额 = 1 010 × 8 = 8 080（元）

$$C 产品保本销售量 = \frac{1\ 200 + 720}{3} = 640（件）$$

C 产品保本销售额 = 640 × 15 = 9 600（元）

（3）计算综合保本销售额。

企业综合保本销售额 = 8 600 + 8 080 + 9 600 = 26 280（元）

任务三　利润敏感性分析

一、为实现目标利润应采取的措施

根据本量利分析的基本模型，销售单价、销售数量、单位变动成本和固定成本总额等四个因素，任何一个因素的变动都会对利润产生影响。在生产多种产品的企业，产品品种结构变动也会影响企业利润的实现。

企业在预测目标利润后，应当研究如何利用现有资源，合理安排产销量、收入和成本支出，以保证目标利润的实现。

1. 为实现目标利润应采取的单项措施。

【例 4－11】 某企业目前的损益状况如表 4－5 所示。

表 4－5　计算资料表　　金额单位：万元

项　目	金　额
销售收入（1 000 万件×10 元/件）	10 000
变动成本（1 000 万件×6 元/件）	6 000
固定成本	3 000
利润	1 000

假设企业欲使利润增加 50%，即达到 1 500 万元，可以从以下几个方面着手，采取相应措施。

（1）减少固定成本。减少固定成本，可以使利润增加。现在的问题是确定需减少多少固定成本，才能使原来的利润增加 50%，达到 1 500 万元。

现将固定成本作为未知数，目标利润 1 500 万元作为已知数，其他因素不变，代入本量利基本模型：

$1\ 500=1\ 000\times10-1\ 000\times6-a$

$a=2\ 500$（万元）

如其他条件不变，固定成本从 3 000 万元减少到 2 500 万元，降低 16.7%，可保证实现目标利润。

（2）减少变动成本。按上述同样的方法，将单位变动成本作为未知数代入本量利基本模型：

$1\ 500=1\ 000\times10-1\ 000\times b-3\ 000$

$b=5.50$（元）

如其他条件不变，单位变动成本从 6 元减少到 5.50 元，降低 8.3%，可保证实现目标利润。

（3）提高售价。按上述同样的方法，将单位产品的售价作为未知数代入本量利基本模型：

$1\ 500 = 1\ 000 \times p - 1\ 000 \times 6 - 3\ 000$

$p = 10.50$（元）

如其他条件不变，单位产品的售价从 10 元提高到 10.50 元，提高 5%，可保证实现目标利润。

（4）增加产销量。按上述同样的方法，将产销量作为未知数代入本量利基本模型：

$1\ 500 = x \times 10 - x \times 6 - 3\ 000$

$x = 1\ 125$（万件）

如其他条件不变，产销量从 1 000 万件增加到 1 125 万件，增加 12.50%，可保证实现目标利润。

2. 为实现目标利润应采取的综合措施。在现实经济生活中，影响利润的因素是相互关联的。为了提高产量，往往需要增加固定成本。与此同时，为了把它们顺利销售出去，有时又需要降低售价或增加广告费等固定成本。因此，企业很少采取单项措施来提高利润，而大多采取综合措施以实现目标利润，这就需要综合计算和反复平衡。

【例 4－12】 假设例 4－11 中的企业尚有剩余生产能力，可以进一步增加产量，但由于售价偏高，使销路受到限制。为了打开销路，企业经理拟降价 10%，采取薄利多销的方针，争取实现利润 1 500 万元。

（1）计算降价后实现目标利润所需的销售量。

$$销售量 = \frac{固定成本 + 目标利润}{单位贡献毛益} = \frac{3\ 000 + 1\ 500}{10 \times (1 - 10\%) - 6} = 1\ 500\ （万件）$$

如果销售部门认为，降价 10% 后可使销量达到 1 500 万件，生产部门也可以将其生产出来，则目标利润就可以落实了。否则，还需要进一步分析并落实。

（2）计算既定销量下实现目标利润所需要的单位变动成本。假设销售部门认为，上述 1 500 万件的销量是达不到的，降价 10% 后只能使销量增至 1 300万件。为此，需要在降低成本上挖潜。

$$单位变动成本 = \frac{单价 \times 销量 - (固定成本 + 目标利润)}{销量}$$

$$= \frac{10 \times (1 - 10\%) \times 1\ 300 - (3\ 000 + 1\ 500)}{1\ 300} = 5.54\ （元）$$

为了实现目标利润，在降价 10% 的同时，还须使单位变动成本从 6 元降至 5.54 元。如果生产部门认为，通过降低原材料和人工成本，这个目标是可以实现的，则预定的目标利润可以落实。否则，还要在固定成本的节约方面想办法。

（3）计算既定产销量和单位变动成本下实现目标利润所需的固定成本。假设生产部门认为，通过努力，单位变动成本可以降低到 5.60 元。为此，企业还需要压缩固定成本支出。

固定成本＝销量×单位贡献毛益－目标利润

$=1\ 300\times[10\times(1-10\%)-5.60]-1\ 500=2\ 920$（万元）

为了实现目标利润，在降价10%，使销量增至1 300万件，单位变动成本降至5.60元的同时，还需压缩固定成本80万元（3 000－2 920），则目标利润可以落实。否则，可以返回去再协商，寻找进一步增收节支的办法，重新计算分析并落实，或者向经理汇报，请其修改目标利润。

二、利润敏感性分析

敏感性分析是指研究和分析一个系统因周围条件发生变化，而引起其状态或输出结果变化的敏感程度。在影响利润的因素中，单价、单位变动成本、固定成本、销售量的变化都会引起利润的变化，但影响的程度各不相同。有些因素增长会导致利润相应增加，而有些因素增长却会导致利润相应下降。有些因素只要略有变动就会导致利润发生较大幅度的变动，这些因素称为敏感性因素；有些因素即使变动幅度较大，也可能仅对利润产生较小的影响，这些因素称为不敏感性因素。利润敏感性分析就是研究利润对各项因素变动的敏感程度的一种定量分析方法。

利润敏感性分析，主要研究与分析有关因素发生多大变化会使盈利转为亏损，各因素变化对利润变化的影响程度，以及各因素变动时如何调整销量，以保证目标利润的实现。

【例4－13】 某企业只生产一种产品，单价为2元，单位变动成本为1.20元，预计明年固定成本为40 000元，产销量计划达100 000件。

预计明年利润为：

$P=100\ 000\times(2-1.20)-40\ 000=40\ 000$（元）

有关的敏感分析如下：

1. 有关因素发生多大变化使盈利转为亏损。单价、单位变动成本、固定成本、销售量的变化，会影响利润的高低。这种变化达到一定程度，会使企业利润消失，进入盈亏临界状态，使企业的经营状况发生质变。敏感分析的目的之一，就是提供能引起目标发生质变的各因素变化的界限，其方法称为最大最小法。

（1）单价的最小值。单价下降会使利润下降，下降到一定程度，利润将变为零，它是企业能容忍的单价最小值。

根据例4－13的资料：

$100\ 000\times(p-1.20)-40\ 000=0$

$p=1.60$（元）

单价降至1.60元，即降低20%（0.4÷2）时企业由盈利转为亏损。

（2）单位变动成本的最大值。单位变动成本上升会使利润下降，并逐渐趋于零，此时的单位变动成本是企业能忍受的最大值。

根据例4－13的资料：

$100\ 000\times(2-b)-40\ 000=0$

$b=1.60$（元）

单位变动成本由1.20元上升至1.60元时，企业利润由40 000元降为零。此时，单位变动成本上升了33%（0.40÷1.20）。

（3）固定成本最大值。固定成本上升也会使利润下降，并趋近于零。

根据例4－13的资料：

$100\ 000\times(p-1.20)-a=0$

$a=80\ 000$（元）

固定成本增至80 000元时，企业由盈利转为亏损，此时固定成本增加了100%（40 000÷40 000）。

（4）销售量最小值。销售量最小值，是指使利润为零的销售量，即保本点销售量，其计算方法前面已经介绍过。

$$x=\frac{40\ 000}{2-1.20}=50\ 000\text{（件）}$$

销售计划如果只完成50%（50 000÷100 000），使企业利润为零。

2. 各因素变化对利润变化的影响程度（利润敏感性分析）。如前所述，各因素变化都会引起利润的变化，但其影响程度各不相同。有关因素变动对利润的影响程度可用敏感系数来表示。

$$\text{敏感系数}=\frac{\text{利润变动百分比}}{\text{因素变动百分比}}$$

下面仍以例4－13中的数字为基础，进行敏感程度分析。

（1）单价的敏感程度。

设单价增长20%，则：

$p=2\times(1+20\%)=2.40$（元）

按此单价计算，利润为：

$P=100\ 000\times(2.40-1.20)-40\ 000=80\ 000$（元）

利润原来是40 000元，其变化率为：

$$\text{利润变动百分比}=\frac{80\ 000-40\ 000}{40\ 000}=100\%$$

$$\text{单价的敏感系数}=\frac{100\%}{20\%}=5$$

这就是说，单价对利润的影响很大，从百分率来看，利润以5倍的速率随单价变化。涨价是提高盈利的最有效手段，价格下跌也将是企业的最大威胁。根据敏感系数可知，每降价1%，企业将失去5%的利润，必须格外予以关注。

（2）单位变动成本的敏感程度。

设单位变动成本增长20%，则：

$b=1.2\times(1+20\%)=1.44$（元）

按此单位变动成本计算，利润为：

$P=100\ 000\times(2-1.44)-40\ 000=16\ 000$（元）

利润原来是40 000元，其变化率为：

$$利润变动百分比=\frac{16\ 000-40\ 000}{40\ 000}=-60\%$$

$$单位变动成本的敏感系数=\frac{-60\%}{20\%}=-3$$

由此可见，单位变动成本对利润的影响比单价要小，单位变动成本每上升1%，利润将减少3%。但是，敏感系数绝对值大于1，说明变动成本的变化会造成利润更大的变化，仍属于敏感因素。

（3）固定成本的敏感程度。设固定成本增长20%，则：

$a=40\ 000\times(1+20\%)=48\ 000$（元）

按此固定成本计算，利润为：

$P=100\ 000\times(2-1.20)-48\ 000=32\ 000$（元）

利润原来是40 000元，其变化率为：

$$利润变动百分比=\frac{32\ 000-40\ 000}{40\ 000}=-20\%$$

$$固定成本的敏感系数=\frac{-20\%}{20\%}=-1$$

这说明固定成本每上升1%，利润将减少1%。

（4）销售量的敏感程度。

设销售量增长20%，则：

$x=100\ 000\times(1+20\%)=120\ 000$（件）

按此计算利润：

$P=120\ 000\times(2-1.20)-40\ 000=56\ 000$（元）

利润变化率为：

$$利润变动百分比=\frac{56\ 000-40\ 000}{40\ 000}=40\%$$

$$销售量的敏感系数=\frac{40\%}{20\%}=2$$

由此可见，影响企业利润的因素中，最敏感的是销售单价（敏感系数为5），其次是单位变动成本（敏感系数为-3），再次是销售量（敏感系数为2），最后是固定成本（敏感系数为-1）。其中敏感系数为正值，表明它与利润同向增减；敏感系数为负值，表明它与利润反向增减。一般情况下，敏感系数有助于决策者了解那些因素对利润的影响程度强，哪些因素对利润的影响程度弱，以分清主次，采取适当措施，确保目标利润完成。

【项目小结】

- 本量利分析
  - 本量利分析基本模型
    - 本量利分析的含义
    - 本量利分析的基本模型
    - 本量利分析基本假设
    - 本量利分析相关指标
  - 保本保利分析
    - 保本分析
      - 保本点含义
      - 单一品种保本点计算
      - 各因素变动对保本点影响
    - 保利分析
      - 保利点含义
      - 保利点计算
    - 本量利分析图
      - 基本式本量利图
      - 贡献式本量利图
    - 企业经营安全程度分析
      - 安全边际（率）
      - 保本作业率
      - 安全边际与利润
    - 多品种保本点的计算
      - 加权平均贡献毛益率法
      - 分别计算法
  - 利润敏感性分析

【职业能力训练与案例分析】

一、单项选择题

1. 产品销售收入扣除变动成本后的余额叫（　　）。

A. 毛利　　B. 贡献毛益

C. 税前净利　　D. 净利润

2. 下列公式不正确的是（　　）。

A. 单位贡献毛益 = 单价 − 单位变动成本

B. 贡献毛益总额 = 销售收入总额 − 变动成本总额

C. 单位贡献毛益 × 销售量 = 贡献毛益总额

D. 销售收入 − 固定成本 = 贡献毛益总额

3. 某企业盈亏临界点销售额为 16 000 元，正常开工销售收入为 20 000 元，则如果该公司要求获利，保本点作业率至少应达到（　　）。

A. 20%　　B. 80%

C. 125%　　D. 以上均不对

4. 下列导致盈亏临界点上升的因素是（　　）。

A. 售价下降　　B. 单位变动成本下降

C. 单位贡献毛益增加　　D. 固定成本下降

5. 某企业只产销一种产品，单位变动成本为 36 元，固定成本总额为

4 000 元，单位售价 56 元，要使安全边际率达到 50%，该企业的销售量应达到（　　）件。

A. 400　　B. 222

C. 143　　D. 500

6. 贡献毛益率与变动成本率二者之间的关系是（　　）。

A. 变动成本率高，则贡献毛益率也高

B. 变动成本率高，则贡献毛益率低

C. 变动成本率与贡献毛益率二者没有关系

D. 变动成本率是贡献毛益率的倒数

7. 若某企业在一定时期内的保本点作业率为 100%，则可断定该企业处于（　　）状态。

A. 盈利　　B. 保本

C. 亏损　　D. 以上都不对

8. 已知企业年目标利润 2 500 万元，产品单价 1 000 元，单位变动成本率 40%，产品固定成本为 700 万元，则要达到目标利润，企业应销售产品（　　）件。

A. 80 000　　B. 53 334

C. 41 667　　D. 62 550

9. 某企业生产某一产品，年营业收入为 100 万元，变动成本总额为 60 万元，固定成本总额为 16 万元，则该产品的边际贡献率为（　　）。

A. 40%　　B. 76%

C. 24%　　D. 60%

10. 根据本量利分析原理，只提高安全边际而不会降低盈亏临界点的措施是（　　）。

A. 提高单价　　B. 增加产销量

C. 压缩固定成本　　D. 降低单位变动成本

11. 边际贡献式本量利分析图的优点是可以表示边际贡献的数值，下列表述正确的是（　　）。

A. 在保本点以上的总收入线与总成本线相夹的区域为边际贡献区

B. 在保本点以下的总收入线与总成本线相夹的区域为边际贡献区

C. 总收入线与变动成本线相夹的区域为边际贡献区

D. 总收入线与固定成本线相夹的区域为边际贡献区

12. 下列各项指标中，能直接体现企业经营风险程度的是（　　）。

A. 安全边际率　　B. 边际贡献率

C. 净资产收益率　　D. 变动成本率

13. 某产品实际销售量为 8 000 件，单价为 30 元，单位变动成本为 12 元，固定成本总额为 36 000 元，则该产品的安全边际率为（　　）。

A. 25%　　B. 60%

C. 40%　　D. 75%

14. 若销售利润率为60%，变动成本率为40%，则该产品的安全边际率为（　　）。

A. 100%　　B. 150%

C. 24%　　D. 36%

15. 下列各项中，利润最为敏感的因素是（　　）。

A. 销量　　B. 销售单价

C. 固定成本　　D. 单位变动成本

二、多项选择题

1. 下列各项可以视为保本状态的有（　　）。

A. 销售收入与成本总额相等　　B. 销售收入线与总成本线相交时

C. 边际贡献与固定成本相等　　D. 变动成本与固定成本相等

2. 若企业处于保本状态，则有（　　）。

A. 保本作业率为0%　　B. 安全边际率为0%

C. 保本作业率为100%　　D. 安全边际率为100%

3. 下列因素当中（　　）呈上升趋势变化时，会导致保本点升高。

A. 销售量　　B. 单价

C. 固定成本　　D. 单位变动成本

4. 在盈亏临界图中，盈亏临界点的位置取决于（　　）等因素。

A. 固定成本　　B. 单位变动成本

C. 销售量　　D. 销售单价

5. 加权平均贡献毛益率 =（　　）。

A. Σ（各产品贡献毛益率 × 该产品的销售收入）

B. Σ（各产品贡献毛益率 × 该产品的销售比重）

C. 各产品贡献毛益之和 ÷ 各产品销售收入之和

D. 各产品销售收入之和 ÷ 各产品贡献毛益之和

6. 提高企业生产经营安全性的途径有（　　）。

A. 增加产量　　B. 降低固定成本

C. 降低单位变动成本　　D. 提高单价

7. 在其他条件不变的情况下，下列措施能导致利润上升的是（　　）。

A. 减少销售量　　B. 降低单位变动成本

C. 减少固定成本总额　　D. 提高销售单价

8. 下列关于盈亏临界点的表述，正确的是（　　）。

A. 盈亏临界点不变，销售量越大，企业获利越多

B. 销售量不变，盈亏临界点越低，盈利越多

C. 销售收入不变，固定成本越高，盈亏临界点越高

D. 固定成本总额不变，销售收入越高，盈亏临界点越高

9. 下列关于安全边际的叙述，正确的是（　　）。

A. 安全边际是盈亏临界点以上的销售量与销售额

B. 安全边际率 = 1 - 盈亏临界点作业率

C. 安全边际量 = 实际或预计销售量 - 盈亏临界点销售量

D. 安全边际率 + 贡献毛益率 = 1

10. 下列关于本量利分析的基本假设的表述，正确的是（　　）。

A. 单一成本动因假设　　B. 变动成本法假设

C. 相关范围和线性假设　　D. 产销平衡假设

11. 下列各项指标中，与保本点呈同向变化关系的有（　　）。

A. 单位售价　　B. 预计销量

C. 固定成本总额　　D. 变动成本总额

12. 下列关于安全边际和边际贡献的表述中，正确的是（　　）。

A. 边际贡献的大小，与固定成本支出的多少无关

B. 边际贡献率反映产品给企业做出贡献的能力

C. 提高安全边际率或边际贡献率，可以提高利润

D. 降低安全边际率或提高边际贡献率，可以提高销售利润率

13. 如果采用加权平均贡献毛益率法计算综合保本点，下列各项中，将会影响综合保本点大小的有（　　）。

A. 固定成本总额　　B. 销售结构

C. 单价　　D. 单位变动成本

14. 根据单一产品的本量利分析模式，下列关于利润的计算公式中，正确的有（　　）。

A. 利润 = 安全边际量 × 单位边际贡献

B. 利润 = 保本销售量 × 安全边际率

C. 利润 - 实际销售额 × 安全边际率

D. 利润 = 安全边际额 × 边际贡献率

15. 下列有关敏感系数表述中正确的有（　　）。

A. 敏感系数为正数，因素值与目标值发生同方向变化

B. 敏感系数为负数，因素值与目标值发生同方向变化

C. 敏感系数大于 1 的参量是敏感因素

D. 敏感系数绝对值小于 1 的参量是非敏感因素

三、判断题

1. 本量利分析是以成本性态分析为基础的。（　　）

2. 单位贡献毛益是销售单价扣除单位产品变动成本后的差额，不必扣除单位变动非生产成本。（　　）

3. 企业如果只生产一种产品，保本点既可以用实物量表示，也可以用金额表示。（　　）

4. 安全边际越大，企业经营越安全，亏损的可能性越小。（　　）

5. 在销售收入既定的情况下，固定成本越高，盈亏临界点越低。（　　）

6. 在销售收入既定的情况下，单位变动成本越高，盈亏临界点越高。 （ ）

7. 在其他因素不变的情况下，固定成本的降低额即是目标利润的增加额。 （ ）

8. 贡献毛益率小于零的企业，必然是亏损企业。 （ ）

9. 若贡献毛益等于固定成本，则企业处于保本状态。 （ ）

10. 如变动成本率为60%，固定成本总额为30 000元，则保本销售额为50 000元。 （ ）

11. 在多品种情况下，若其他因素不变，只要提高贡献毛益率较大的产品销售比重，就可以降低整个企业的综合保本销售额。 （ ）

12. 根据基本的本量利分析图，在销售量不变的情况下，保本点越低，盈利区越小，亏损区越大。 （ ）

13. 只有安全边际才能为企业提供利润，保本点所提供的贡献毛益等于固定成本，安全边际所提供的贡献毛益等于企业利润。 （ ）

14. 销售利润率可以通过贡献毛益率和安全边际率相乘求得。 （ ）

15. 影响企业利润的因素中，最敏感的是固定成本。 （ ）

四、计算分析题

1. 资料：表4－6是4个公司在2019年的产销资料，假设每个公司只产销一种产品，且均产销平衡。

表4－6　　计算资料表

公司	销售数量	销售收入总额	变动成本总额	固定成本总额	单位边际贡献	利润（或亏损）
甲公司	10 000件	100 000元	60 000元	25 000元	（ ）元	（ ）元
乙公司	5 000台	200 000元	160 000元	（ ）元	（ ）元	10 000元
丙公司	（ ）套	250 000元	（ ）元	50 000元	15元	25 000元
丁公司	8 000件	（ ）元	96 000元	（ ）元	8元	24 000元

要求：

（1）根据本量利分析的基本数学模式，计算并填列表4－6空白栏的数额，写出计算过程。

（2）根据本量利分析的基本概念及其计算公式，分别计算丙和丁两个公司的单位变动成本、贡献毛益率、变动成本率，并验证贡献毛益率与变动成本率的互补关系。

2. 某企业生产销售甲、乙两种产品，产品的单位售价分别为5元和10元，贡献毛益率分别为40%和20%，全年固定成本为50 000元，企业采用加权平均贡献毛益率法进行本量利分析。假设全年甲、乙两种产品分别销售了20 000件和40 000件，试计算下列指标（计算结果四舍五入保留整数位）：

(1) 用金额表示的保本销售额。

(2) 用实物单位表示的甲乙两种产品的保本销售量。

(3) 用金额表示的安全边际额。

(4) 预计利润。

3. 某企业计划期内生产并销售 A、B、C、三种产品，固定成本总额为 105 840元，三种产品销售量、销售单价、单位变动成本以及生产工时如表 4-7所示。

表 4-7 计算资料表

项目	A 产品	B 产品	C 产品
销售数量（件）	10 000	6 000	5 000
销售单价（元）	30	20	16
单位变动成本（元）	21	12	10
生产工时（小时）	35 000	21 000	7 000

要求：

(1) 用加权平均贡献毛益率法计算该企业的保本点销售额。

(2) 用分别计算法计算 A、B、C 三种产品的保本点销售额（固定成本按生产工时分摊)。

4. 甲企业只生产销售一种产品，2018 年度该产品的销售数量为 1 000 件，单价为 18 元，单位变动成本为 12 元，固定成本总额为 3 600 元。甲企业要求 2019 年度的利润总额较上年增长 12%。假设单价和成本性态保持不变。

要求：

(1) 计算 2018 年公司实现的利润额。

(2) 计算 2018 年的保本销售量及保本销售额。

(3) 计算 2018 年的安全边际量和安全边际率，并评价公司经营安全性。

(4) 假设其他因素不变，预计 2019 年销量增长 10%。2019 年销量的敏感系数为多少?

(5) 假设其他因素不变，预计 2019 年单位变动成本增长 10%。2019 年单位变动成本的敏感系数为多少?

(6) 评价销量和单位变动成本哪个更敏感。

五、案例分析

世界范围内汽车行业竞争的加剧，使许多公司更加重视他们的盈亏平衡点。20 世纪 90 年代，大多数的汽车制造公司都处于亏损状态。由于大幅度提高销售额的前景并不乐观，许多公司唯有调低它们的盈亏平衡点以期获得利润。

不同的汽车公司盈亏平衡点的差别很大。大公司要负担很高的固定成本，因此必须用更高的销售量来实现盈亏平衡。例如，克莱斯勒将盈亏平衡点从

20 世纪 80 年代后期的 190 万辆调低到 1993 年的 160 万辆，但这个 16% 的下降幅度仍低于有些竞争者所取得的成绩。

萨伯（Saab）是一家瑞典公司，它着力于减少每辆汽车的生产工时。在 20 世纪 90 年代中期，萨伯的生产工时从 120 小时减少到 45 小时，同时盈亏平衡产量也从 125 000 辆减至 83 000 辆。

位于伦敦以北 100 英里的美洲豹公司的经营有两个重点：质量和生产时间。质量的改善会带来销售量的增加，这似乎也很有效的。单就美国市场来说，保修费下降了 60%，同时，销售额也有所上升。生产率的提高则使盈亏平衡产量下降。在 20 世纪 90 年代早期，美洲豹公司将制造一辆汽车的时间缩短了 54%，这使得盈亏平衡点从每年 50 000 ~ 60 000 辆降低到每年 30 000 辆。

1993 年，大众公司制造一辆汽车的变动成本甚至高于它的平均售价，它的主席费迪南德 · 皮奇说："销售越多，亏损越大"。但通过对车辆的重新设计及对生产流程的改进，大众成功地降低了它的盈亏平衡点。

显然，不同的汽车公司盈亏平衡点各不相同。劳斯莱斯可以在销售 1 300 辆的水平上获利，但萨伯、大众、美洲豹和劳斯莱斯在同样情况下则会破产；同样，可以使萨伯、美洲豹获得高额利润的销售量，却令劳斯莱斯无法生存。因此，每个公司应该根据其自身的固定和变动成本计算盈亏平衡点。如果一个公司的销售业绩低于它的盈亏平衡点，它就必须想办法增加销售量，或通过调整生产经营活动来降低盈亏平衡点。

请思考：

（1）盈亏平衡点对企业有何重要意义？

（2）企业可以通过哪些途径降低盈亏平衡点？

资料来源：〔美〕查尔斯 · 亨格瑞等著 . 潘飞等译 . 管理会计教程（第 15 版）. 北京：人民邮电出版社 . 2016.

项目五　预测分析

【学习目标】

- □ 熟悉销售预测的方法
- □ 熟悉成本预测的方法
- □ 掌握利用本量利分析法和经营杠杆系数预测利润
- □ 掌握运用销售百分比法预测资金需要量

任务一　销售预测分析

“凡事预则立，不预则废”，预测分析对企业的经营管理至关重要。它是指根据所搜集、整理的历史资料，结合现在的实际情况，遵循事物发展的内在规律，运用科学的方法，对事物未来的发展趋势进行预计和推测的过程。

预测分析的程序一般按以下步骤进行：

（1）确定预测目标；

（2）收集整理资料；

（3）选择预测方法；

（4）进行预测分析；

（5）评价预测结果并修正误差；

（6）输出预测结果；

（7）对预测效果进行评价。

预测分析的方法很多，但一般按其性质可以分为定量分析法和定性分析法。

预测分析主要包括销售预测、成本预测、利润预测和资金需要量预测等。

销售预测分析是指通过市场调查，以有关的历史资料和各种信息为基础，运用科学的预测方法或管理人员的实际经验，对企业产品在计划期间的销售量或销售额做出预计或估量的过程。

销售预测的方法主要包括定性分析法和定量分析法。

一、销售预测的定性分析法

定性分析法，即非数量分析法，是指由专业人员根据实际经验，对预测对象的未来情况及发展趋势做出预测的一种分析方法。它一般适用于预测对象的历史资料不完备或无法进行定量分析时，主要包括推销员判断法和专家判断法。

1. 推销员判断法。又称意见汇集法，是由企业熟悉市场情况及相关变化信息的经营管理人员对由推销人员调查得来的结果进行综合分析，从而做出较为正确预测的方法。这种方法用时短、耗费小，比较实用。在市场发生变化的情况下，能很快地对预测结果进行修正。但是这种方法单纯靠推销人员的主观判断，具有较多的主观因素和较大的片面性。

2. 专家判断法。是由专家根据他们的经验和判断能力对特定产品的未来销售量进行判断和预测的方法，主要有以下三种不同的形式：

（1）个别专家意见法。分别向每位专家征求对本企业产品未来销售情况的个人意见，然后将这些意见再加以综合分析，确定预测值。

（2）专家小组法。将专家分成小组，运用专家们的集体智慧进行判断预测的方法。此方法的缺点是预测小组中专家意见可能受权威专家的影响，客观性较德尔菲法差。

（3）德尔菲法。又称函询调查法，它采用函询的方式，征求各方面专家的意见，各专家在互不通气的情况下，根据自己的观点和方法进行预测，然后由企业把各专家的意见汇集在一起，通过不记名方式反馈给各位专家，请他们参考别人的意见修正本人原来的判断，如此反复数次，最终确定预测结果。

二、销售预测的定量分析法

定量分析方法也称为数量分析法。它主要运用数学的方法，对与销售有关的各种经济信息进行科学的加工处理，并建立相应的数学模型，充分揭示各有关变量之间的规律性联系并做出相应的预测结论。它一般包括趋势预测分析法和因果预测分析法两大类。

1. 趋势预测分析法。是指根据企业按时间先后顺序排列的一系列销售数据，运用一定的数学方法进行加工处理，按时间序列找出销售随时间而发展变化的趋势，由此来判断其未来发展趋势的方法。这种方法是假设事物的发展将遵循“延续性原则”，是可以预测的。

趋势预测分析法主要包括算术平均法、加权平均法和指数平滑法。

（1）算术平均法。算术平均法就是将若干历史时期的实际销售量或销售额作为样本值，求出其算术平均数，并将该平均数作为下期销售量或销售额的预测值。其计算公式为：

$$\text{预测销售量(销售额)} = \frac{\sum \text{以前各期实际销售量(销售额)}}{\text{期数}}$$

【例 5-1】 奇海公司 2012—2019 年的红酒销售量如表 5-1 所示。

表 5-1

年度	2012	2013	2014	2015	2016	2017	2018	2019
销售量（吨）	3 150	3 250	3 300	3 350	3 400	3 450	3 500	3 600

根据算术平均法的计算公式，奇海公司 2020 年的红酒预测销售量为：

$$预测销售量 = \frac{3\ 150 + 3\ 250 + 3\ 300 + 3\ 350 + 3\ 400 + 3\ 450 + 3\ 500 + 3\ 600}{8}$$

$$= 3\ 375\ （吨）$$

利用算术平均法进行预测，计算简单易行。但是，由于该方法是简单地将各个期间的销售量（销售额）进行平均计算，忽略了企业近期销售情况对计划期预测值的重大影响。因此，该方法适用于各个月份的销售情况变化不大的产品。

（2）加权平均法。加权平均法是将若干历史时期的实际销售量或销售额作为样本值，将各个样本值按照一定的权数计算得出加权平均数，并将该平均数作为下期销售量或销售额的预测值。一般地，由于市场变化大，离预测期越近的样本值对其影响越大，而离预测期越远的则影响越小，所以权数的选取应遵循“近大远小”的原则。其计算公式为：

$$预测销售量(销售额)Y = \sum_{i=1}^{n} W_i X_i$$

式中：Y 为预测值；W_i 为第 i 期的权数（$0 < W_i \leqslant W_{i+1} < 1$，且 $\sum W_i = 1$）；X_i 为第 i 期的实际销售量（销售额）；n 为期数。

【例 5-2】 沿用例 5-1 的资料，假设奇海公司 2012—2019 年的各期数据的权数分别为：

表 5-2 各期权数表

年度	2012	2013	2014	2015	2016	2017	2018	2019
销售量（吨）	3 150	3 250	3 300	3 350	3 400	3 450	3 500	3 600
权数	0.04	0.06	0.08	0.12	0.14	0.16	0.18	0.22

根据加权平均法的计算公式，奇海公司 2020 年的红酒预测销售量为：

$$\begin{aligned}预测销售量(Y) &= \sum_{i=1}^{n} W_i X_i \\ &= 3\ 150 \times 0.04 + 3\ 250 \times 0.06 + 3\ 300 \times 0.08 + 3\ 350 \times 0.12 \\ &\quad + 3\ 400 \times 0.14 + 3\ 450 \times 0.16 + 3\ 500 \times 0.18 + 3\ 600 \\ &\quad \times 0.22 \\ &= 3\ 437\ （吨）\end{aligned}$$

加权平均法弥补了算术平均法的缺陷，使企业的预测更加接近实际，加大了预测期与近期的联系；计算也比较方便。因此，在实际中应用较多。

（3）指数平滑法。指数平滑法是一种特殊的加权平均法，它是在前期销售量的实际数和预测数的基础上，利用事先确定的平滑指数预测未来销售量的一种方法。其计算公式为：

$$Y_{n+1}=\alpha X_n+(1-\alpha)Y_n$$

式中：Y_{n+1}为未来第 n+1 期的预测值；Y_n 为第 n 期预测值，即预测前期的预测值；X_n 为第 n 期的实际销售量，即预测前期的实际销售量；α 为平滑指数；n 为期数。

平滑指数的取值通常在 0.3~0.7 之间，其取值大小决定了前期实际值与预测值对本期预测值的影响。平滑指数越大，则近期实际值对预测值的影响越大；平滑指数越小，则近期实际值对预测值的影响越小。因此，在销售量波动较大或采用短期预测时，可以选择较大的平滑指数；在销售量波动较小或进行长期预测时，可选择较小的平滑指数。

【例 5-3】 沿用例 5-1 的资料，2019 年的实际销售量为 3 600 吨，原预测销售量为 3 475 吨，平滑指数 α=0.5。要求：用指数平滑法预测奇海公司 2020 年的销售量。

$$\begin{aligned}Y_{n+1}&=\alpha X_n+(1-\alpha)Y_n\\&=0.5\times3\,600+(1-0.5)\times3\,475\\&=3\,537.5\text{（吨）}\end{aligned}$$

指数平滑法运用比较灵活，适用范围广，但在平滑指数的选择上具有一定的主观随意性。

2. 因果预测分析法。因果预测分析法是指通过影响产品销售量（因变量）的相关因素（自变量）以及他们之间的函数关系，并利用这种函数关系进行产品销售预测的方法。因果预测分析法最常用的是回归直线分析法。

回归直线分析法，也称为一元回归分析法。它假定影响预测对象销售量的因素只有一个，根据直线方程式 $y=a+bx$，按照最小二乘法原理，来确定一条误差最小的、能正确反映自变量 x 和因变量 y 之间关系的直线，其常数项 a 和系数 b 的计算公式为：

$$b=\frac{n\sum xy-\sum x\sum y}{n\sum x^2-(\sum x)^2}$$

$$a=\frac{\sum y-b\sum x}{n}$$

求出 a、b 的值后，代入 $y=a+bx$，结合自变量 x 的取值，即可求得预测对象 y 的预测销售量或销售额。

【例 5-4】 沿用例 5-1 的资料，假定产品销售量只受广告费支出的影响，2020 年度预计广告费支出为 155 万元，以往年度的广告费支出资料如表 5-3所示。

表 5－3 广告支出表

年度	2012	2013	2014	2015	2016	2017	2018	2019
销售量（吨）	3 150	3 250	3 300	3 350	3 400	3 450	3 500	3 600
广告费（万元）	90	100	105	125	140	135	140	150

根据上述资料，用回归直线法预测公司 2020 年的销售量如表 5－4 所示。

表 5－4 公司 2020 年的销售量预测

年度	广告费支出 x（万元）	销售量 y（吨）	xy	x^2	y^2
2012	90	3 150	283 500	8 100	9 922 500
2013	100	3 250	325 000	10 000	10 562 500
2014	105	3 300	346 500	11 025	10 890 000
2015	125	3 350	418 750	15 625	11 222 500
2016	140	3 400	476 000	19 600	11 560 000
2017	135	3 450	465 750	18 225	11 902 500
2018	140	3 500	490 000	19 600	12 250 000
2019	150	3 600	540 000	22 500	12 960 000
n＝8	$\sum x = 985$	$\sum y = 27\ 000$	$\sum xy = 3\ 345\ 500$	$\sum x^2 = 124\ 675$	$\sum y^2 = 91\ 270\ 000$

根据公式：

$$b = \frac{n\sum xy - \sum x \sum y}{n\sum x^2 - (\sum x)^2} = \frac{8 \times 3\ 345\ 500 - 985 \times 27\ 000}{8 \times 124\ 657 - (985)^2} = 6.22$$

$$a = \frac{\sum y - b\sum x}{n} = \frac{2\ 700 - 6.22 \times 985}{8} = 2\ 609.16$$

将 a、b 代入公式 $y = a + bx$，奇海公司 2020 年的预测销售量为：

$Y = a + bx = 2\ 609.16 + 6.22x = 2\ 609.16 + 6.22 \times 155 = 3\ 573.26$（吨）

回归直线分析法简单易行，利用计算机可以完成，成本较低，准确性较高。

任务二　成本预测分析

成本预测是根据企业目前经营状况和发展目标，利用专门方法，对企业未来的成本水平及变动趋势进行的估计和推断。通过成本预测，有利于企业加强成本管理，为成本决策和实施成本控制提供依据。

成本预测的方法很多，这里主要介绍历史资料分析法。历史资料分析法是指在掌握有关成本等历史资料的基础上，采用一定方法进行数据处理，建立有关成本模型，并据此预测未来成本的一种方法。作为预测依据的历史资料，所选用的时期不宜过长，也不宜过短。如果过长会失去可比性，过短则不能反映成本变动趋势，通常以最近 3 ~ 5 年的资料为宜。历史资料分析法主要包括高低点法、加权平均法和回归分析法。

一、高低点法

高低点法是指将成本费用的发展趋势用方程 $y = a + bx$ 表示，选用一定时期的历史资料中的最高业务量和最低业务量所对应的总成本之差与最高业务量与最低业务量之差，将其进行对比，先求出单位变动成本 b，再求出固定成本总额 a，然后据以预测计划期成本。计算公式如下：

$$y = a + bx$$

$$b = \frac{y_2 - y_1}{x_2 - x_1}$$

$$a = y_1 - bx_1$$

或：$a = y_2 - bx_2$

式中：x_2、x_1 分别代表最高点和最低点业务量，y_2、y_1 分别代表最高点和最低点业务量对应的总成本。

【例 5－5】 奇海公司 2018 年下半年 A 产品的总成本资料如表 5－5 所示。预计 2019 年 1 月份 A 产品的产量将达到 14 件。要求：采用高低点法预测 2019 年 1 月份 A 产品的总成本和单位成本。

表 5－5　　A 产品成本资料表

月份	产量 x 件	单位变动成本 b 元	固定成本总额 a 元	产品总成本 y 元
7	7	9	47	110
8	9	8	53	125
9	6	9.5	33	90
10	8	8.5	47	115
11	10	7.8	52	130
12	12	7	51	135

（1）根据已知资料找出最高点和最低点，分别为（12，135）和（6，90）。

（2）计算单位变动成本 b。

$$b = \frac{135 - 90}{12 - 6} = 7.5 \text{（元）}$$

（3）计算固定成本 a。

$$a = 135 - 7.5 \times 12 = 45 \text{（元）}$$

或：$a = 90 - 7.5 \times 6 = 45$（元）

（4）A 产品的成本性态模型为：$y = 45 + 7.5x$

（5）2019 年 1 月份 A 产品的成本预计为：

$y = 45 + 7.5x = 45 + 7.5 \times 14 = 150$（元）

单位产品成本 $= 150 \div 14 = 10.71$（元）

二、加权平均法

加权平均法是根据过去的单位变动成本和固定成本的历史资料，按照其时间远近分别给予不同的权数（近期权数大些，远期权数小些），计算总成本的加权平均值，作为计划期的成本预测值的一种方法。

假设 w 为权数，且 $\sum w_i = 1$，则计算公式可以表示为：

$$y = a + bx$$

$$b = \sum (b_i w_i)$$

$$a = \sum (a_i w_i)$$

式中：a_i、b_i 分别代表过去各期的固定成本和单位变动成本；w_i 为各期的权数。

【例 5－6】 根据例 5－5 的资料，预计 2019 年 1 月份 A 产品的产量将达到 14 件。用加权平均法预测 2019 年 1 月份 A 产品的总成本和单位成本。

假设对上述资料进行加权，w_i 的值由远到近为 0.05、0.1、0.15、0.2、0.25、0.25，则：

$$a = \sum (a_i w_i) = 0.05 \times 47 + 0.1 \times 53 + 0.15 \times 33 + 0.2 \times 47 + 0.25 \times 52 + 0.25 \times 51 = 47.75$$

$$b = \sum (b_i w_i) - 0.05 \times 9 + 0.1 \times 8 + 0.15 \times 9.5 + 0.2 \times 8.5 + 0.25 \times 7.8 + 0.25 \times 7 = 8.08$$

A 产品的成本性态模型为：$y = 47.75 + 8.08x$

2019 年 1 月份 A 产品的成本预计为：

$y = 47.75 + 8.08x = 47.75 + 8.08 \times 14 = 160.87$（元）

单位产品成本 $= 160.87 \div 14 = 11.49$（元）

三、回归直线法

回归直线法是根据应用数学中的最小二乘法原理来预测成本。若企业的历史资料中，单位产品成本忽高忽低、变动幅度较大时采用此法较为适宜。其计算公式为：

$$Y = a + bx$$

$$b = \frac{n\sum xy - \sum x \sum y}{n\sum x^2 - (\sum x)^2}$$

$$a=\frac{\sum y-b\sum x}{n}$$

【例 5－7】 根据例 5－5 的资料，预计 2019 年 1 月份 A 产品的产量将达到 14 件。用回归直线法预测 2019 年 1 月份 A 产品的总成本和单位成本。

（1）编制回归分析计算表，如表 5－6 所示。

表 5－6　　回归分析计算表

月　份	产量 x 件	产品总成本 y 元	xy	x^2
7	7	110	770	49
8	9	125	1 125	81
9	6	90	540	36
10	8	115	920	64
11	10	130	1 300	100
12	12	135	1 620	144
n＝6	$\sum x=52$	$\sum y=705$	$\sum xy=6\ 275$	$\sum x^2=474$

（2）计算 a 和 b。

$$b=\frac{n\sum xy-\sum x\sum y}{n\sum x^2-(\sum x)^2}=\frac{6\times 6\ 275-52\times 705}{6\times 474-52\times 52}=7.01$$

$$a=\frac{\sum y-b\sum x}{n}=\frac{705-7.01\times 52}{6}=56.75$$

成本模型为：$y=56.75+7.01x$

（3）预测成本。

2019 年 1 月份 A 产品的总成本预测值：

$Y=56.75+7.01\times 14=154.89$（元）

2019 年 1 月份 A 产品的单位成本预测值：

$Y=154.89\div 14=11.06$（元）

任务三　利润预测分析

利润是企业在一定时期进行经营活动的结果，是企业赖以生存和发展的前提，也是企业经济效益的具体体现。利润预测是按照企业经营目标的要求，通过对影响利润变化的成本、产销量等因素的综合分析，对未来一定时间内可能达到的利润水平和变化趋势所进行的科学预计和推测。利润预测是在销售预测和成本预测的基础上进行的。

利润预测可以为企业的生产经营活动提供明确的目标，是编制全面预算的基础，可以为企业资金需要量的预测提供信息。因此，进行科学的利润预测，对于改善企业的经营管理具有重要意义。

本节主要介绍目标利润的预测方法。

目标利润是企业在未来一段时间内，经过努力应该达到的最优化利润控制目标，它是企业未来经营活动必须考虑的重要战略目标之一。目标利润的预测方法一般可以用本量利分析法、销售额比例增长法、资金利润率法和经营杠杆系数来预测。

一、利用本量利分析法进行目标利润预测

利用本量利分析法对目标利润进行预测，在项目四已经介绍过。我们可以通过下列公式求得企业的目标利润。

（1）目标利润 = 销售收入 -（变动成本总额 + 固定成本总额）
= 销售单价 × 销售量 -（单位变动成本 × 销售量 - 固定成本总额）
=（销售单价 - 单位变动成本）× 销售量 - 固定成本总额

（2）目标利润 = 销售收入 × 贡献毛益率 - 固定成本总额

（3）目标利润 = 贡献毛益总额 - 固定成本总额
= 单位贡献毛益 × 销售量 - 固定成本总额

（4）目标利润 = 安全边际量 × 单位贡献毛益
= 安全边际额 × 贡献毛益率

【例 5 -8】 奇海公司生产 A 产品，单价 40 元，单位变动成本 25 元，下月计划销售 5 000 件，每月固定成本 16 000 元。其预期目标利润是多少？

目标利润 =5 000 ×（40 -25）-16 000 =59 000（元）

企业可以直接利用这种方法对利润做出预测，也可以根据本量利之间的变换公式或影响利润的某一因素发生变化时对企业的利润做出预测。

二、利用销售额比例增长法进行目标利润预测

销售额比例增长法是根据上年实际销售收入总额和利润总额，以及本年度预计销售收入总额的资料，按照利润与销售额同步增长的比例确定本年度目标利润的一种方法。其计算公式为：

$$目标利润 = \frac{本年度预计销售收入总额}{上年度实际销售收入总额} \times 上年度实际利润总额$$

【例 5 -9】 奇海公司 2018 年度实际销售收入为 300 万元，实现利润 30 万元，预计 2019 年销售收入将达到 350 万元。假设销售收入和利润同比例增长，预测该公司 2019 年的目标利润。

$$2019\text{ 年目标利润} = \frac{350}{300} \times 30 = 35\text{（万元）}$$

三、利用资金利润率进行目标利润预测

资金利润率是指企业在一定时期内实现的利润总额占全部资金的比率。资

金利润率法就是根据企业上年度的实际资金占用状况，结合下年度的预计投资和资金利润率，确定下年度目标利润总额的一种方法。其计算公式为：

目标利润 =（上年实际占用资金额 + 下年度预计投资增加额）× 预计资金利润率

【例 5 - 10】 奇海公司 2018 年生产经营活动实际占用资金 200 万元，预计 2019 年在上年度资金占用的基础上，再追加 50 万元的资金投资，企业预期的资金利润率为 15%。预测该公司 2019 年的目标利润。

2019 年目标利润 =（200 + 50）× 15% = 37.5（万元）

四、利用经营杠杆系数进行目标利润预测

根据成本性态分析的原理，在一定的产销量范围内，固定成本总额是不变的，随着产销量的增加，单位固定成本就会降低，从而单位产品的利润提高，营业利润的增长率将大于产销量的增长率；相反，产销量的下降会提高单位产品固定成本，从而单位产品利润减少，营业利润的下降率将大于产销量的下降率。当不存在固定成本时，则营业利润的变动率与产销量的变动率保持一致。这种由于固定成本的存在，产销量一定程度的变动引起营业利润产生更大程度变动的现象被称为经营杠杆效应。固定成本是引发经营杠杆效应的根源。

经营杠杆效应的程度通常用经营杠杆系数来衡量，它是息税前利润的变动率与销售量（营业收入）变动率之比，用公式表示如下：

$$\text{经营杠杆系数（DOL）} = \frac{\text{息税前利润变动率}}{\text{销售量变动率}} = \frac{\Delta EBIT/EBIT}{\Delta Q/Q}$$

式中：DOL 为经营杠杆系数；EBIT 为变动前息税前利润；ΔEBIT 为息税前利润变动额；ΔQ 为产销量变动量；Q 为变动前产销量。

利用上述 DOL 的定义公式计算经营杠杆系数必须掌握息税前利润变动率与销售量变动率的资料，这是事后反映，不便于利用 DOL 进行预测。为此，我们推导出一个只要用基期数据就可以计算经营杠杆系数的简化公式：

$$DOL = \frac{\text{基期贡献毛益}}{\text{基期息税前利润}} = \frac{Tcm}{Tcm - a} = \frac{EBIT + a}{EBIT}$$

经营杠杆系数是利润增长率相当于销售增长率的倍数。在一定业务量范围内，经营杠杆系数确定后，可以结合计划期的销售增长率预测计划期的利润。其计算公式为：

目标利润 = 基期利润 ×（1 + 产销量变动率 × 经营杠杆系数）

【例 5 - 11】 奇海公司 2018 年 B 产品的实际销售量为 1 000 件，单位售价 200 元，单位变动成本 90 元，固定成本 55 000 元。假设售价与成本水平不变。

要求：

（1）计算经营杠杆系数。

（2）假设 2019 年计划增加销售量 5%，试用经营杠杆系数预测目标利润。

由题意可得：

（1）2018 年利润 = 1 000 ×（200 − 90）− 55 000 = 55 000（元）

$$经营杠杆系数（DOL）= \frac{基期贡献毛益}{基期利润} = \frac{1\ 000 \times (200-90)}{55\ 000} = 2$$

（2）2019 年目标利润 = 基期利润 ×（1 + 产销量变动率 × 经营杠杆系数）

= 55 000 ×（1 + 5% × 2）

= 60 500（元）

任务四 资金需要量预测分析

资金是企业生产经营活动中各种资产的货币表现，拥有必要数量的资金是企业进行经营活动的必要条件。资金预测是企业财务预测的一项重要内容。资金需要量的预测目的是既要保证企业各项经营活动所需的资金供应，又要使生产经营活动以最少的资金占用取得最佳的经济效益。

资金需要量预测方法主要有：销售百分比法和资金习性预测法等。

一、销售百分比法

销售百分比法是指根据资产负债表中各个项目与销售收入总额之间的依存关系，并假定这些关系在未来时期将保持不变，然后根据计划期销售额的增长情况，预测需要相应追加多少资金的方法。

（一）销售百分比法基本原理

销售百分比法，是根据销售增长与资产增长之间的关系，预测未来资金需要量的方法。企业的销售规模扩大时，要相应增加流动资产；如果销售规模增加很多，还必须增加长期资产。为取得扩大销售所需增加的资产，企业需要筹措资金。这些资金，一部分来自留存收益，另一部分通过外部筹资取得。通常，销售增长率较高时，仅靠留存收益不能满足资金需要。因此，企业需要预先测算资金需要量，提前安排筹资计划，避免发生资金短缺问题。

销售百分比法，将反映生产经营的销售因素与反映资金占用的资产因素连接起来，根据销售与资产之间的数量比例关系，预计企业的外部筹资数量。销售百分比法首先假设某些资产与销售额存在稳定的百分比关系，根据销售与资产的比例关系预计资产额，根据资产额预计相应的负债和所有者权益，进而确定筹资需要量。

（二）销售百分比法的基本步骤

1. 确定随销售额变动而变动的资产和负债项目。

（1）资产类项目。库存现金、应收款项和存货等经营性资产项目，一般会随销售收入的增减而相应增减。固定资产项目是否增加，则视预测期的生产经营规模是否在企业原有生产经营能力之内而定。如果在原有的生产经营能力之内，则不需增加固定资产上的投资；如果因销售增长，企业的生产规模超出了原有的生产能力，就需要扩充固定资产，增加长期投资。至于其他长期资产项目，比如无形资产、对外长期投资等项目，则与销售收入增减无关。

（2）负债类项目。应付账款、应付票据、应付工资、应交税费等经营性负债项目，通常会随销售收入的增长而自动增加。短期借款、长期负债等筹资性负债项目一般与销售收入增减无关。

库存现金、应收账款、存货、应付账款等经营性资产和经营性负债项目，会因销售额的增长而相应的增加，通常称为敏感项目；固定资产、无形资产、短期借款、长期负债等项目，一般不会随销售额的增长而增加，通常称为非敏感项目。

2. 确定经营性资产与经营性负债有关项目与销售额的稳定比例关系。如果企业资金周转的营运效率不变，经营性资产与经营性负债将会随销售额的变动而呈正比例变动，保持稳定的百分比关系。

3. 确定需要增加的筹资数量。预计由于销售增长而需要的资金需求增长额，扣除利润留存后，即为所需要的外部筹资额。

$$外部筹资额 = \frac{A}{S_0} \times \Delta S - \frac{B}{S_0} \times \Delta S - S_1 \times P \times E + M$$

式中：A 为随销售变化的敏感性资产；B 为随销售变化的敏感性负债；S_0 为基期销售额；S_1 为预测期销售额；ΔS 销售变动额；P 为销售额净利率；E 为留存收益比率；M 为预测期内其他方面需要追加的资金数，如增加固定资产投资等。

【例 5 - 12】 假设以下是奇海公司 2018 年简化了的资产负债表，如表 5 - 7 所示。

表 5 - 7 **资产负债表**（2018 年 12 月 31 日） 单位：万元

资　产		负债及所有者权益	
项　目	金　额	项　目	金　额
货币资金	100	短期借款	40
应收账款	300	应付账款	300
存货	800	其他流动负债	60
长期投资	300	长期负债	600
固定资产净值	1 200	投入资本	600
无形资产	100	留存收益	1 200
合　计	2 800	合　计	2 800

2018 年，该公司销售收入 1 亿元，税后净利为 500 万元，销售净利率为 5%，已按 70% 的比例发放股利。目前公司尚有剩余生产能力（即增加收入不需要进行固定资产方面的投资）。假定 2019 年预计销售收入可达 1.2 亿元，销售净利率保持上年水平，董事会讨论决定的股利发放比例提高到 80%，要求：根据上述资料，预测 2019 年该公司需要追加的外部筹资额。

1. 根据2018年资产负债表编制2019年预计资产负债表，分析确定与销售收入成正比例变化的资产负债表项目（见表5－8）。

表5－8 **2019年预计资产负债表** 单位：万元

资产			负债及所有者权益		
项目	占销售收入	预计数	项目	销售百分比	预计数
货币资金	1%	120	短期借款	—	40
应收账款	3%	360	应付账款	3%	360
存货	8%	960	其他流动负债	0.60%	72
长期投资	—	300	长期负债	—	600
固定资产净值	—	1 200	投入资本	—	600
无形资产	—	100	留存收益	—	1 200
			追加资金	—	168
合　计	12%	3 040	合　计	3.6%	3 040

2. 确定需要增加的资金。

方法一，根据预计资产负债表直接确认需要追加的资金数额。表中预计资产总额为3 040万元，而负债及所有者权益为2 872万元，资金占用大于资金来源，需要追加资金168万元。

方法二，表5－8中销售收入每增加100元，需要增加12元的资金占用，但同时也自动产生3.6元的资金来源，因此，每增加100元销售收入，必须取得8.4元的资金来源。在本例中，销售收入从1亿元增加到1.2亿元，增加了2 000万元，按照8.4%的比例可以测算出需要168万元的资金需求。

3. 确定该公司2019年需要从外部筹集的资金。

外部筹资额$=12\%\times 2\,000-3.6\%\times 2\,000-12\,000\times 5\%\times 20\%$

$=48$（万元）

根据预测，该企业2019年需要追加资金48万元。

需要注意的是，如果企业现有的生产能力已经饱和，销售增长需要追加固定资产的投资，那么固定资产增加的数额，可以直接在对外筹资额的公式中加上。

二、资金习性预测法

资金习性是指资金的变动同产品产销量变动之间的依存关系。按照资金习性，可以把资金分为不变资金、变动资金和半变动资金。半变动资金也可以通过一定的方法分解为不变资金和变动资金两部分。

资金习性预测法是在进行资金习性分析的基础上，将企业的总资金划分为变动资金和不变资金两部分。根据资金与产销量的数量关系，建立数学模型，再根据历史资料预测资金需要量。其预测模型为：

$y=a+bx$

式中：y 为资金需要量；a 为不变资金；b 为单位产销量需要的变动资金；x 为产销量。

【例 5－13】 假设羽裳公司历年产销量和资金变化情况，如表 5－9 所示。

表 5－9　　2012—2018 年产销量与资金需要量的关系表

年度	销售量 x_i（万件）	资金平均占用量 y_i（万元）
2012	100	40
2013	80	37.5
2014	90	40
2015	95	45
2016	105	50
2017	125	60
2018	150	65

2019 年预计销售量为 200 万件时，试计算 2019 年的资金需要量。

1. 根据表 5－9 资料，计算整理出表 5－10。

表 5－10　　回归直线方程数据计算表

n	x	y	xy	x^2
2012	100	40	4 000	10 000
2013	80	37.5	3 000	6 400
2014	90	40	3 600	8 100
2015	95	45	4 275	9 025
2016	105	50	5 250	11 025
2017	125	60	7 500	15 625
2018	150	65	9 750	22 500
n＝7	$\sum x = 745$	$\sum y = 337.5$	$\sum xy = 37\ 375$	$\sum x^2 = 82\ 675$

2. 将表 4－5 数据代入下列方程：

$$b = \frac{n\sum xy - \sum x \sum y}{n\sum x^2 - (\sum x)^2} = \frac{7 \times 37\ 375 - 745 \times 337.5}{7 \times 82\ 675 - 745^2} = 0.43$$

$$a = \frac{\sum y - b\sum x}{n} = \frac{337.5 - 0.43 \times 745}{7} = 2.45$$

3. 将 $a = 2.45$，$b = 0.43$，代入 $y = a + bx$ 中

$y = 2.45 + 0.43x$

将 2019 年预计销售量 200 万件代入上式，求得资金需要量为：

$y = 2.45 + 0.43 \times 200 = 88.45$（万元）

【项目小结】

- 预测分析
  - 销售预测
    - 定性分析法
    - 定量分析法
  - 成本预测
    - 高低点法
    - 加权平均法
    - 回归直线法
  - 利润预测
    - 本量利分析法
    - 销售额比例增长法
    - 利用资金利润率
    - 经营杠杆系数分析法
  - 资金需要量预测
    - 销售百分比法
    - 资金习性预测法

【职业能力训练与案例分析】

一、单项选择题

1. 2018 年实际销售量为 2 500 吨，原预测销售量为 2 375 吨，平滑指数 $\alpha=0.6$。则用指数平滑法预测公司 2019 年的销售量为（　　）吨。

A. 2 375　　B. 2 425

C. 2 450　　D. 2 500

2. 下列方法中不属于由专家根据他们的经验和判断能力对特定产品的未来销售量进行判断和预测的方法的有（　　）。

A. 推销员判断法　　B. 个别专家意见汇集法

C. 专家小组法　　D. 德尔菲法

3. 因果预测分析法是指通过影响产品销售量（因变量）的相关因素（自变量）以及他们之间的函数关系，并利用这种函数关系进行产品销售预测的方法。因果预测分析法最常用的方法是（　　）。

A. 加权平均法　　B. 移动平均法

C. 指数平滑法　　D. 回归分析法

4. 预测分析的内容不包括（　　）。

A. 销售预测　　B. 利润预测

C. 资金需要量预测　　D. 所得税预测

5. 平滑指数法实质上属于（　　）。

A. 算术平均法　　B. 特殊的加权平均法

C. 趋势分析法　　D. 因果预测法

6. 预测计划期利润与销售变动率和经营杠杆系数的关系是（　　）。

A. 销售变动率越大，经营杠杆系数越大，预计计划期利润越小

B. 销售变动率越大，经营杠杆系数越大，预计计划期利润越大

C. 销售变动率越小，经营杠杆系数越大，预计计划期利润越小

D. 销售变动率越小，经营杠杆系数越大，预计计划期利润越大

7. 已知今年利润为100 000元，下一年的经营杠杆系数为1.4，销售变动率为15%，则下一年的利润预测额为（　　）。

A. 140 000元　　B. 150 000元

C. 121 000元　　D. 125 000元

二、多项选择题

1. 下列销售预测方法中，属于定性分析法的有（　　）。

A. 德尔菲法　　B. 推销员判断法

C. 因果预测分析法　　D. 产品寿命周期分析法

2. 下列属于定量分析法的是（　　）。

A. 算术平均法　　B. 平滑指数法

C. 回归直线法　　D. 加权平均法

3. 预测分析的基本内容包括（　　）。

A. 销售预测分析　　B. 成本预测分析

C. 利润预测分析　　D. 资金需要量预测分析

4. 下列预测方法受主观因素影响较大的是（　　）。

A. 平滑指数法　　B. 算术平均法

C. 移动加权平均法　　D. 回归直线法

5. 采用销售百分比法预测资金需要量时，一般应列入随销售额变动的资产项目有（　　）。

A. 应收账款　　B. 存货

C. 无形资产　　D. 固定资产

三、判断题

1. 利用平滑指数法预测销售量时，在销售量波动较大或进行短期预测时，可选择较大的平滑指数。（　　）

2. 企业按照销售百分比法预测出来的资金需要量，是企业在未来一定时期资金需要量的增量。（　　）

3. 随着销售的变动而同步变动的项目，在财务上将这些项目统称为敏感项目。如：库存现金、应收账款、存货、短期借款等。（　　）

4. 预测是决策的基础和前提。（　　）

5. 资金需要量的预测方法只有销售百分比法。（　　）

6. 定量分析法和定性分析法是互斥的，在实际中只能选择其中的一种进行预测。（　　）

7. 平滑指数的确定带有一定的主观因素，平滑指数越大，则近期实际数对预测结果的影响越大；平滑指数越小，则近期实际数对预测结果的影响越小。（　　）

8. 在同一产销量水平上，经营杠杆系数越大，利润变动幅度越大，从而

经营风险也就越大。 (　　)

9. 定性分析法受主观因素的影响，定量分析法不受主观因素的影响。(　　)

10. 负债类项目与资金需要量成反比关系。 (　　)

四、计算分析题

1. 某公司2018年销售收入为30 000元，销售净利润率为10%，净利润的50%分配给投资者。2018年12月31日的资产负债表（简表）如表5－11所示。

表5－11　　2018年12月31日资产负债表

资　　产	期末余额	负债及所有者权益	期末余额
货币资金	3 000	应付账款	1 000
应收账款净额	3 000	应付票据	2 000
存货	6 000	长期借款	9 000
固定资产净值	7 000	实收资本	6 000
无形资产	1 000	留存收益	2 000
资产总计	20 000	负债与所有者权益总计	20 000

该公司2019年计划销售收入比上年增长30%，为实现这一目标，公司需新增设备一台，价值150万元。据以往各年财务数据分析，公司流动资产与流动负债随销售额同比率增减。公司如需对外筹资，可按面值发行票面年利率为10%、期限为10年、每年年末付息的公司债券解决。假定公司2019年的销售净利率和利润分配政策与上年保持一致，公司债券的发行费用可忽略不计，适用企业的所得税税率为25%。

要求：预测2019年企业需要对外筹集的资金量。

2. 某公司2010—2018年的产品销售量资料如表5－12所示。

表5－12

年度	2010	2011	2012	2013	2014	2015	2016	2017	2018
销售量（吨）	1 950	1 980	1 890	2 010	2 070	2 100	2 040	2 260	2 110
权数	0.03	0.05	0.07	0.08	0.1	0.13	0.15	0.18	0.21

要求：

（1）根据以上资料，用算术平均法预测公司2019年的销售量；

（2）根据以上资料，用加权平均法预测公司2019年的销售量；

（3）若平滑指数 $\alpha=0.6$，假设2018年的预测销售量为2 117吨，运用指数平滑法预测公司2019年的销售量。

3. 假定产品销售量只受广告费支出大小的影响，A公司2019年度预计广告费支出为655万元，以往年度的广告费支出资料如表5－13所示。

表5－13

年度	2014	2015	2016	2017	2018
销售量（吨）	2 070	2 100	2 040	2 260	2 110
广告费（万元）	340	410	360	540	420

要求：用回归直线分析法预测 A 公司 2019 年的产品销售量。

五、案例分析

1915 年，威廉·波音，一个西雅图的伐木工，在一间船库里组装了他的第一架飞机。如今，波音公司已经拥有世界飞机销售市场份额的三分之二。但随着市场需求的增长，竞争接踵而至，波音公司的现状也面临着被动。在未来 20 年内，航空业对飞机的需求将达到 16 000 架，价值总额超过 1 万亿美元。波音公司如何维持它的竞争地位，又如何保持它的高额利润呢？随着竞争的越演愈烈，波音公司意识到，控制（降低）成本比抬高售价更能增加利润。那么，是应该制造更大型的客机，还是制造更多已有机型而在特性和效能方面有所改进，以降低客户成本？为解决这些问题，波音公司应深入了解自身的成本，还应了解其客户的成本状况。

以波音 747 - X 为例，近 10 年前，波音公司开展了这种能载 500 人的大型科技的研究开发项目。一部分重要的研究内容就是对客户成本的估算，即运营已有机型的成本和采用新型 747 - X 所减少的成本。波音公司组建了一个由 19 家航空公司（如美国联和航空公司、美国航空公司和英国航空公司）组成的工作组，调查它们对载客量 500 人以上的飞机的需求。经过 4 年的调查研究，公司完成了新机型的设计，就差做投产的最后决策。新客机的投产急需一笔巨额直接投资，以获得昂贵的厂房和设备资源。为了支付这些资产的费用并获取利润，公司必须确保客户对这种新机型有需求。

关键的问题是，客户需要的是最新、最大、最昂贵的客机，还是价值最高的客机？抛开数年的研发工作，波音公司决定不再生产 747 - X 客机。公司董事会主席。首席执行官菲利普·康迪特说："载客量 500 人以上的飞机的未来市场有限，在有限市场需求下我们至少能够收回巨大的项目成本。"预期直达航线会增加，该的大部分客户需要更多的飞机。总之，客户认为："我们宁可购买两架载客量 250 人的新飞机，也不会购买一架载客量 500 人的超级巨型飞机，因为前者比后者更有利可图。"结果，747 - X 机型项目终止了；相反公司集中精力对其已有机型进行升级，波音在基于已有 747 机型开发出的新型飞机上增加了 16% 的座位，而"座位/英里"成本减少了 10%。

请思考：

（1）根据以上案例，你能够体会到成本预测、利润预测以及资金预测对公司的重要性吗？

（2）通常，公司对成本的控制要比对收入的控制多，管理会计的一个主要目标就是控制（降低）成本，如何降低成本？

资料来源：〔美〕查尔斯·亨格瑞等著．潘飞等译．管理会计教程（第 15 版）．北京：人民邮电出版社．2012.

项目六　短期经营决策

【学习目标】

□ 了解决策分析的程序和类型
□ 掌握与决策相关的成本
□ 掌握生产决策的方法
□ 掌握生产决策的相关内容
□ 理解定价方法与策略
□ 了解存货决策

任务一　短期经营决策认知

一、决策分析的定义

所谓决策，是指企业为了实现一定的目标而从若干备选方案中选取一个最优方案的过程。决策分析是管理当局的主要职责，“管理的中心在经营，经营的重心在决策”。决策分析就是企业为了实现预定的目标，由各级管理人员在科学预测的基础上，结合本企业的内部条件和外部环境，对未来经营战略、方针、措施与方法的各种备选方案可能导致的结果，进行测算和对比分析，权衡利弊，从中选出最优方案的过程。

二、决策分析的程序

决策分析非常复杂，总的来说，就是提出问题、分析问题和解决问题的过程。为了实现决策目标，必须按照科学的程序进行，可以概括为以下几个步骤：

1. 确定决策目标。决策目标是决策的出发点和归宿。首先要弄清楚该项决策要解决什么问题，到达什么目的。目标要具体和明确，要有针对性和可行性。

2. 收集相关信息。收集相关信息是决策分析的基础工作。针对决策目标，广泛收集尽可能多的、对决策目标有影响的各种可计量因素和不可计量因素的有关资料，特别是有关预期收入和预期成本的数据，要保证所收集的信息对决策的有用性。

3. 提出备选方案。决策就是对未来的各种可能行动方案进行选择或做出决定。为了对未来各种可能行动方案做出最优的选择，应根据所确定的决策目标和所掌握的相关信息，提出若干可行性的备选方案。

4. 选择最优方案。选择最优方案是整个决策过程中最关键的环节。企业需要对备选方案做出定性和定量分析，全面权衡有关因素的影响，在不断比较筛选的基础上选出相对最优的方案。

5. 方案的实施与修正。决策方案选定之后，就应将其纳入企业的计划，并具体组织实施，并对实施情况进行检查监督，将实施结果与决策目标进行对比，找出偏差，及时修正。同时，现实中存在着各种难以预测的不确定因素，在决策的执行过程中可能会发生各种新情况，影响决策的预期效果。因此，在必要时，可对原方案目标进行适当的修正，使其尽可能符合客观实际。

三、决策分析的分类

（一）按决策时间的长短可分为短期经营决策和长期投资决策

短期经营决策是指企业对一年或一个经营周期的生产经营活动所进行的决策，如生产决策、定价决策、采购决策等。其主要特点是：资金投入量小，见效快，能够充分利用现有资源。

长期投资决策是指企业对未来较长期间（超过一年或一个经营周期）的重大投资活动所进行的决策，如固定资产的购置，新产品的研发等。其主要特点是：资金投入量大，见效慢，方案影响时间长，资金回收期长。

本项目主要讨论短期经营决策问题，长期投资决策将在下一项目进行研究。

（二）按决策的重要程度可分为战略决策和战术决策

战略决策是指关系到企业未来发展方向和大政方针的全局性重大决策。如经营目标的制定、新产品的开发、生产能力的扩大等，这类决策取决于企业的长远规划和外部市场环境对企业的影响，它的正确与否，对企业的兴衰成败具有决定性意义。

战术决策是指为达到预期的战略目标，对企业日常经营活动所采取的方法和手段的局部性决策。如新产品品种决策、零部件自制或外购决策等。这类决策主要考虑如何使现有的人力、物力、财力资源得到合理充分的利用，以产生最大的经济效益。战术决策的正确与否，不会对企业大局产生决定性影响。

（三）按决策方案之间的关系可分为接受或拒绝方案决策、互斥决策和最优组合决策

接受或拒绝决策是指只存在一个备选方案，决策只需要对这一个方案做出接受或拒绝的选择。如亏损产品是否停产的决策、是否接受特殊价格追加订货

的决策等。这类决策又叫单一方案决策。

互斥决策是指在两个或两个以上的备选方案中选择一个最优方案的过程。这类决策一旦选择了某一方案，必须放弃其他方案。例如，零部件自制还是外购的决策、开发哪一种新产品的决策等。这类决策属于多方案决策。

最优组合决策是指有几个不同备选方案可以并举，但由于某种资源受到限制，只能从中选择一组最优组合方案的决策。如在资本总额定量的情况下，不同投资项目的最优组合决策等。这类决策也属于多方案决策。

四、短期经营决策的相关概念

（一）短期经营决策的定义

短期经营决策是指对企业一年以内或者维持当前的经营规模的条件下所进行的决策。其决策结果只会影响或决定企业近期（一年或一个经营周期）经营实践的方向、方法和策略，侧重于从收入、成本、利润和产品生产等方面对如何充分利用企业现有资源和经营环境，取得尽可能大的经济效益而实施的决策。短期经营决策的内容主要包括生产决策、定价决策和存货决策等。

短期经营决策的目标就是在一定时期内，尽可能取得最大的经济效益。在其他条件不变的情况下，判定某短期经营决策方案优劣的主要标志就是看该方案能否使企业在一年或一个经营周期内获得更多的利润。

（二）相关收入与无关收入

相关收入是指与特定决策方案相联系的、能对决策产生重大影响、在短期经营决策中必须予以充分考虑的收入，又称有关收入。相关收入的计算，要以特定决策方案的单价和相关业务量为依据。其中，相关业务量是指在短期经营决策中必须重视的，与特定决策方案相联系的产量或销量。

与相关收入相对立的概念是无关收入。某项收入的发生与某决策方案的存在与否无关，即无论是否存在某决策方案，均会发生某项收入，则该项收入就是该方案的无关收入。在短期经营决策中无需考虑无关收入。

（三）相关成本与无关成本

1. 相关成本。是指与特定决策方案相联系的、能对决策产生重大影响的、在短期经营决策中必须予以充分考虑的成本，又称有关成本。

在短期经营决策中，比较常见的相关成本有：差量成本、边际成本、机会成本、重置成本、付现成本、专属成本、可延缓成本和可避免成本等。

（1）差量成本。是指企业在进行短期经营决策时，根据不同备选方案计算出来的成本差异。

【例6－1】 某公司全年需要1 000件A零件，可以自制也可以外购。若自制，单位变动成本为3元，固定成本500元；若外购，单价为5元。自制或外购决策的成本计算表如表6－1所示。

表 6－1　　成本计算表　　单位：元

方案 项目	自制	外购	差量成本
采购成本		1 000×5＝5 000	
变动成本	1 000×3＝3 000		
固定成本	500		
总成本	3 500	5 000	－1 500

由于自制成本比外购成本低 1 500 元（即差量成本为－1 500 元），在其他条件相同时，应选择自制方案。

差量成本这一概念还经常用于反映由于生产能力利用程度不同（例如增加产量）而形成的成本差额。在生产经营能力的相关范围内，某一决策方案的差量成本就是该方案的相关变动成本，等于该方案的单位变动成本与相关业务量的乘积；如果超出了相关范围，则增量成本总额等于变动成本的增加额与固定成本的增加额之和。

【例 6－2】 某企业生产 A 产品，最大生产能力为年产 10 000 件，正常利用率为最大生产能力的 80%。A 产品的单位变动成本为 3 元，年固定成本为 6 000 元。以年产 8 000 件为基础，每增加 1 000 件产品的生产量而追加的差量成本计算表如表 6－2 所示。

表 6－2　　成本计算表　　单位：元

产量（件）	总成本		产量增加 1 000 件的差量成本		单位成本		产量增加 1 000 件的差量单位成本	
	固定成本	变动成本	固定成本	变动成本	固定成本	变动成本	固定成本	变动成本
8 000	6 000	24 000	—	—	0.75	3	—	—
9 000	6 000	27 000	0	+3 000	0.67	3	－0.08	0
10 000	6 000	30 000	0	+3 000	0.60	3	－0.07	0

通过以上计算可以看出，在相关范围内，即产量不超过其最大生产能力 10 000 件时，固定成本总额不随产量的变动而变动，所以每增加生产 1 000 件产品而追加的成本额为变动成本 3 000 元。单位成本中的固定部分则呈下降趋势。

【例 6－3】 某公司有一项追加订货，数量为 500 件（即增量）。若接受该项追加订货，必须专门为其购买 1 000 元的设备。假定该项设备除了生产这批订货外无其他用途。假设产品的单位变动成本为 20 元。是否接受该项追加订货？

追加订货的差量成本为：

变动成本总额＝20×500＝10 000（元）

固定成本 1 000 元，共计 11 000 元。

只要追加订货的销售收入大于差量成本 11 000 元，即可接受追加订货。

（2）边际成本。是指当业务量发生微小变动时所引起的成本变动额。但在实际经济生活中，业务量的微小变动只能小到一个经济单位。因此，在管理会计中，边际成本是指当业务量增加一个单位所引起的成本增加额。在生产经营能力的相关范围内，边际成本实质上就是单位变动成本。

边际收入是与边际成本相联系的一个收入概念，它是指当业务量增加一个单位所引起的收入增加额。当边际收入与边际成本之间有一种非常重要的关系：当边际成本等于边际收入时，产品的利润额达到最高，此时所达到的产品产销量为最佳，产品的售价为最佳售价。这是因为：当边际收入等于边际成本时，边际贡献是正数，企业的总利润就会随着业务量的增加而增加。销售量每增加一个单位，所产生的利润增加额等于边际贡献的数额；当边际收入小于边际成本时，边际贡献是负数，说明增加一个单位销售量所增加的成本比其增加的收入还大，企业的总利润就会减少。销售量每增加一个单位，所减少的利润等于边际贡献的数额（负数）。因此，当边际收入等于边际成本时，也就是边际贡献等于零时，企业的总利润达到最大。

（3）机会成本。是以经济资源的稀缺性和多种选择机会为前提的，是指在经济决策中应由中选的最优方案负担的、按所放弃的次优方案潜在收益计算的那部分机会损失。也就是说，不选择其他方案而选择最优方案的代价，就是已放弃方案的获利可能。进行决策时，将机会成本的因素考虑进去，有利于对所选方案的最终效益进行全面评价。

【例 6－4】 某公司现有一空置的车间，既可以用于 A 产品的生产，也可以用于出租。如果用来生产 A 产品，其收入为 40 000 元，成本费用为 26 000 元，可获收益 14 000 元；如果用于出租，可获租金收入 11 000 元。在决策中，如果选择用于生产 A 产品，则必须放弃出租方案，其本来可获得的租金收入 11 000 元应作为生产 A 产品的机会成本，由 A 产品承担。因此，正确的结论是：生产 A 产品比出租多获利 3 000 元。

许多经济资源具有多方面的用途，机会成本就是产生于某项资源的用途选择。如果一项资源只能用来实现某一职能，则不会产生机会成本，如公司购买的一次还本付息债券，只能在到期时获得确定的收益，不会产生机会成本。如果一项资源可以同时用来实现若干职能，则可能产生机会成本，如公司购买的可转让债券，既可以到期获得确定的收益，也可以在未到期前中途转让以获得转让收益，因此可能产生机会成本。

此外，由于机会成本只是被放弃方案的潜在利益而非实际支出，因此不能据以登记入账。但由于资源的有限性，企业必须充分利用现有资源，所以，在经营决策中，机会成本应作为一个重要因素予以充分考虑。

（4）重置成本。是指目前从市场上重新取得某项现有的资产所需支付的成本。它是相对于历史成本而言的。在短期经营决策中，尤其是定价决策中，重置成本是一个不可忽视的重要因素。

【例 6－5】 某商场 1 月份购入 A 产品 1 000 件，购入单价 240 元。4 月份，甲顾客愿意以单价 280 元全部购买。此时，A 产品的市场销售单价为 300 元。

按照财务会计的观点，此项交易可行，每件可获购销差价 40 元，商场可获毛利 40 000 元。按照管理会计的观点，此项交易不可行。因为商场不仅不能从此项交易中获利，反而每销售一件产品就会亏损 20 元，共亏损 20 000 元。因为以每件 280 元出售以后，重新购进每件要花费 300 元。也就是说，商场在定价决策时，不能以 240 元（历史成本）为依据，而应该以 300 元（重置成本）作为考虑的重点。

（5）付现成本。是指在决策方案开始实施时，立即用现金支付的成本。在一定意义上来说，决策方案的成本都要用现金支付，但发生的时间有所不同。有的发生在决策方案实施前，如购买原有设备的支出；有的发生在决策方案实施后，如购买原材料采用分期付款方式时的后期付款。管理会计中所说的付现成本不包括方案实施前和实施后用现金支付的成本，它只是指方案开始实施时马上用现金支付的成本。

【例 6－6】 某企业生产 A 产品需要购入甲原材料 25 吨，现有两个方案可供选择：方案一，A 公司可提供全部 25 吨甲原材料，每吨 3 400 元，共计 85 000 元，要求货款立即支付；方案二，B 公司也可提供全部 25 吨甲原材料，每吨 3 700 元，共计 92 500 元，但货款可分期支付。首付 14 500 元，即可拿到全部原材料，其余货款分 12 个月还清，每月末付 6 500 元。如果公司资金比较紧张，应采用哪个方案？

很显然，方案二的总成本比方案一的总成本高很多（92 500 － 85 000 = 7 500 元）。如果企业本身货币资金不紧张，或能够以相对较低的成本筹措到资金时，当然应该选择方案一。但是，如果企业资金比较拮据，又难以筹措到成本较低的资金，则企业就会更重视付现成本而选择方案二，即以付现成本最小的方案来替代总成本最低的方案。

（6）专属成本。是指那些能够明确归属于特定决策方案的固定成本。例如，为生产某种产品而专用的设备的折旧费、保险费。它往往是为了弥补生产能力不足的缺陷、增加有关设备而发生的。专属成本是经营决策的相关成本，必须予以充分考虑。

（7）可延缓成本。是指在决策中对其暂缓开支，也不会对企业未来的生产经营产生重大不利影响的成本。

【例 6－7】 某企业现在的办公房屋比较简陋，原定在计划年度对其进行改造，预计需花费 80 万元。现在由于计划期间资金比较紧张，决定推迟改造计划。

由于企业在计划期间推迟了办公房屋改造计划，因此与该方案有关的建筑材料、人工费等成本均属于可延缓成本。

可延缓成本具有一定的弹性，在企业财力困难的情况下，推迟实施某一决策方案，也不致于影响企业大局。因此，可延缓成本是短期经营决策中必须考虑的相关成本。

（8）可避免成本。是指发生与否以及发生金额多少都会受到企业管理当局的决策影响的成本。由于这种成本受到决策的直接制约，属于比较典型的相关成本。例如，前面所讲的广告费、职工培训费等酌量性固定成本，就是可避免成本。又如，自制某种零部件需要支付的直接材料、直接人工和变动性制造费用，当自制方案决定舍弃不用，改为向市场购买时，上述成本就不会发生，因而属于可避免成本。

（9）可分成本。是指在联产品生产决策中必须考虑的，由于对已经分离的联产品进行深加工而追加的变动成本。联产品是指企业在生产过程中，投入一种原材料，可以同时生产出多种产品，这些产品统称为联产品。例如，炼油厂投入石油，可提炼出汽油、煤油、柴油、沥青等，它们都称为联产品。对汽油、煤油、柴油、沥青等进行深加工而追加的变动成本即为可分成本。可分成本的计算要考虑单位可分成本与相关的联产品深加工业务量两大因素。

2. 无关成本。与相关成本相对立的概念是无关成本。所谓无关成本是指不受决策结果影响，已经发生或注定要发生的成本。如果无论是否存在某决策方案，均会发生某项成本，那么就可以判定该项成本就是该方案的无关成本。在短期经营决策中，没有必要考虑无关成本，否则可能会导致决策失误。无关成本主要包括：沉没成本、共同成本、不可延缓成本、不可避免成本、联合成本等。

（1）沉没成本。是指由于过去决策结果而引起的、并已经实际支付款项的成本。因为这类成本是过去已经发生的，一经支出就无法返回，因而现在和将来的任何决策都无法改变其历史事实，故在短期经营决策中无需考虑。

【例6－8】 某企业有一台旧设备要提前报废，其原始成本为100 000元，已提折旧80 000元，折余净值为20 000元。这20 000元的折余价值就是沉没成本。假设处理这台设备，由两个方案可以考虑：一是将旧设备直接出售，可获得变价收入5 000元；二是经修理后再出售，需支出修理费用5 000元，但可得13 000元。

在进行决策时，由于旧设备的折余价值20 000元属于过去已经支出再无法收回的沉没成本，所以不予考虑，只需将这两个方案的收入加以比较即可。直接出售可得收入5 000元，而修理后出售可得净收入8 000元（13 000－5 000）。很显然，采用第二个方案比采用第一个方案可多得3 000元（8 000－5 000）。所以，应将旧设备修理后再出售。

应该注意的是，企业大多数固定成本均属于沉没成本，但并不是说全部固定成本都属于沉没成本。例如，与决策方案有关的新增固定资产的折旧费就不是沉没成本，而是决策的相关成本。此外，某些变动成本也可能属于沉没成本。如在半成品是否深加工的决策中，半成品本身的成本，无论是其固定成本还是其变动成本，均属于沉没成本。

（2）共同成本。共同成本是与专属成本相对立的成本概念，它是指应该由多个方案共同负担的必定要发生的固定成本。例如，企业管理人员的工资、生产多种产品共同使用的厂房机器的折旧费等都是共同成本。由于它的发生与特定的方案无关，因此在短期经营决策中可以不予考虑，是一种比较典型的无关成本。

应该注意的是，变动成本一般是专属成本，而固定成本才有专属成本和共同成本之分。因此，变动成本没有必要划分专属成本和共同成本，专属成本和共同成本是特指固定成本的。

(3) 不可延缓成本。不可延缓成本是与可延缓成本相对立的成本概念，是指在决策中若对其暂缓开支，就会对企业未来的生产经营产生重大不利影响的成本。例如，某企业过去一直采用以重柴油为燃料的锅炉，能源消耗大，且污染环境。现决定在计划年度改用烧煤的锅炉，并装上防污装置，需花费60万元。这个方案即使在计划年度财力紧张的情况下也必须执行，否则可能被政府有关部门勒令停产。所以，与此方案有关的成本均属于不可延缓成本。

由于不可延缓成本在发生的时间上具有较强的刚性，即使在企业财力有限的情况下，也必须及时保证对它的支付，没有选择的余地，所以在短期经营决策中没有必要考虑。

(4) 不可避免成本。不可避免成本是与可避免成本相对立的成本概念，是指企业管理者的决策行为不能改变其发生与否以及发生金额多少的成本。由于不可避免成本的发生具有必然性，注定要发生，只能保证对其的顺利支付，因此在短期经营决策中无需考虑。例如，前面所讲的管理人员工资、固定资产折旧费等约束性固定成本就属于不可避免成本。

(5) 联合成本。联合成本是与可分成本相对立的成本概念，是指在未分离前的联产品生产过程中发生的、应由所有联产品共同负担的成本。如炼油厂从投入石油到生产出汽油、煤油、柴油、沥青为止，这一过程发生的成本为联合成本。

任务二 生 产 决 策

生产决策是企业短期经营决策的重要内容，它主要针对企业短期内（或者当前经营规模范围内）是否生产、生产什么、怎样组织生产等问题进行的相关决策。通过生产决策，从若干个备选方案中选取一个最优方案，提高企业的经济效益。

生产决策常用的方法主要包括贡献毛益分析法、差量分析法、成本平衡点分析法和相关成本分析法等。典型的生产决策包括新产品开发决策、半成品是否深加工的决策、亏损产品决策、是否接受追加特殊订货的决策、零部件自制还是外购的决策以及生产工艺决策等。

一、生产决策的主要方法

生产决策的主要方法一般有以下几种：贡献毛益分析法、差量分析法、成本平衡点分析法和相关成本分析法等。

（一）贡献毛益分析法

一般来说，如果不改变生产能力，固定成本总额不会发生变化，因此可以直接比较各个备选方案贡献毛益的大小进行决策。贡献毛益分析法就是在成本性态分析的基础上，通过比较不同备选方案所能提供的贡献毛益的大小来确定最优方案的一种方法。根据不同的前提条件，贡献毛益分析法可以分为贡献毛益总额分析法、剩余贡献毛益分析法、单位资源贡献毛益分析法等。

1. 贡献毛益总额分析法。贡献毛益总额分析法是指以各种备选方案的贡献毛益总额作为决策评价指标的一种方法。其应用的前提条件是：当各个备选方案的相关收入均不为零，相关成本全部为变动成本，不涉及专属成本和机会成本时，可以将贡献毛益总额作为决策的标准来确定方案的优劣。用公式可以表示为：

贡献毛益总额 = 相关收入 − 相关变动成本

2. 剩余贡献毛益分析法。当各个备选方案涉及专属成本或机会成本时，就无法使用贡献毛益总额指标进行分析，而应使用剩余贡献毛益指标进行决策。某决策方案的剩余贡献毛益等于该方案的贡献毛益总额减去该方案的专属成本和机会成本后的差额，或该方案的相关收入减去相关成本后的差额。用公式可以表示为：

剩余贡献毛益 = 贡献毛益总额 − （专属成本 + 机会成本）
= 相关收入 − 相关成本

3. 单位资源贡献毛益分析法。单位资源贡献毛益分析法是指以各个备选方案的单位资源贡献毛益作为决策评价指标的一种方法。在企业的某项资源（如原材料、人工工时、机器工时等）受到限制的情况下，应通过比较各个备选方案的单位资源贡献毛益，来进行择优决策。其公式可以表示为：

$$单位资源贡献毛益 = \frac{单位贡献毛益}{单位产品资源消耗定额}$$

单位资源创造的贡献毛益大的方案，实质上就是贡献毛益总额大的方案。所以，单位资源贡献毛益分析法是贡献毛益总额分析法的另一种表现形式。

需要指出的是，我们在运用贡献毛益分析法进行决策时，应该以各个备选方案的贡献毛益总额（或剩余贡献毛益）或单位资源贡献毛益的大小作为方案取舍的标准，不应以单位贡献毛益作为评价标准。这是因为，在生产能力一定的情况下，不同备选方案单位产品所耗费的生产能力可能有所不同，这样各备选方案生产的产品总量也可能不同，单位贡献毛益大的方案其贡献毛益总额（或剩余贡献毛益）不一定大。如果用单位贡献毛益作为评价各个备选方案优劣的指标，可能导致决策失误。

贡献毛益分析法是一种最基本的方法，可用于产品品种决策，亏损产品决策等。

(二) 差量分析法

1. 差量分析法的定义。差量分析法又称为差别损益法，是指通过计算不同备选方案的差量收入和差量成本，进而计算出差量损益，以差量损益作为评价标准来选择最优方案的方法。

2. 差量分析法的有关概念。

(1) 差量：两个互斥备选方案同类指标之间的数量差异。

(2) 差量收入：两个互斥备选方案预期收入之间的数量差异。

(3) 差量成本：两个互斥备选方案预期成本之间的数量差异。

(4) 差量损益：差量收入与差量成本之间的数量差异。实际上就是两个互斥备选方案预期收益之间的数量差异。当差量收入大于差量成本时，其数量差异为差量收益；当差量收入小于差量成本时，其数量差异为差量损失。

3. 差量分析法的基本原理。差量分析法是以差量损益作为方案取舍的标准。若差量损益为正（即为差量收益），说明比较方案可取；若差量损益为负（即为差量损失），说明被比较方案可取。其基本原理如表 6－3 所示。

表 6－3　　差量分析法的基本原理

A 方案	B 方案	差量
预期收入 预期成本 预期损益	预期收入 预期成本 预期损益	差量收入 差量成本 差量损益

当差量损益 >0 时，应选择 A 方案；

当差量损益 <0 时，应选择 B 方案。

4. 运用差量分析法应注意的问题。

(1) 必须保持备选方案比较顺序的一致性。两个备选方案并不严格要求哪个方案是比较方案，哪个方案是被比较方案，只要计算中遵循同一处理原则，决策结果是相同的。

(2) 差量分析法所涉及的收入为相关收入，成本为相关成本。

(3) 一般适用于两个备选方案之间的决策。

如果是多方案决策，只能分别两个两个地进行方案的决策，逐步淘汰，确定最优方案，比较麻烦。

差量分析法广泛应用于多种经营决策，如产品品种决策、半成品是否深加工的决策、零部件自制或外购的决策等。

(三) 成本平衡点分析法

1. 成本平衡点分析法的定义。成本平衡点分析法又叫成本无差别点分析法或本量利分析法，是指各备选方案的相关收入为零，相关业务量为一不确定因素时，通过判断处于不同水平上的业务量与成本无差别点业务量之间的关系，做出互斥方案决策的一种方法。成本无差别点业务量是指能使两方案总成本相等的业务量。

2. 成本平衡点分析法的基本原理。根据成本性态分析的基本原理，任何方案的总成本都可以用 $y = a + bx$ 表示。运用成本平衡点分析法的关键在于确定成本平衡点。

假设 x 表示一定时期内业务量，a_1、a_2表示方案Ⅰ、方案Ⅱ的固定成本总额；b_1、b_2表示方案Ⅰ、方案Ⅱ的单位变动成本；y_1、y_2表示方案Ⅰ、方案Ⅱ在一定时期的总成本，则：

$y_1 = a_1 + b_1 x$

$y_2 = a_2 + b_2 x$

令 $y_1 = y_2$

则成本平衡点为：$x_0 = \frac{a_1 - a_2}{b_2 - b_1}$ （$a_1 > a_2$，$b_2 > b_1$）

成本平衡点的业务量如图 6－1 所示。

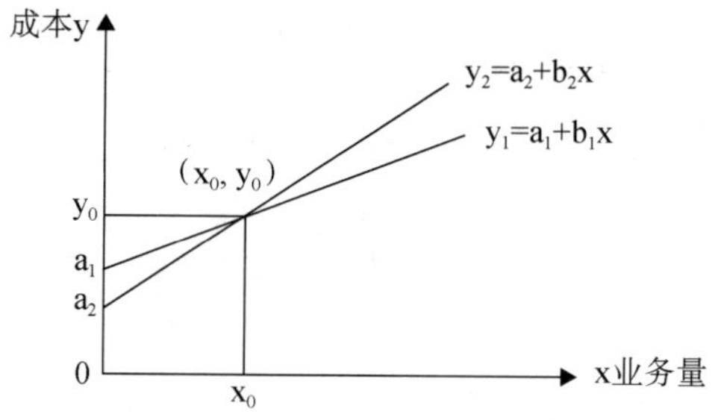

图 6－1　成本平衡点业务量图

从图 6－1 可以看出：

当 $x > x_0$时，方案Ⅰ成本低于方案Ⅱ；

当 $x < x_0$时，方案Ⅰ成本高于方案Ⅱ；

当 $x = x_0$时，方案Ⅰ成本等于方案Ⅱ。

3. 运用成本平衡点分析法应注意的问题。

（1）各个备选方案的业务量的单位必须相同。

（2）只考虑各个备选方案不同的单位变动成本和不同的固定成本，不需考虑各个备选方案相同的单位变动成本和固定成本。

（3）不同方案的相关变动成本和相关固定成本恰好互相矛盾，即第一个方案的相关固定成本大于第二个方案的相关固定成本，而第一个方案的相关变动成本小于第二个方案的相关变动成本，否则，此法不再适用。

成本平衡点分析法可以用于零部件自制或外购的决策、设备租赁方式的决策以及不同生产工艺的决策等。

（四）相关成本分析法

相关成本分析法是指在生产决策中，当各个备选方案的相关收入均相同，通过比较各个方案的相关成本指标，来选择最优方案的一种方法。

相关成本是个反指标，以此为标准，应选择相关成本最小的方案作为最优方案。该方法适用于两个或两个以上方案的决策，如业务量确定的零部件自制或外购的决策。

二、新产品开发决策

为维持和扩大市场占有率，企业必须不断地开发新产品。开发新产品不仅涉及开发新产品的品种决策，开发新产品与减少老产品的决策，以及新产品试制方案的决策，而且由于开发新产品可还可能涉及固定资产投资决策（属于长期投资决策，在项目七介绍）。在这里主要介绍企业利用现有剩余生产能力开发有市场销售前景的新产品的多品种方案决策。

【例 6－9】 某企业现有设备的生产能力是 40 000 个机器工时，现有生产能力的利用程度为 80%。现准备用剩余生产能力开发新产品甲、乙或丙。新产品甲、乙或丙的有关资料如表 6－4 所示。

表 6－4　　新产品资料表

项目＼产品	甲	乙	丙
单位产品定额工时（小时）	2	3	4
单位售价（元）	30	40	50
单位变动成本（元）	20	26	30

由于现有设备加工精度不够，在生产丙产品时，需要增加专属设备 5 000 元。在甲、乙、丙产品市场销售不受限制的情况下，进行方案选择可以采用贡献毛益分析法。

该企业现有剩余生产能力：40 000 × 20% ＝ 8 000（小时）

根据以上资料编制分析表，如表 6－5 所示。

表 6－5　　相关数据分析表

项目＼方案	生产甲产品	生产乙产品	生产丙产品
最大产量（件）	8 000 ÷ 2 ＝ 4 000	8 000 ÷ 3 ＝ 2 666	8 000 ÷ 4 ＝ 2 000
单位售价（元）	30	40	50
单位变动成本（元）	20	26	30
单位贡献毛益（元）	10	14	20
专属成本（元）	—	—	5 000
贡献毛益总额（元）	40 000	37 324	40 000
剩余贡献毛益总额（元）	—	—	35 000
单位产品定额工时（小时）	2	3	4
单位工时贡献毛益（元）	5	4.67	4.375

从以上计算结果来看，开发新产品甲最为有利。首先，甲产品的贡献毛益总额为 40 000 元，比乙产品的贡献毛益总额多 2 676 元，比丙产品的剩余贡献

毛益多5 000元；其次，甲产品的单位工时贡献毛益额为5元，比乙产品高0.33元，比丙产品高0.625元。可见，无论从贡献毛益总额（或剩余贡献毛益总额）来判断，还是从单位工时贡献毛益来判断，均为甲产品的生产方案最优。

此外，尽管甲产品的单位贡献毛益最低，但由于其产量的影响，其贡献毛益总额仍然最大。可见，单位贡献毛益的大小，不是方案择优的标准。

贡献毛益分析法适用于收入成本型（收益型）方案的择优决策，尤其是适用于多个方案的择优决策。

三、半成品（或联产品）是否深加工的决策

某些企业生产的产品可按不同的加工程度组织经营。如深加工前的半成品、联产品，既可以直接出售，也可以深加工后再出售，这需要企业做出决策。

在产品加工程度的决策分析中，半成品、联产品本身的成本，无论是其固定成本还是其变动成本，均属于沉没成本，与决策无关；相关成本只包括与深加工直接相关的可分成本。

【例6－10】 某企业每年生产甲半成品10 000件，销售单价为60元，单位变动成本30元，全年固定成本总额200 000元。若把甲半成品进一步加工为乙产品，则每件需追加变动成本20元，乙产品的销售单价为90元。

要求：

（1）如果企业具备进一步加工10 000件甲半成品的能力，且该能力无法转移，并需追加60 000元的专属固定成本，做出甲半成品直接出售还是进一步加工为乙产品的决策。

（2）如果企业只具备进一步加工7 000件甲半成品的能力，且该能力可用于对外承揽加工业务，预计一年可获得贡献毛益80 000元，做出甲半成品直接出售还是进一步加工为乙产品的决策。

分析如下：

半成品既是公司连续生产的中间产品，也可以直接出售。一般来说，继续加工后的产品售价要比半成品售价高，但相应地也追加一部分变动成本，还可能追加一定量的专属成本。因此，如果进一步加工后所增加的收入大于进一步加工所追加的成本，则应进一步加工；否则，应直接出售半成品。

（1）根据以上资料，用差量分析法进行分析。编制差量分析表如表6－6所示。

可见，进一步加工甲半成品比直接出售多获利40 000元，因此，应进一步加工甲半成品。

（2）由于企业只具备进一步加工7 000件甲半成品的能力，因此此时的相关产量为7 000件，而不是10 000件。对外加工的贡献毛益是一种机会成本，是相关成本，必须予以考虑。编制差量分析表如表6－7所示。

表 6-6　　差量分析表　　单位：元

方案 项目	进一步加工	直接出售	差量
相关收入	90 × 10 000 = 900 000	60 × 10 000 = 600 000	+300 000
相关成本 其中：变动成本 专属成本	260 000 20 × 10 000 = 200 000 60 000	0 0 0	+260 000 — —
差量损益			+40 000

表 6-7　　差量分析表　　单位：元

方案 项目	进一步加工	直接出售	差量
相关收入	90 × 7 000 = 630 000	60 × 7 000 = 420 000	+210 000
相关成本 其中：变动成本 机会成本	220 000 20 × 7 000 = 140 000 80 000	0 0 0	+220 000 — —
差量损益			-10 000

可见，进一步加工甲半成品比直接出售少获利 10 000 元，因此，应直接出售甲半成品。

差量分析法也适用于收入成本型（收益型）方案的择优决策，尤其是适用于两个方案的择优决策。

四、亏损产品决策

企业生产多种产品时，如果某一部门的产品或生产线出现了亏损，就要做出是否停产的决策。所谓亏损产品，是指某产品按照完全成本法计算的税前利润出现了亏损。对于亏损产品，不能简单地予以停产，必须综合考虑企业各种产品的经营状况、生产能力的利用以及有关因素的影响，采用变动成本法进行分析后，才能做出停产、继续生产、转产或出租设备的选择。

亏损产品的决策是一个复杂的多因素权衡过程，应该针对不同的情况进行决策。

1. 亏损产品生产能力无法转移时。亏损产品生产能力无法转移是指当亏损产品停产后，闲置下来的生产能力既不能转产其他产品，也不能将有关设备对外出租。

在这种情况下，只要亏损产品的贡献毛益大于零，就不应停产。因为继续生产可以提供贡献毛益的亏损产品，至少可以补偿一部分固定成本。如果停产，只能减少变动成本，并不能减少固定成本，亏损产品负担的固定成本只能由其他产品负担，最终导致企业利润总额减少，其利润减少金额相当于该亏损产品所能提供的贡献毛益。

2. 亏损产品生产能力可以转移时。亏损产品生产能力可以转移是指当亏损产品停产后，闲置下来的生产能力可以用于承揽零星加工业务，或将有关设备对外出租。

在这种情况下，承揽零星加工业务可能取得的贡献毛益或对外出租设备可能获得的租金收入，就是继续生产亏损产品的机会成本。只要亏损产品创造的贡献毛益大于与生产能力转移有关的机会成本，就不应停产；如果亏损产品创造的贡献毛益小于与生产能力转移有关的机会成本，就应该停产。

【例 6－11】 某企业产销甲、乙、丙三种产品，其中，甲、乙两种产品盈利，丙产品亏损，有关资料如表 6－8 所示。

表 6－8　损益计算表　单位：万元

项目＼品种	甲产品	乙产品	丙产品	合计
销售收入	1 320	1 680	800	3 800
生产成本				
直接材料	160	280	180	620
直接人工	140	160	160	460
变动制造费用	120	120	140	380
固定制造费用	200	320	220	740
非生产成本				
变动销售管理费用	180	240	120	540
固定销售管理费用	120	160	80	360
总成本	920	1 280	900	3 100
利润	400	400	－100	700

请就以下两种相互独立的情况分别评价丙产品应否停产或转产：

（1）假定丙产品转产后生产能力无法转移；

（2）假定生产丙产品的设备可以转产丁产品，也可以将此设备出租。如出租每年可获租金 180 万元，如转产丁产品具体资料如表 6－9 所示。

表 6－9　预测丁产品资料　单位：万元

项目	金额
销售收入	1 040
变动生产成本	560
变动销售管理费用	180

分析如下：

（1）根据以上资料，丙产品亏损 100 万元，但是能够创造 200 万元的贡献毛益，即：

丙产品贡献毛益总额＝800－（180＋160＋140＋120）＝200（万元）

丙产品创造的贡献毛益总额是200万元，而其分摊的固定成本是300万元，所以亏损100万元。但是，如果丙产品停产，它就不能提供200万元的贡献毛益了，而它原来分摊的300万元固定成本照样发生，则只能由甲、乙两种产品负担了，这样将使企业减少200万元的利润。也就是说，不管丙产品是否生产，该企业1 100万元的固定成本都要发生，只不过是由三种产品分摊还是两种产品分摊。所以，在生产能力不能转移的情况下，丙产品不能停产，而应该继续生产。

（2）丁产品的贡献毛益总额＝1 040－（560＋180）＝300（万元）

继续生产丙产品的贡献毛益总额是200万元，转产丁产品的贡献毛益总额是300万元，设备出租的租金是180万元。很显然，转产丁产品的效益最好，所以，应停产丙产品而转产丁产品。

五、是否接受追加特殊订货的决策

特殊订货，是指购买企业要求以低于正常价格甚至低于计划产量的平均单位成本的特殊价格来追加订货量。对于特殊订货，应该针对不同情况进行决策。

（一）简单条件下的特殊订货决策

简单条件是指追加订货时，企业同时具备以下三个条件：

1. 追加订货不冲击本期计划任务；
2. 追加订货的生产不需要追加专属成本；
3. 企业剩余生产能力无法转移。

在简单条件下，只要特殊订货的销售单价大于该产品的单位变动成本，即该特殊订货的单位贡献毛益大于零，企业就可以接受该批追加订货。

（二）复杂条件下的特殊订货决策

1. 企业剩余生产能力无法转移，追加订货也不冲击本期计划任务，但需追加专属成本。只要追加订货方案的贡献毛益大于专属成本，即可接受追加订货。否则，不接受追加订货。

2. 企业剩余生产能力无法转移，但追加订货会冲击本期计划任务，不需追加专属成本。因为接受追加订货会冲击本期计划任务，即正常销售要减少，因减少正常销售量而丧失的贡献毛益就是接受追加订货的机会成本。只要追加订货方案的贡献毛益大于冲击本期计划任务的机会成本，即可接受追加订货。否则，不接受追加订货。

3. 企业剩余生产能力可以转移，但追加订货不冲击本期计划任务，也不需要追加专属成本。只要追加订货方案的贡献毛益大于剩余生产能力转移的机会成本，即可接受追加订货。否则，不接受追加订货。

4. 追加订货会冲击本期计划任务，剩余生产能力可以转移，需要追加专属成本。

由于接受追加订货会冲击本期计划任务，所以应将减少正常销售量而丧失的贡献毛益作为接受追加订货的机会成本；同时，剩余生产能力转移带来的收益也是接受追加订货的机会成本。在这种情况下，只要追加订货方案的贡献毛益大于该方案的机会成本和专属成本之和，即可接受追加订货。否则，不接受追加订货。

【例6－12】 某企业甲产品年生产能力为20 000件，目前的正常订货量为16 000件，销售单价为30元，单位产品成本24元，其组成如下：直接材料10元；直接人工5元；变动制造费用3元；固定制造费用6元。现有某客户向该公司追加订货，且客户只愿出价22元。

要求：就以下各不相关方案作出是否接受该项订货的决策分析。

（1）订货4 000件，剩余能力无法转移，且追加订货不需追加专属成本。

（2）订货4 000件，剩余能力无法转移，但追加订货需要一台专用设备，全年需支付专属成本10 000元。

（3）订货4 500件，剩余能力无法转移，也不需要追加专属成本。

（4）订货4 500件，剩余能力可以对外出租，可获年租金5 000元，追加订货需追加专属成本10 000元。

分析如下：

（1）追加订货不冲击本期计划任务，剩余生产能力无法转移，追加订货的生产不需要追加专属成本，因此，该项决策属于简单条件下的特殊订货决策。

甲产品的单位变动成本＝10＋5＋3＝18（元）

特殊订货单价为22元，大于甲产品的单位变动成本，所以接受特殊订货。企业因此可多获得利润：（22－18）×4 000＝16 000元。

（2）接受特殊订货可获得贡献毛益：（22－18）×4 000＝16 000（元）。

需支付专属成本10 000元，小于接受特殊订货可获得的贡献毛益16 000元，应接受特殊订货。企业因此可多获得利润：16 000－10 000＝6 000元。

（3）接受特殊订货会冲击本期计划任务，正常销售减少500件，因此减少贡献毛益：（30－18）×500＝6 000元。这是接受特殊追加订货的机会成本。

接受特殊订货可获得贡献毛益＝（22－18）×4 500＝18 000元。

可见，接受特殊订货增加的贡献毛益大于因减少正常销售而丧失的贡献毛益，所以，应接受特殊订货。企业因此可多获得利润＝18 000－6 000＝12 000元。

（4）如果接受特殊订货会冲击本期计划任务，正常销售减少500件，因此减少贡献毛益：（30－18）×500＝6 000元。这是接受特殊追加订货的机会成本。

剩余能力可以对外出租，可获年租金5 000元，也是接受特殊追加订货的机会成本。

此外还有专属成本10 000元。

因此，接受特殊订货的相关成本＝6 000＋5 000＋10 000＝21 000元。

接受特殊订货可获得贡献毛益＝（22－18）×4 500＝18 000元。

可见，接受特殊订货可获得的贡献毛益小于相关成本，所以不接受特殊订货。

六、零部件自制还是外购的决策

企业生产所需的有关零部件，既可以利用本企业的设备加工生产，也可以从市场上购进，两者只能选择其一，因此，属于互斥决策，通常涉及“自制零部件”和“外购零部件”两个备选方案。

（一）需要量确定时零部件自制或外购的决策

在零部件的需要量确定时，不涉及相关收入，只需要考虑相关成本。因此可以运用相关成本分析法。相关成本分析法一般适用于成本型决策。

1. 自制方案不需要增加专属成本，剩余生产能力无法转移。由于自制零部件的成本中包括一部分分摊的固定制造费用，无论自制还是外购，它都会发生，所以是决策的无关成本，决策时不予考虑。只有自制的变动成本和外购成本才是相关成本。如果自制方案的变动成本大于外购成本，选择外购；否则，选择自制。

2. 如果零部件不自制，剩余生产能力可以转移。如果零部件不自制，可以将剩余设备出租或者用来加工其他产品或零件。在这种情况下，剩余生产能力转移所获得的收益是自制方案的机会成本。如果自制方案的变动成本和机会成本之和大于外购成本，应选择外购；否则，应选择自制。

3. 自制方案需要增加专属成本。自制方案若需要增加专属成本，只要自制方案的变动成本与专属成本之和大于外购成本，应选择外购；否则，应选择自制。

【例 6－13】 某工厂每年需用 A 零件 12 500 个，如向市场购买，每个零件的进货价格（包括运杂费）为 58 元，若该企业辅助车间有剩余能力制造这种零件，预计每个零件的成本资料如下：

直接材料	36 元
直接人工	13 元
变动制造费用	7 元
固定制造费用	10 元
单位零件成本	66 元

要求：就以下各不相关情况作出 A 零件是自制还是外购的决策分析。

（1）企业具备生产 12 500 个 A 零件的剩余能力，且剩余能力无法转移，也即当辅助车间不制造该零件时，闲置下来的生产能力无法被用于其他方面。

（2）企业具备生产 12 500 个 A 零件的能力，但剩余能力也可以转移用于加工 B 零件，可节约 B 零件的外购成本 30 000 元。

（3）企业目前只具备生产 A 零件 10 000 个的能力，且无法转移。若自制 12 500 个 A 零件，则需租入设备一台，月租金 2 000 元，这样使 A 零件的生产能力达到 15 000 个。

（4）如果公司目前具备生产 A 零件 10 000 个的能力，可以采用自制和外购相结合的方式，既可自制一部分，又可外购一部分。

分析如下：

(1) 由于有剩余能力可以利用，且无法转移，A零件自制成本内的固定制造费用属于无关成本，不予考虑。据此可计算如下：

自制单位变动成本 = 36 + 13 + 7 = 56（元）

自制相关成本 = 56 × 12 500 = 700 000（元）

外购相关成本 = 58 × 12 500 = 725 000（元）

可见，采用自制方案，可比外购方案节约25 000元的成本开支，A零件应采用自制方案。

(2) 若安排自制，则会放弃加工B零件带来的成本节约30 000元，这种由于放弃相对节约额的好处，应作为自制方案负担的机会成本。

自制相关成本 = 56 × 12 500 + 30 000 = 730 000（元）

外购相关成本 = 58 × 12 500 = 725 000（元）

此种情况应安排外购，因为这样可节约成本5 000元，并用剩余能力加工B零件。

(3) 自制相关成本 = 56 × 12 500 + 2 000 × 12 = 724 000（元）

外购相关成本 = 58 × 12 500 = 725 000（元）

自制成本低于外购成本1 000元，应该自制A零件。

(4) 公司利用现有生产能力自制10 000个零件，另外2 500个零件外购，其相关成本为：

相关成本 = 56 × 10 000 + 2 500 × 58 = 705 000（元）

可见，这种方式的相关成本更低。

(二) 需要量不确定时零部件自制或外购的决策

在需要量不确定时零部件自制或外购的决策中，一般采用成本平衡点分析法。

在一般情况下，自制零部件的单位变动成本较低，相关固定成本较高；外购零部件的单位变动成本较高，相关固定成本较低，甚至不会发生。所以，可以采用成本平衡点分析法。当所需零部件业务量小于成本平衡点业务量时，应选择外购方案；当所需零部件业务量大于成本平衡点业务量时，应选择自制方案；当所需零部件业务量等于成本平衡点业务量时，自制或外购均可。

【例6-14】 某公司生产甲产品的B零件既可自制，又可外购。若外购，进价为每件500元；若以剩余生产能力自行生产，则固定制造费用为40万元，其中分摊的固定制造费用为24万元，新增的专属固定制造费用为16万元，单位零件变动生产成本为400元。

要求：通过成本平衡点法确定该公司在什么情况下应自制B零件，什么情况下应外购B零件。

根据以上资料，可以得到外购和自制的成本方程：

外购总成本：$y = 500x$

自制总成本：$y = 160\ 000 + 400x$

成本平衡点为：

$$x=\frac{160\ 000}{500-400}=1\ 600\text{（件）}$$

当 $x>1\ 600$ 件时，应自制；

当 $x<1\ 600$ 件时，应外购；

当 $x=1\ 600$ 件时，既可自制亦可外购。

七、生产工艺决策

生产工艺是指加工制造产品或零件所使用的机器、设备以及加工方法的总称。同一产品或零件，往往可以采用不同的生产工艺进行加工。一般而言，生产工艺越先进，其固定成本越高，单位变动成本越低；而生产工艺落后时，其固定成本较低，单位变动成本却较高。在固定成本和单位变动成本的消长变动组合中，产量成为最佳的判断标准。在这种情况下，可以采用成本平衡点分析法进行决策。

【例 6－15】 某公司生产 A 产品，现有两种设备可供选择：一种是采用传统设备，每年的专属固定成本 20 000 元，单位变动成本 12 元；另一种是采用自动化设备，每年的专属固定成本 30 000 元，单位变动成本 7 元。

请问：该公司在什么情况下应选择传统设备？在什么情况下应选择自动化设备？

根据以上资料，列表如表 6－10 所示。

表 6－10　　相关数据表　　单位：元

设备类型＼成本	单位变动成本	专属固定成本	成本方程
传统设备	12	20 000	$y=20\ 000+12x$
自动化设备	7	30 000	$y=30\ 000+7x$

A 产品的成本平衡点为：

$$x=\frac{30\ 000-20\ 000}{12-7}=2\ 000\text{（件）}$$

当 $x>2\ 000$ 件时，用自动化设备；

当 $x<2\ 000$ 件时，用传统设备；

当 $x=2\ 000$ 件时，用两种设备均可。

任务三　定价决策

定价决策，就是在调查分析的基础上，选用合适的产品定价方法，为销售的产品制定最为恰当的售价，并根据具体情况运用不同的价格策略，以实现经济效益最大化的过程。

产品定价决策是企业生产经营活动中一个极为重要的问题，它关系到生产经营活动的全局。企业销售各种产品都必须确定合理的产品销售价格。产品价格的高低直接影响到销售量的大小，进而影响到企业的盈利水平。一般来说，在既定的销售量下，销售单价越高，销售收入和销售利润就越高；但是，销售单价的高低，直接影响到销售量。如果销售单价定得太高，就会减少销售量，进而使单位产品成本上升而导致销售利润的降低；反之，如果销售单价定得太低，可能难以补偿所发生的成本，无法保证目标利润的实现。因此，产品销售价格的高低，价格策略运用是否恰当，都会对企业的正常生产经营活动产生影响，甚至影响到企业的生存和发展。

严格地说，定价决策属于企业营销战略的重要组成部分，管理会计人员主要从产品成本与销售价格之间的关系角度为管理者提供产品定价的有用信息。

一、影响产品价格的因素

1. 价值因素。价值是产品价格的基础，产品价格是其价值的货币表现。一般来说，产品价值包括产品的正常生产成本、合理利润以及税金和流通费用。价值的大小决定着价格的高低。

2. 成本因素。成本是影响定价的基本因素。从长期来看，产品价格应等于总成本加上合理的利润，否则企业将无利可图，难以长久生存；从短期来看，企业应根据成本结构确定产品价格，即产品价格必须高于平均变动成本，降低经营风险。

3. 市场供求因素。市场供求关系的变动直接影响产品价格。一般来说，产品的市场需求大于市场供应，可将其价格定得高一些；产品的市场供应大于市场需求，可将其价格定得低一些。同时，产品价格下降，将会引起产品需求量的增长；产品价格上升，将会引起该产品需求量的减少。不同产品的价格变动所引起的需求量变动幅度并不相同，这取决于产品的价格弹性。

4. 竞争因素。产品竞争的激烈程度不同，对定价的影响也不同。竞争越激烈，对价格的影响也越大。完全竞争的市场，企业几乎没有定价的主动权；在不完全的竞争市场，竞争的强度主要取决于产品制作的难度和供求形势。由于竞争影响定价，企业要做好定价工作，必须充分了解竞争者的情况。

5. 政策法规因素。各个国家对市场物价的高低和变动都有限制和法律规定，同时，国家还利用生产市场、货币金融等手段间接调节价格。在进行国际贸易时，各国政府对价格制定的限制更多更严。因此，企业应很好地了解本国以及所在国关于物价方面的政策和法规，将其作为企业制定定价策略的依据。

二、产品定价方法

从管理会计的角度，产品定价的基本规则是：从长期来看，销售收入必须足以弥补全部的生产、行政管理和营销成本，并为投资者提供合理的利润，以维持企业的生产和发展。因此，产品的价格应该是在成本的基础上进行一定的加成后得到的。

(一) 成本加成定价法

成本加成定价法的基本思路是先计算成本基数，然后在此基础上加上一定的“成数”，通过“成数”获得预期的利润，以此得到产品的目标价格。这里所说的“成数”，既可以是完全成本法下计算的产品成本，也可以是变动成本法下计算的变动成本。

1. 完全成本加成法。在完全成本加成法下，成本基数为单位产品的制造成本。以这种制造成本进行加成，加成部分必须能够弥补销售以及管理费用等非制造成本，并为企业提供合理的利润。也就是说，“加成”的内容应该包括非制造成本及合理利润。

【例 6－16】 某公司正在研究某新产品的定价问题，该产品预计年产量为 10 000 件。公司的会计部门收集到有关产品的预计成本资料如表 6－11 所示。

表 6－11　　相关数据资料　　单位：元

成本项目	单位产品成本	总成本
直接材料	6	60 000
直接人工	4	40 000
变动制造费用	3	30 000
固定制造费用	7	70 000
变动销售及管理费用	2	20 000
固定销售及管理费用	1	10 000

假定该公司经过研究确定在制造成本的基础上，加成 50% 作为该产品的目标销售价格，则该产品的目标销售价格计算过程如表 6－12 所示。

表 6－12　　目标销售价格的计算　　单位：元

成本项目	单位产品
直接材料	6
直接人工	4
制造费用	10
单位产品制造成本	20
成本加成：制造成本的 50%	10
目标销售价格	30

根据表 6－12，按照制造成本进行加成定价，目标销售价格为 30 元。

2. 变动成本加成法。企业采用变动成本，成本基数为单位产品的变动成本，加成的部分要求弥补全部的固定成本，并为企业提供合理的利润。此时，在确定“加成率”时，应该考虑是否涵盖了全部的固定成本和预期利润。

仍以上述公司为例，假设该公司经过研究确定采用变动成本加成法，在变动成本的基础上，加成100%作为该项产品的目标销售价格。计算过程如表6－13所示。

表6－13 **目标销售价格的计算** 单位：元

成本项目	单位产品
直接材料	6
直接人工	4
变动性制造费用	3
变动销售及管理费用	2
单位产品变动成本	15
成本加成：变动成本的100%	15
目标销售价格	30

根据表6－13计算，目标销售价格仍然为30元。由此可见，变动成本加成法与完全成本加成法虽然计算的成本基数不同，但在思路上是相似的，都认为企业的定价必须弥补全部成本，只是成本基数的不同会引起加成比例的差异。此例中完全成本加成法下的加成率为50%，变动成本加成率为100%。

（二）以市场需求为基础的定价方法

1. 需求价格弹性系数定价法。产品的价格会影响其市场需求，企业所制定的价格高低会影响产品的销售量。因此，我们有必要考虑需求的价格弹性。

所谓需求的价格弹性是指产品需求量对价格变动做出反应的程度。一般来说，价格下降，需求量增加；价格上升，需求量减少。需求的价格弹性通常用需求量变动率与价格变动率之比，即需求的价格弹性系数来衡量。其计算公式为：

$$\text{某种产品的需求价格弹性系数（E）}=\frac{\text{需求量变动率}}{\text{价格变动率}}$$

上式表明，价格每增加（或减少）1%时，需求量所降低（或增加）的百分比。因此，需求的弹性价格系数恒为负值，其绝对值可以反映出需求与价格变动水平的关系：

当$|E|>1$时，称为富有弹性或弹性大，表明价格以较小幅度变动时，可使需求量产生较大幅度的变动；

当$|E|<1$时，称为缺乏弹性或弹性小，表明价格变动幅度即使很大，需求量的变化幅度也不会太大；

当$|E|=1$时，称为单一弹性，表明需求量受价格变动影响完全与价格本身变动幅度一致。

需求的价格弹性的大小，说明了产品价格与需求之间反方向变动水平的大小。对于弹性大的产品，提高价格将导致销售量迅速下降，而降低价格却会使需求量大大提高，因此，应适当降低价格，刺激需求，薄利多销。对于弹性小的产品，当价格变动时，需求量的变化幅度很小，对这类产品不仅不应降低价格，相反，在条件允许的范围内应适当调高价格。对于单一弹性的产品，前两种策略都不适用，只能选择其他的价格策略。

2. 边际分析定价法。边际分析定价法，是指基于微分极值原理，通过分析不同价格与销售量组合下的产品边际收入、边际成本和边际利润之间的关系，进行定价决策的一种定量分析方法。

边际成本是指每增加一个单位产品销售所增加的成本；边际收入是指每增加一个单位产品销售所增加的收入；边际利润是边际收入与边际成本的差额。边际收入与边际成本之间存在着一个重要的关系，即当边际收入等于边际成本（或边际贡献等于零）时，企业的利润最大，这时的销售单价和销售量就是产品的最优售价和最优销售量。这是因为，当边际收入大于边际成本时，边际贡献是正数，企业的利润就会因销售量增加而增加。销售量每增加一个单位，所产生的利润增加额等于边际贡献的数额；当边际收入小于边际成本时，边际贡献是负数，说明增加一个单位销售量所增加的成本大于其增加的收入，企业的利润就会减少，销售量每增加一个单位所减少的利润等于边际贡献的数额（负数）。因此，当边际收入等于边际成本时，即边际贡献等于零时，企业的利润达到最大。

当收入函数和成本函数均可微时，直接对利润函数求一阶导数，即可得到最优售价；当收入函数或成本函数为离散型函数时，可以通过列表法，分别计算各种价格与销售量组合小的边际利润，那么，在边际利润大于或等于零的组合中，边际利润最小时的价格就是最优售价。

三、定价策略

定价策略是指企业在进行定价决策时，按照一定经验，最终做出特定价格定性选择分析所依据的原则或技巧。产品定价方法是依靠定价模型进行定量分析，而定价策略则是凭经验进行定性分析。

（一）新产品定价策略

1. 撇脂定价策略。所谓撇脂定价是指在产品生命周期的最初阶段，把产品的价格定得很高，以攫取最大利润。撇脂定价的条件：（1）市场有足够的购买者，他们的需求缺乏弹性，即使把价格定得很高，市场需求也不会大量减少。（2）高价使需求减少，但不致抵消高价所带来的利益。（3）在高价情况下，仍然独家经营，别无竞争者。高价使人们产生这种产品是高档产品的印象。

2. 渗透定价策略。所谓渗透定价是指企业把其创新产品的价格定得相对较低，以吸引大量顾客，提高市场占有率。渗透定价的条件：（1）市场需求对价格极为敏感，低价会刺激市场需求迅速增长。（2）企业的生产成本和经营费用会随着生产经营经验的增加而下降。（3）低价不会引起实际和潜在的竞争。

(二) 折扣定价策略

折扣定价策略是指对基本价格做出一定的让步，直接或间接降低价格，以争取顾客，达到扩大销量的目的。其中，直接折扣的形式有数量折扣、现金折扣、功能折扣、季节折扣等。

1. 数量折扣。数量折扣是指按购买数量的多少，分别给予不同的折扣，购买数量愈多，折扣愈大。其目的是鼓励大量购买，或集中向本企业购买。数量折扣包括累计数量折扣和一次性数量折扣两种形式。累计数量折扣规定顾客在一定时间内，购买商品若达到一定数量或金额，则按其总量给予一定折扣，其目的是鼓励顾客经常向本企业购买，成为可信赖的长期客户。一次性数量折扣规定一次购买某种产品达到一定数量或购买多种产品达到一定金额，则给予折扣优惠，其目的是鼓励顾客大批量购买，促进产品多销、快销。

2. 现金折扣。现金折扣是对在规定的时间内提前付款或用现金付款者所给予的一种价格折扣，其目的是鼓励顾客尽早付款，加速资金周转，降低销售费用，减少财务风险。

3. 功能折扣。中间商在产品分销过程中所处的环节不同，其所承担的功能、责任和风险也不同，企业据此给予不同的折扣称为功能折扣。对生产性用户的价格折扣也属于一种功能折扣。功能折扣的比例，主要考虑中间商在分销渠道中的地位、对生产企业产品销售的重要性、购买批量、完成的促销功能、承担的风险、服务水平、履行的商业责任、以及产品在分销中所经历的层次和在市场上的最终售价等等。功能折扣的结果是形成购销差价和批零差价。

4. 季节折扣。有些商品的生产是连续的，而其消费却具有明显的季节性。为了调节供需矛盾，这些商品的生产企业便采用季节折扣的方式，对在淡季购买商品的顾客给予一定的优惠，使企业的生产和销售在一年四季能保持相对稳定。例如，啤酒生产厂家对在冬季进货的商业单位给予大幅度让利，羽绒服生产企业则为夏季购买其产品的客户提供折扣。

5. 网上折扣。网上折扣是企业针对网上下单购买者进行的价格优惠。网上折扣方式鼓励购买者进行网上交易，减少或取消代理商，在时间和空间上都可以节约资源，从而降低促销成本、交易成本、运作成本。

6. 团购折扣。团购是一种基于网络的商业模式，通过团购网站集合足够人数，便可以优惠价格购买或使用第三方公司的物品、优惠券或服务，卖家薄利多销，买家得到实惠，节省金钱，而运行团购网站的公司则从卖方收取佣金。

7. 会员折扣。会员折扣是企业针对加入会员的主体给予的一种折扣优惠。

(三) 心理定价策略

心理定价策略是针对顾客心理特点而采用的一种定价策略，主要应用于零售商业。主要有尾数定价法、整数定价法、声望定价法、招徕定价法等。

1. 尾数定价策略。尾数定价，也称零头定价或缺额定价，即给产品定一个零头数结尾的非整数价格。大多数消费者在购买产品时，尤其是购买一般的日用消费品时，乐于接受尾数价格。如 0.99 元、9.98 元等。消费者会认为这种价格经过精确计算，购买不会吃亏，从而产生信任感。同时，价格虽离整数仅相差几分或几角钱，但给人一种低一位数的感觉，符合消费者求廉的心理愿望。这种策略通常适用于基本生活用品。

2. 整数定价策略。整数定价与尾数定价正好相反，企业有意将产品价格定为整数，以显示产品具有一定质量。整数定价多用于价格较贵的耐用品或礼品，以及消费者不太了解的产品，对于价格较贵的高档产品，顾客对质量较为重视，往往把价格高低作为衡量产品质量的标准之一，容易产生“一分价钱一分货”的感觉，从而有利于销售。

3. 声望定价策略。声望定价是指针对消费者“便宜无好货、价高质必优”的心理，对在消费者心目中享有一定声望，具有较高信誉的产品制定高价。不少高级名牌产品和稀缺产品，如豪华轿车、高档手表、名牌时装、名人字画、珠宝古董等，在消费者心目中享有极高的声望价值。购买这些产品的人，往往不在于产品价格，而最关心的是产品能否显示其身份和地位，价格越高，心理满足的程度也就越大。

4. 招徕定价策略。招徕定价策略是指根据消费者“求廉”的心理，将产品价格定得低于一般市价，个别的甚至低于成本，以吸引顾客、扩大销售的一种定价策略。采用这种策略，虽然几种低价产品不赚钱，甚至亏本，但从总的经济效益看，由于低价产品带动了其他产品的销售，企业还是有利可图的。

（四）组合定价策略

组合定价策略是针对相关产品组合所采取的一种定价策略。对于一些既可单独购买，又可成套购买的商品，实行成套优惠价格，称组合定价。消费者对购买次数较少的商品价格较为敏感，对价值高的商品价格也较为敏感，反之不大在意。利用这一心理，采取对相关商品中购买次数少、价值相对大的商品价格定的低一些，而对购买次数多、价值相对小的商品价格定的高一些，从而获得整体效益。

任务四　存货决策

存货，是指企业在生产经营过程中为销售或者耗用而储备的物资。主要包括原材料、辅助材料、燃料、在产品、产成品、商品、周转材料等。存货在企业流动资产中所占比重较大，一般约占流动资产的40% ~60%。存货利用程度的好坏对企业财务状况的影响极大，因此，加强存货的规划与控制，使其保持在最优水平上，是企业财务管理的一项重要内容。

一、存货的功能

1. 保持生产的连续进行。由于企业的存货采购受市场等客观因素的影响，并不能保证只要生产过程需要，材料就能即时入库，所以为了生产过程不被中断，企业必须储备必要的原材料。

2. 保证销售的需要。企业储备适量的产成品存货，能够及时供应市场，满足客户的需要，相反，若企业产成品库存不足，会错失许多销售良机，从而影响到企业的利润水平。

3. 降低进货成本。大批量进货可以降低进货成本和其他费用（比如享受价格折扣、减少采购费用等），只要增量进货节约的成本费用大于增加的存货投资成本，储存适量存货就是必要的。

4. 便于均衡生产，降低产品成本。有的企业的生产属于季节性生产，或者说有的企业的产品需求很不稳定，如果根据市场需求，产量时高时低地进行生产，有时生产能力会闲置，有时又会超负荷生产，这都会使生产成本提高。为了降低生产成本，最好的办法就是实行均衡生产，这必然会产生一定的产成品存货。

5. 防止意外事件发生。企业在采购、运输、生产和销售过程中，都可能发生意料之外的事故，保持必要的存货保险储备，可以避免和减少意外事件造成的损失。

二、存货的成本

企业持有一定数量的存货，也必然要为此而发生一定的支出，这就是存货的成本。主要包括以下内容：

（一）取得成本

取得成本是指为取得某种存货而支出的成本，通常用 TC_a 表示。其又分为订货成本和购置成本。

1. 订货成本。订货成本是指取得订单的成本，如办公费、差旅费、邮资、电报电话费、运输费等支出。订货成本中有一部分与订货次数无关，如常设采购机构的日常开支等，称为固定订货成本，在存货决策中属于决策无关成本，用 F_1 表示。另一部分与订货次数有关，如差旅费、邮资等，一般与采购的次数成正比例变动关系，在存货决策中属决策相关成本。每次订货的变动成本用 K 表示；订货次数等于存货年需要量 D 与每次进货量 Q 之商。订货成本的计算公式为：

$$订货成本 = F_1 + \frac{D}{Q}K$$

2. 购置成本。购置成本是为购买存货本身所支付的成本，即存货本身的价值，它是采购数量与单价的乘积，在无通货膨胀和商业折扣的情况下，在一定时期进货总量既定的条件下，它与企业采购的次数无关，因而在存货决策中属无关成本。年需要量用 D 表示，单价用 U 表示，购置成本为 DU。

订货成本加上购置成本，就是存货的取得成本。其公式为：

取得成本 = 订货成本 + 购置成本

= 订货固定成本 + 订货变动成本 + 购置成本

$$TC_a = F_1 + \frac{D}{Q}K + DU$$

（二）储存成本

储存成本是指企业为持有存货而发生的成本，包括存货占用资金支付的利息（借入资金购入存货）或存货占用资金的机会成本（以自有资金购入存货）、存货的仓储费用、保险费、存货毁损变质损失等。

储存成本按与储存数额的关系分为固定储存成本和变动储存成本。相关范围内，固定储存成本与存货储存数量的多少无关，如仓库折旧费、仓库职工的固定工资等，这类成本在存货决策中属无关成本，用 F_2 表示。变动储存成本与存货储存数量成正比例变动，如存货占用资金应支付的利息、保险费、存货毁损变质损失等，这类成本在存货的决策中属相关成本。单位变动储存成本用 K_c 来表示。用公式表达的储存成本为：

储存成本 = 固定储存成本 + 变动储存成本

$$TC_c = F_2 + K_c \frac{Q}{2}$$

（三）缺货成本

缺货成本是指由于存货储备不足供应中断而给企业造成的损失，包括原材料供应中断造成的停工损失、临时高价采购而发生的损失、产成品储备不足造成的丧失销售机会的损失以及延期发货的信誉损失等。缺货成本一般不易计量，它与存货储备量反向相关。缺货成本用 TC_s 表示。

如果以 TC 来表示存货的总成本，它的计算公式为：

$$TC = TC_a + TC_c + TC_s = F_1 + \frac{D}{Q}K + DU + F_2 + K_c \frac{Q}{2} + TC_s$$

企业存货的最优化，就是使企业存货总成本即上式 TC 值最小。

三、存货管理的目标

企业为了防止停工待料、降低进货成本、维持均衡生产等目的，必须持有一定存货。但是，持有存货是有成本的。过多的存货要占用较多的资金，并且会增加仓储费用、保险费、维护费、管理人员工资等各项开支。存货占用的资金是有成本的，占用过多会使利息支出增加并导致利润的损失；各项开支的增加更直接使成本上升。进行存货管理，就是在保证生产或销售经营需要的前提下，最大限度地降低存货成本，这就是存货管理的目标。

四、经济订货批量模型的建立

在存货决策中，财务部门要做的是决定进货的时间和决定进货批量（分别用 T 和 Q 表示）。按照存货管理的目标，需要通过合理的进货批量和进货时间，使存货的总成本最低，这个批量叫做经济订货批量或经济批量。有了经济批量，可以很容易地找到最适宜的进货时间。

与存货总成本有关的变量很多，因此需要设立一些假设，在此基础上建立经济订货批量的基本模型。

建立经济订货批量模型的假设条件：

（1）企业能够及时补充存货，即需要订货时便可立即取得存货。

（2）货物能够集中到货，而不是陆续到货。

（3）不允许缺货，即无缺货成本，这是因为良好的存货管理本来就不应该出现缺货成本。

（4）货物的年需求量稳定，并且能够预测，即 D 为已知常量。

（5）存货单价不变，即 U 为已知常量。

（6）企业现金充足，不会因为现金短缺而影响进货。

（7）所需存货市场供应充足，不会因为买不到存货而影响其他。

设立了上述假设之后，存货总成本的公式可以简化为：

$$TC = F_1 + \frac{D}{Q}K + DU + F_2 + K_c\frac{Q}{2}$$

当 F_1、K、D、U、F_2、K_c 为常数量时，TC 的大小取决于 Q。即与基本经济批量相关的存货成本只有变动订货成本和变动储存成本，并且二者与订货批量呈现方向相反的变动关系。即订货批量越大，变动储存成本就越高，但全年订货的次数就越少，变动订货成本就越低；反之，订货批量越小，变动储存成本就越低，但全年订货次数就越多，变动订货成本就越高。

即根据：$TC = \frac{D}{Q}K + K_c\frac{Q}{2}$，求出 TC 的极小值，对其进行求导演算，可得出下列公式：

$$Q = \sqrt{\frac{2KD}{K_c}}$$

这一公式称为经济订货批量基本模型，求出的每次订货批量，可使 TC 值达到最小值。

根据这个基本模型，还可以求出其他变量：

每年最佳订货次数：$N = \frac{D}{Q}$

存货总成本：$TC = \sqrt{2KDK_c}$

最佳订货周期：$t = \frac{360}{N}$

经济订货批量占用资金：$I = \frac{Q}{2} \cdot U$

【例 6－17】 某公司全年需要甲布料 1 200 米，该布料每一次的订货成本为 400 元，单位存货年度储存成本 6 元，布料单价为 200 元/米。则：

$$Q = \sqrt{\frac{2DK}{K_c}} = \sqrt{\frac{2 \times 1\ 200 \times 400}{6}} = 400\ （米）$$

$$N = \frac{1\ 200}{400} = 3\ （次）$$

$$TC = \sqrt{2KDK_c} = \sqrt{2 \times 1\ 200 \times 400 \times 6} = 2\ 400\ （元）$$

$t=\frac{360}{3}=120$（天）

$I=\frac{Q}{2}\cdot U=\frac{400}{2}\times 200=40\ 000$（元）

经济订货批量与存货总成本以及订货成本、储存成本之间的关系如图 6－2 所示。

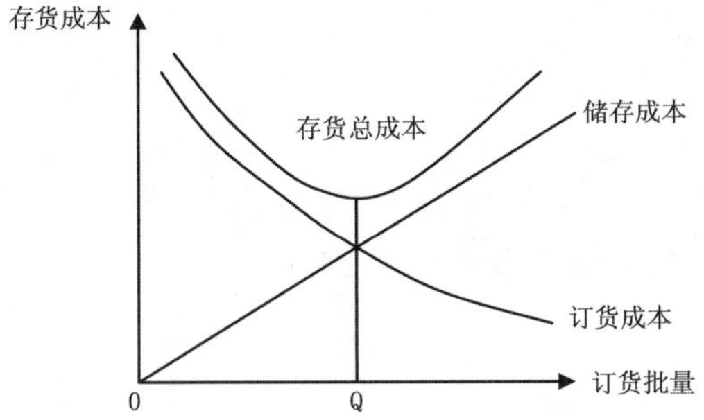

图 6－2　存货总成本与订货批量的关系

五、实行数量折扣的经济批量模型

在经济订货批量基本模型的分析中，是以假定不存在数量折扣为前提的。而现实中，许多企业为扩大销售，对大批量采购在价格上都会给予一定的优惠，在这种情况下，存货的购置成本与进货数量有了直接的关系，属于决策的相关成本。即：

存货相关总成本＝存货购置成本＋相关订货成本＋相关储存成本

实行数量折扣的经济进货批量计算的基本步骤是：

（1）按照基本经济批量模型确定经济进货批量；

（2）计算按经济批量进货时的存货相关总成本；

（3）计算按给予数量折扣的进货批量进货时的存货相关总成本；

（4）比较不同进货批量的存货相关总成本，最低存货相关总成本对应的进货批量，就是实行数量折扣的最佳经济批量。

【例 6－18】　承前例资料，若每次订货超过 600 米，可给予 3% 的价格优惠，问应以多大批量订货？

（1）前例已经计算出经济订货批量为 400 米。

（2）按经济订货批量 400 米采购，不享受价格优惠，则：

存货相关总成本＝存货购置成本＋相关订货成本＋相关储存成本

$=1\ 200\times 200+1\ 200\div 400\times 400+400\div 2\times 6$

$=242\ 400$（元）

（3）按批量 600 米采购，享受价格折扣：

存货相关总成本＝存货购置成本＋相关订货成本＋相关储存成本

$=1\ 200\times 200\times(1-3\%)+1\ 200\div 600\times 400+600\div 2\times 6$

$=235\ 400$（元）

（4）通过以上计算可知，订货量为600米时，存货相关总成本最低，所以，此时的最佳经济批量为600米。

六、存在订货提前期的经济批量模型

前述存货经济批量模型是基于一系列假设条件建立的，但在现实中，很难满足这些假设条件。所以，当我们实际运用基本经济批量模型时，应根据现实条件进行修正。一般情况下，企业采购存货需要一定的时间，不能做到随购随到，因此不能等存货用完时才进货，需提前订货。企业提前订货时的库存量被称为再订货点，它等于交货时间与每日平均需要量的乘积，在这种情况下存货的经济批量并没有改变，只是采购时间提前而已，见图6－3。

再订货点＝交货时间×每日平均需要量

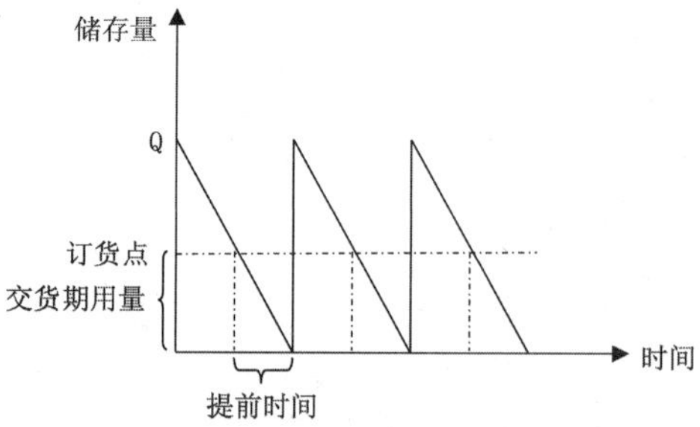

图6－3　存在订货提前期的经济批量模型

【例6－19】　承例6－17，若公司订货日至到货期的时间为10天，每日存货需要量为3.3米，那么：

再订货点＝交货时间×每日平均需要量

＝10×3.3＝33（米）

即公司在尚存33米甲布料时，就应当再次订货，等到下批订货达到时（再次发出订单10天后）原有库存刚好用完。此时，有关存货的每次订货批量、订货次数、订货间隔时间等并无变化，与瞬时补充相同。也就是说，订货提前期对经济订货批量并无影响，可仍以原来瞬时补充情况下的400米为订货批量，只不过在达到再订货点（库存33米）时发出订货单罢了。

七、存在保险储备的经济批量模型

前面讨论的三个模型都是建立在存货的供应稳定、流转均匀的假设下，但在实际中也是很难完全做到的，实际上，存货供应及存货每日需求量都可能发生变化。当企业发出订单后，可能所需存货市场供应短缺，可能送货延迟，也可能存货需求增大，就会发生缺货。为了防止由于缺货造成损失，就需要多储备一些存货以备不时之需，这部分存货储备量被称为保险储备。保险储备正常情况下不会动用，只有当存货需求过量或送货延迟时才动用。见图6－4。

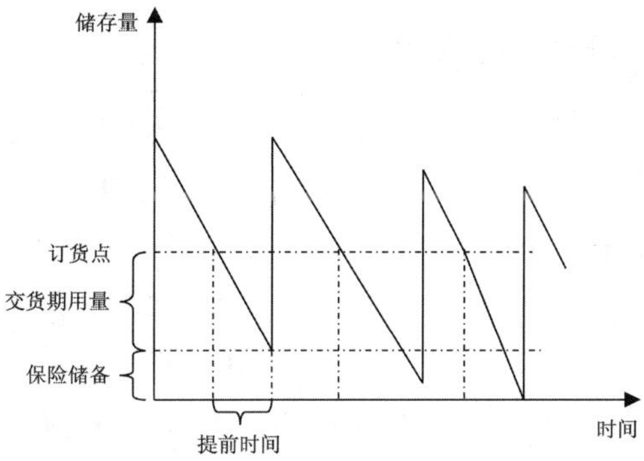

图 6－4　存在保险储备的经济批量模型

存在保险储备的情况下的订货点：

再订货点＝交货时间×每日平均需要量＋保险储备

【例 6－20】　承前例，假设甲布料的保险储备量为 10 米，则：

再订货点＝交货时间×每日平均需要量＋保险储备

＝10×3.3＋10＝43（米）

在有保险储备的情况下，再订货点提高，即在甲布料的库存量还有 43 米时，公司应该发出订单。

建立保险储备可以使企业避免存货短缺造成的损失，但同时存货的储存成本也会升高，建立存货保险储备时，应权衡缺货成本和储存成本，确定合理的保险储备量。

【项目小结】

- 短期经营决策
  - 短期经营决策的相关概念
    - 相关收入与无关收入
    - 相关成本与无关成本
  - 生产决策的基本方法
    - 差量分析法
    - 贡献毛益分析法
    - 成本平衡点分析法
    - 相关成本分析法
  - 生产决策
    - 新产品开发决策
    - 半成品是否深加工决策
    - 亏损产品决策
    - 特殊订货决策
    - 零部件自制或外购决策
    - 生产工艺决策
  - 定价决策
    - 影响价格的因素
    - 定价方法
    - 定价策略
  - 存货决策
    - 存货的功能、目标、成本
    - 经济订货批量的确定

【职业能力训练与案例分析】

一、单项选择题

1. 下列属于无关成本的是（　　）。

A. 沉没成本　　B. 可延缓成本

C. 机会成本　　D. 可分成本

2. 在特殊订货决策中，若企业有剩余生产能力来接受低于正常价格的特殊订货，而且剩余生产能力无法转移，其决策的原则是（　　）。

A. 订货数量多　　B. 不增加专属设备

C. 定价大于单位成本　　D. 提供净贡献毛益

3. 下列情况中，亏损产品肯定停产的条件是（　　）。

A. 亏损产品的贡献毛益大于零

B. 亏损产品的贡献毛益小于零

C. 亏损产品的销售收入大于变动成本

D. 亏损产品的贡献毛益大于零，但小于固定成本

4. 采用贡献毛益分析法评价可行方案时，主要以（　　）作为选优的依据。

A. 固定成本　　B. 单位变动成本

C. 单位贡献毛益　　D. 贡献毛益总额

5. 某零件的外购单价是 10 元，自制的单位变动成本是 6 元，而自制增加的专属成本是 2 000 元，则该零件的成本平衡点为（　　）。

A. 200　　B. 500

C. 400　　D. 800

6. 在新产品开发决策中，如果不追加专属成本，且生产经营能力不确定时，决策应采用的指标是（　　）。

A. 单位贡献毛益　　B. 单位资源贡献毛益

C. 贡献毛益总额　　D. 剩余贡献毛益

7. 在半成品是否深加工的决策中，深加工前的半产品成本属于（　　）。

A. 机会成本　　B. 可分成本

C. 重置成本　　D. 沉没成本

8. 以完全成本加成法定价时，有关成本基数和成数的相关表述正确的是（　　）。

A. 以完全成本加成法定价时，其成本成数包括单位产品的直接材料、直接人工与变动性制造费用

B. 以完全成本加成法定价时，其成本成数包括单位产品的直接材料、直接人工与制造费用

C. 以完全成本加成法定价时，其加成数为目标利润

D. 以完全成本加成法定价时，其加成数包括单位产品的销售费用、管理费用

9. 可以明确归属于某种、某批或某个部门的固定成本是（　　）。

A. 边际成本　　B. 专属成本

C. 不可避免成本　　D. 不可延缓成本

10. 企业按照其产品在市场上的知名度和消费者中的信任程度来制定产品价格的方法，属于（　　）。

A. 渗透定价　　B. 尾数定价

C. 招徕定价　　D. 声望定价

11. 目前从市场上购置一项原有资产所需支付的成本，可以称之为（　　）。

A. 付现成本　　B. 机会成本

C. 重置成本　　D. 差量成本

12. 存货经济订货模型所依据的假设不包括（　　）。

A. 存货总需求量是已知常数

B. 单位订货成本为常数，无批量折扣

C. 仓储条件及所需现金不受限制

D. 允许缺货

13. 在零部件自制或外购的决策中，无关成本是（　　）。

A. 直接材料　　B. 变动制造费用

C. 固定制造费用　　D. 专属固定成本

14. 下列各项不属于存货的变动储存成本的是（　　）。

A. 存货占用资金的应计利息　　B. 紧急额外购入成本

C. 存货的破损和变质损失　　D. 存货的保险费

二、多项选择题

1. 下列成本中，属于相关成本的是（　　）。

A. 差量成本　　B. 可延缓成本

C. 机会成本　　D. 可分成本

2. 下列成本中，属于无关成本的是（　　）。

A. 共同成本　　B. 不可延缓成本

C. 沉没成本　　D. 不可避免成本

3. 短期经营决策的一般方法有（　　）。

A. 贡献毛益分析法　　B. 差量分析法

C. 成本平衡点分析法　　D. 相关成本分析法

4. 下列对于亏损产品生产决策的说法中，正确的是（　　）。

A. 在剩余生产能力无法转移时，只要亏损产品的贡献毛益大于零就应该继续生产

B. 在剩余生产能力能够转移时，只要亏损产品的贡献毛益大于转产产品

的贡献毛益，就应该转产

C. 如果亏损产品停产后，生产亏损产品的设备可以出租，只要租金大于亏损产品的贡献毛益，就应该停产而将设备出租

D. 在具备增产亏损产品的能力而能力无法转移又不增加专属成本的情况下，如果亏损产品的贡献毛益为正数就应该增产

5. 在决定是否接受特殊订货的决策中，下列说法中正确的有（　　）。

A. 在追加订货冲击正常生产量时，当接受追加订货增加的贡献毛益大于由此减少的贡献毛益时，则应该接受订货

B. 在简单条件下，只要特殊订货单价大于单位变动成本，就应该接受订货

C. 当接受订货需要追加专属成本时，只要追加订货的贡献毛益大于专属成本，就应该接受订货

D. 如果不接受订货，可将设备出租，只要追加订货的贡献毛益大于租金，就应该接受订货

6. 某企业一分厂在决定是否将某亏损产品停产时，以下成本项目中属于相关成本的是（　　）。

A. 该产品的变动制造费用　　B. 分配给该产品的厂房折旧费

C. 企业总部分配的成本　　D. 该产品的直接人工成本

7. 半成品是否深加工决策需要考虑的相关成本有（　　）。

A. 加工变动成本　　B. 机会成本

C. 专属成本　　D. 联合成本

8. 影响价格的基本因素有（　　）。

A. 成本因素　　B. 价值因素

C. 竞争因素　　D. 政策法规因素

9. 在下列条件中，具备机会成本特征的有（　　）。

A. 所放弃方案的潜在收益

B. 财务会计核算时，应将机会成本入账

C. 财务会计核算时，机会成本不能入账

D. 机会成本并不会导致企业实际成本支出

10. 采用贡献毛益分析法时，能够作为评价标准的是（　　）。

A. 单位贡献毛益　　B. 贡献毛益总额

C. 目标利润　　D. 单位资源贡献毛益

11. 下列关于不可避免成本的表述正确的是（　　）。

A. 约束性固定成本属于不可避免成本

B. 酌量性固定成本属于不可避免成本

C. 不可避免成本是指通过管理当局决策行为而不能改变其数额的成本

D. 不可避免成本是指可以明确归属于某种、某批或某个部门的固定成本

12. 通常在存货基本模型下确定经济批量时，应考虑的成本有（　　）。

A. 采购成本　　B. 进货成本

C. 储存成本　　D. 缺货成本

13. 在供货企业提供数量折扣的情况下，影响经济订货量的因素是(　　)。

A. 购置成本　　B. 储存成本中的固定成本

C. 储存成本中的变动成本　　D. 订货成本中的变动成本

14. 下列成本中属于相关成本的是(　　)。

A. 专属成本　　B. 共同成本

C. 可延缓成本　　D. 不可延缓成本

15. 零部件自制或外购的决策中，应选择相关成本小的方案，下列属于自制的相关成本的有(　　)。

A. 零件外购成本　　B. 零件自制变动成本

C. 转产的机会成本　　D. 零件生产的专属成本

三、判断题

1. 当边际收入等于边际成本时的销售价格是最优售价。(　　)
2. 产品需求的价格弹性系数比较大时，提高价格将使销售量迅速上升，对这类产品应提高价格。(　　)
3. 某产品表明“原价 250 元，现价 100 元”，这种标价法属于心理定价策略。(　　)
4. 在开发新产品的品种决策中，可用单位贡献毛益的大小作为方案取舍的标准。(　　)
5. 在亏损产品的生产能力无法转移时，只要亏损产品的贡献毛益大于零就不应该停产。(　　)
6. 当特殊订货不冲击正常生产量，如果不追加专属成本，而且剩余生产能力无法转移时，只要特殊订货单价大于单位变动成本，就应该接受订货。(　　)
7. 机会成本并非实际支出，不记入账簿，因此决策中不必考虑。(　　)
8. 专属成本是决策的相关成本。(　　)
9. 采用相关成本分析法的条件是各个备选方案的业务量是确定的。(　　)
10. 成本平衡点是指两个方案单位成本相等时的业务量。(　　)

四、计算分析题

1. 某公司每年生产甲半成品 30 000 件，其单位变动成本为 34 元，固定成本为 294 000 元，销售单价 48 元。如果把甲半成品进一步加工为产成品，销售单价可提高到 58 元，但需追加单位变动成本 6 元，追加固定成本 112 000 元，若不进一步加工，可将追加固定成本的资金购买债券，每年可获债券利息 16 800 元。

要求：做出甲半成品直接出售或深加工的决策。

2. 某厂现有设备的生产能力为 80 000 台时，可用于生产 A 产品和 B 产品。生产A产品，每件需消耗20台时，生产B产品，每件需消耗32台时。两种产品有关资料如表6－14所示。该厂的其他条件要求只能生产其中一种产品。

试分析该厂应该选择哪种产品进行生产?

表6－14　　　　A、B产品资料表　　　　单位：元

项目＼产品	A产品	B产品
单价	30	50
单位变动成本	15	20
单位变动销售及管理费用	1	1.2
固定性制造费用总额	40 000	
固定销售及管理费用总额	12 000	

3. 某公司原来生产A产品，原设计生产能力为120 000机器小时，但实际开工率只有原生产能力的70%，现准备将剩余生产能力用来开发新产品甲或新产品乙。新产品甲、乙的有关资料，如表6－15所示。

要求：

(1) 根据以上资料做出开发哪种新产品较为有利的决策分析。

(2) 如果生产甲新产品需追加专属固定成本1 000元，生产乙新产品需追加专属固定成本1 600元，则决策分析的结论又如何?

表6－15　　　　甲、乙产品有关资料

项目＼产品	甲产品	乙产品
每件定额工时（机器小时）	60	50
单位售价（元）	70	60
单位变动成本（元）	60	51
固定成本总额（元）	30 000	

4. 某公司需要A零件5 000件，可利用现有设备自制也可以外购，外购单价80元，每件运费5元，外购一次差旅费2 000元，每年采购5次。自制的单位产品成本88元，其中变动成本68元，固定性制造费用20元。另外，因自制每月需增加专属固定成本2 500元。如外购，用于生产A零件的现有设备可以出租，每年可获租金50 000元。

要求：做出A零件自制或外购的决策分析。

5. 某公司生产多种产品，2018年A产品亏损5 000元。已知该产品完全成本为15 000元，变动成本率为80%。要求：

(1) 若2019年条件不变，剩余生产能力无法转移。请问2019年应否安排A产品的生产。

（2）剩余生产能力可以对外出租，每年可获租金收入 2 500 元，试做出是否停产的决策。

（3）剩余生产能力可以转产 D 产品 200 件，D 产品单位售价 35 元，单位变动成本 15 元，试做出是否转产的决策。

6. 某公司生产甲产品需用的 A 零件既可以自制，也可以从市场上购入。若从市场上直接采购，进价为每件 500 元；若安排剩余生产能力自行生产，则固定制造费用为 40 万元，其中分摊的固定制造费用为 24 万元，新增的专属固定制造费用为 16 万元，单位零件变动生产成本为 400 元。

要求：

通过成本平衡点分析法确定该公司在什么情况下应自制 A 零件，什么情况下应外购 A 零件。

7. 某企业本年根据正常订货确定 A 产品产量为 1 000 件，正常销售价格为 80 元/件。A 产品单位变动成本为 40 元，单位固定制造费用为 10 元。现有客户要求向该企业追加订货 200 件 A 产品，特殊价格为 50 元/件。

要求：

就以下情况做出是否接受此项特殊订货的决策：

（1）企业最大生产能力为 1 200 件，剩余生产能力无法转移，追加订货不需追加专属成本。

（2）企业最大生产能力为 1 160 件，剩余生产能力无法转移，追加订货不需追加专属成本。

（3）企业最大生产能力为 1 180 件，剩余生产能力可以对外出租，可获租金收入 200 元，追加专属成本 1 100 元。

8. 某公司准备加工丙产品，有两种加工工艺可供选择：一种是采用普通加工工艺，即使用普通车床加工，其年固定成本为 2 000 元，产品单位变动成本 180 元；另一种是采用先进的加工工艺，即使用数控机床，年固定成本 10 000 元，产品单位变动成本比普通机床降低 80 元。丙产品的单位售价为 350 元。

要求：

（1）计算成本平衡点。

（2）若丙产品的年生产量为 200 件，则公司应采用普通加工工艺还是先进加工工艺？

9. 某企业每年需耗用 A 材料 45 000 件，单位材料年储存成本为 20 元，平均每次进货费用为 180 元，A 材料全年平均单价为 240 元。假定不存在数量折扣，不会出现陆续到货和缺货现象。

要求：

（1）计算 A 材料的经济进货批量。

（2）计算 A 材料的年度最佳进货批数。

（3）计算 A 材料的相关进货成本。

（4）计算 A 材料的相关储存成本。

(5) 计算A材料的经济进货批量平均占用资金。

10. 某公司每年需用某种材料6 000件，每次订货成本为150元，每件材料的年储存成本为5元，该种材料的采购价为20元/件，一次订货量在2 000件以上时可获2%的折扣，在3 000件以上时可获5%的折扣。

要求：

(1) 公司每次采购多少时成本最低？

(2) 若公司最佳安全储备量400件，再订货点为1 000件，假设一年50周，每周工作5天，则公司订货至到货的时间为多少天？

(3) 公司存货平均资金占用为多少天？

五、案例分析

1. 甲公司是一家汽车配件生产企业，年制造并销售100万件某种配件。假设该配件的制造成本是3 000万元，单位制造成本为30元。年底时，一家邮购商行给甲公司发来一份单价为26元、订购10万件产品的特殊订单，这份订单满足以下条件：(1) 不会对甲公司的日常业务产生任何影响；(2) 不会存在任何因价格歧视而引发的垄断问题；(3) 不会影响固定成本总额；(4) 不会发生任何额外的变动销售费用和管理费用；(5) 使用的是该公司的闲置生产能力。甲公司相关指标如表6－16所示。

表6－16 甲公司有关指标 单位：万元

项目	金额
销售收入	4 000
减：变动费用	
制造费用	2 400
销售与管理费用	220
贡献毛益	1 380
减：固定费用	
制造费用	600
销售与管理费用	580
经营收益	200

请问：甲公司应该接受这份订单吗？

假设甲公司接到一份10万件产品的特殊订单，该订单有如下条款：销售价格为27元，如果接受这份订单，需要帮公司获取这份潜在订单的代理人支付8万元的佣金。那么，是否应该接受这份特殊订单？

如果以每件23元的价格购买25万件产品，且无需支付8万元的代理费用，情况又怎样？

2. 对沉没成本的正确理解是：既然是已经无法收回的成本，那么它就不应该影响你对未来的决策。但在现实中，很多人因为心理作用，往往让沉没成本影响自己的决定。

例如，有人做过这样的实验：让一群人去购买某个剧院的门票，但是，他们的购买价格并不一样。有些人购买的价格是 1 000 元，有些人是 800 元，有些人是 500 元，还有些人是免费赠送。你预测一下，在一年内，去剧院看演出的次数最多的是哪些人？你是怎样看待这件事情的？

项目七　长期投资决策

【学习目标】

- □ 会计算项目投资静态评价指标与动态评价指标
- □ 能运用项目投资决策评价指标进行决策
- □ 掌握项目决策方法：净现值法、共同年限法和等额年金法
- □ 能够进行固定资产更新改造决策

任务一　项目投资管理认知

一、企业投资的意义

投资一般是指经济主体为了获取经济效益而投入资金或资源，用以转化为实物资产或金融资产的行为和过程。从特定企业角度看，投资就是企业为获取收益而向一定对象投放资金的经济行为。

企业通过投资配置资产，才能形成生产能力，取得未来的经济利益。

（一）投资是企业生存与发展的基本前提

投资是一种资本支出行为，企业无论是维持简单再生产还是实现扩大再生产，如新建一个企业、建造一条生产线、开发一种新产品等，都要通过购建流动资产和长期资产，形成生产条件和生产能力，确立企业经营方向，配置企业各类资产，形成企业综合生产经营能力。投资决策的正确与否，直接关系到企业的兴衰成败。

（二）投资是实现财务管理目标的基本前提

企业财务管理的目标是不断提高企业价值，为股东创造财富，因此要采取各项措施增加利润，降低风险。企业要想获得利润，必须进行投资，在投资中获得效益。

（三）投资是企业控制风险的重要手段

通过投资，企业将资金投向生产经营的关键环节或薄弱环节，可以使各种

市场经营能力配套、平衡、协调。通过投资，可以实现多元化经营，将资金投放于经营相关程度较低的不同产品或不同行业，分散风险，稳定收益来源，降低资产风险。

二、投资的分类

投资是一项很复杂的经济活动，为了加强管理和提高投资收益，有必要对投资进行科学的分类。

(一) 直接投资和间接投资

按照投资活动与企业本身的生产经营活动的关系，投资分为直接投资和间接投资。

直接投资是指将资金直接投放于形成生产经营能力的实体性资产，直接谋取经营利润的企业投资。通过直接投资，购买并配置劳动力、劳动资料和劳动对象等具体生产要素，开展生产经营活动。

间接投资是指将资金投放于股票、债券等权益性资产上的企业投资。之所以称为间接投资，是因为股票、债券的发行方，在筹集到资金后，再将资金投放于形成生产经营能力的实体性资产，获取经营利润。间接投资方并不直接介入具体生产经营过程，通过股票、债券上所约定的收益分配权利，获取股利或利息收入，分享直接投资的经营利润。

(二) 对内投资和对外投资

按照投资的方向不同，分为对内投资和对外投资。从企业的角度看，对内投资就是项目投资，是指企业将资金投放于为取得供本企业生产经营使用的固定资产、无形资产、其他资产和垫支流动资金而形成的一种投资。对外投资是指企业为购买国家及其他企业发行的有价证券或其他金融产品，或以货币资金、实物资产、无形资产向其他企业（如联营公司、子公司等）注入资金而发生的投资。

项目投资以特定项目为对象，可分为新建项目和更新改造项目两大类型。新建项目投资以新增生产能力为目的，属于外延式扩大再生产；更新改造项目投资以恢复和改善生产能力为目的，属于内涵式扩大再生产。

(三) 项目投资与证券投资

证券投资是指投资者购买股票、债券、基金等有价证券以及这些有价证券的衍生品，以获取红利、利息及资本利得的投资行为和证券投资过程，是间接投资的重要形式。

项目投资是一种以特定项目为对象，直接与新建项目或更新改造项目有关的长期投资行为。项目投资的目的在于改善生产条件、扩大生产能力，以获取更多的利润。

(四) 独立投资与互斥投资

按照投资项目之间的相互关联关系，企业投资可以划分为独立投资和互斥投资。

独立投资是相容性投资，各个投资项目之间互不关联、互不影响，可以同时并存。独立投资项目决策考虑的是方案本身是否满足某种决策标准。例如，建造一个饮料厂和建造一个纺织厂，它们并不冲突，可以同时进行，只要两个项目的预期投资报酬率达到 20%，即可采纳。这里 20% 的预期投资报酬率就是一种预期的决策标准。

互斥投资是非相容性投资，各个投资项目之间相互关联、相互替代，不能同时并存。因此，互斥投资项目决策考虑的是各方案之间的排斥性，互斥决策需要从每个可行性方案中选择最优方案。例如，企业要么对现有设备进行更新，要么购买新设备，两者只能选其一，则对现有设备进行更新和购买设备就是互斥的。互斥投资项目决策考虑的是各方案之间的排斥性，也许每个方案都是可行的，但互斥决策需要从中选择最优方案。

三、项目投资程序

企业项目投资的程序主要包括以下几个步骤：

1. 提出项目投资的领域和对象。这是项目投资程序的起点，是以企业的长远发展战略、中长期投资计划和投资环境的变化为基础，同时把握良好投资机会的前提下，由企业管理当局或企业高层管理人员提出，或者由企业的各级管理部门和相关部门领导提出。

2. 评价投资方案的可行性。在评价投资项目的环境、市场、技术和生产可行性的基础上，通过计算项目的有关现金流量指标以及项目的有关评估指标（如净现值、内含报酬率等），对项目投资的财务可行性做出总体评价。

3. 投资方案的比较与选择。在财务可行性评价的基础上，对可供选择的多个投资方案进行比较和选择。

4. 投资方案的执行。即投资行为的具体实施。

5. 投资方案再评价。在投资项目的执行过程中，应注意评价原来做出的投资决策是否合理，是否正确。一旦出现新的情况，就要随时根据变化的情况做出新的评价。如果情况发生重大变化，原来投资决策变得不合理，那么，就要进行是否终止投资或怎样终止投资的决策，以避免更大的损失。

四、项目经济寿命周期的构成

项目经济寿命周期是指投资项目从投资建设开始到最终清理结束整个过程的全部时间，即该项目的有效持续期间。完整的项目经济寿命周期包括投资期（又叫建设期）和营业期。其中，投资期的第一年年初称为建设起点，投资期的最后一年年末称为投产日，从投产日到终结点之间的时间间隔称为营业期，营业期包括试产期和达产期（完全达到设计生产能力）两个阶段。试产期是指项目投入生产，但生产能力尚未完全达到设计能力时的过渡阶段。达产期，是指生产运营达到设计预期水平后的时间。营业期一般应根据项目主要设备的经济使用寿命期确定。

项目经济寿命周期、投资期和营业期三者之间的关系（见图 7－1）可用下式表示：

项目经济寿命周期 = 投资期 + 营业期

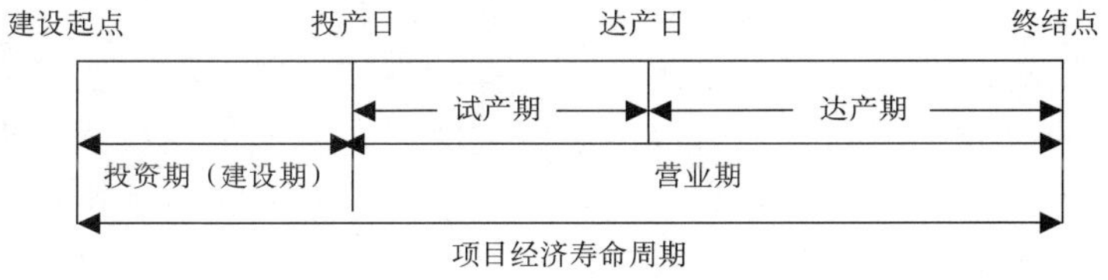

图 7 - 1　项目经济寿命周期构成

反映项目投资金额的指标主要有原始投资和项目投资总额。原始投资（又称初始投资）等于企业为使该项目完全达到设计生产能力、开展正常经营而投入的全部现实资金，包括建设投资和流动资金投资两项内容。建设投资是在建设期内按一定生产经营规模和建设内容进行的投资。流动资金投资是指项目投产前后分次或一次投放于营运资金项目的投资增加额，又称垫支流动资金或营运资金投资。在财务可行性评价中，原始投资与建设期资本化利息之和为项目总投资，这是一个反映项目投资总体规模的指标。

任务二　现金流量预测

一、现金流量的概念

项目投资决策的主要依据是项目的现金流量。现金流量（Cash Flow）是指一个项目投资引起的企业未来一定期间所发生的现金收支。这时的“现金”是广义的现金，不仅包括各种货币资金，而且还包括项目投资所需要投入的企业现有的非货币资源的变现价值。

新建项目的现金流量包括现金流出量、现金流入量和现金净流量三个具体概念。

1. 现金流出量（Cash Out，CO）。一个项目投资的现金流出量是指该项目投资引起企业的现金支出的增加量，主要包括固定资产投资、无形资产投资、长期待摊费用支出和流动资产投资四个部分。

2. 现金流入量（Cash In，CI）。一个项目投资的现金流入量是指该项目投资引起企业的现金收入的增加量，主要包括营业现金流入、回收固定资产残值和回收流动资金。

3. 现金净流量（Net Cash Flow，NCF）。项目投资的现金净流量是指在项目计算期内每年现金流入量与每年现金流出量之间的差额所形成的序列指标。计算公式为：

某年现金净流量 = 该年现金流入量 - 该年现金流出量

$= CI_t - CO_t \ (t = 0, 1, 2, \cdots, n)$

一般情况下，投资决策中的现金流量通常是指现金净流量（NCF）。现金净流量具有以下两个特征：第一，无论是在生产经营期内还是在建设期内都存在现金净流量的范畴；第二，由于项目计算期不同阶段上的现金流入量和现金流出量发生的可能性不同，使得各个阶段上的现金净流量在数值上表现出不同的特点，如建设期内的现金净流量一般小于或者等于零；在生产经营期内的现金净流量则多为正值。

二、投资期现金流量的预测

投资项目的现金流量预测，可以按时间分为三个阶段：投资期、营业期和终结期。

投资阶段的现金流量主要是现金流出量，即在该投资项目上的原始投资，包括长期资产投资和营运资金垫支。

1. 长期资产投资。长期资产投资主要包括固定资产、无形资产等长期资产所需的现金支出，具体包括：

（1）固定资产投资。即房屋和建筑物、机器设备等的购入或建造、运输、安装成本等。

（2）无形资产投资。企业用于购买专利使用权、商标使用权、专有技术、土地使用权等的支出。

（3）其他投资费用。与项目投资有关的筹建费用、咨询费、培训费等。如果该项目的筹建费、开办费较高，也可将其计入递延资产。

2. 营运资金垫支。营运资金垫支是指投资项目形成生产能力之后，在流动资产上追加的投资。生产能力的扩大，原材料、在产品、产成品等流动资产的规模随之扩大，因此需追加投入日常营运资金。同时，生产能力的扩大，应付账款等结算性流动负债（又叫自发性负债）也随之增加，自动补充了一部分日常营运资金的需要。因此，投资项目垫支的营运资金是追加的流动资产增加量与结算性流动负债增加量的净差额。

三、营业期现金流量的预测

营业现金流量是指投资项目投入使用后，在其寿命期内由于生产经营所带来的现金流入和现金流出的数量。

营业现金流入量主要是因项目投资使企业增加的营业收入。营业现金流出量主要包括因项目投资使企业增加的付现成本和所得税。所谓付现成本是指每年需要支付现金的成本。成本中不需要每年支付现金的部分称为非付现成本，包括折旧与摊销。年营业现金净流量可用下列公式计算：

营业现金净流量 = 营业收入 − 付现成本 − 所得税

付现成本 = 营业成本 − 非付现成本

营业现金净流量 = 营业收入 −（营业成本 − 非付现成本）− 所得税

= 净利润 + 非付现成本

=（营业收入 − 营业成本）×（1 − 所得税税率）+ 非付现成本

四、终结期现金流量的预测

终结现金流量是指项目经济寿命完结时发生的现金流量。主要包括：

（一）固定资产的变价净收入

项目终结时，原有固定资产将退出生产经营，企业需对固定资产进行清理。固定资产的变价净收入是指固定资产出售或报废时的出售价款或残值收入扣除清理费用后的净额，应当作为项目投资的一项现金流入。

（二）垫支的营运资金的收回

固定资产出售或报废，投资项目的经济寿命终结后，企业将与该项目相关的存货出售，应收账款收回，应付账款也随之偿付。营运资金恢复到原有水平，项目开始垫支的营运资金在项目结束时得到回收，应作为该项目的现金流入。

【例 7－1】 羽裳服装公司准备购入一项设备以扩充公司的生产能力。现有甲、乙两个方案可供选择，甲方案需投资 10 000 元，使用寿命为 5 年，采用直线法计提折旧，5 年后设备无残值。5 年中每年销售收入为 6 000 元，每年的付现成本为 2 000 元。乙方案需投资 12 000 元，采用直线法计提折旧，使用寿命也为 5 年，5 年后有残值收入 2 000 元。5 年中每年的销售收入为 8 000 元，付现成本第一年为 3 000 元，以后随着设备陈旧，逐年将增加修理费 400 元，另需垫支营运资金 3 000 元，该公司所得税率为 25%，资本成本率为 10%。

根据以上资料，预测甲、乙两个方案的现金流量。

（1）计算各方案的年折旧额。

甲方案年折旧额＝10 000÷5＝2 000（元）

乙方案年折旧额＝（12 000－2 000）÷5＝2 000（元）

（2）预测各方案的营业现金流量。

营业现金流量计算可采用列表方式，本案例中两方案的营业现金流量如表 7－1所示。

表 7－1 **现金流量计算表** 单位：元

方案	项目	1	2	3	4	5
甲方案	销售收入	6 000	6 000	6 000	6 000	6 000
	付现成本	2 000	2 000	2 000	2 000	2 000
	折旧	2 000	2 000	2 000	2 000	2 000
	税前利润	2 000	2 000	2 000	2 000	2 000
	所得税	500	500	500	500	500
	税后净利	1 500	1 500	1 500	1 500	1 500
	营业现金流量	3 500	3 500	3 500	3 500	3 500

续表

方案	项目	1	2	3	4	5
乙方案	销售收入	8 000	8 000	8 000	8 000	8 000
	付现成本	3 000	3 400	3 800	4 200	4 600
	折旧	2 000	2 000	2 000	2 000	2 000
	税前利润	3 000	2 600	2 200	1 800	1 400
	所得税	750	650	550	450	350
	税后净利	2 250	1 950	1 650	1 350	1 050
	营业现金流量	4 250	3 950	3 650	3 350	3 050

（3）结合投资期初始现金流量和终结期现金流量确定各备选方案的全部现金流量。

本案例两个方案的全部现金流量如表 7－2。

表 7－2　　全部现金流量表　　单位：元

方案	项目	0	1	2	3	4	5
甲方案	固定资产投资	－10 000					
	营业现金流量		3 500	3 500	3 500	3 500	3 500
	现金流量合计	－10 000	3 500	3 500	3 500	3 500	3 500
乙方案	固定资产投资	－12 000					
	营运资金垫资	－3 000					
	营业现金流量		4 250	3 950	3 650	3 350	3 050
	固定资产残值						2 000
	营运资金回收						3 000
	现金流量合计	－15 000	4 250	3 950	3 650	3 350	8 050

现金流量的预测也可以用简化法。简化法是指在特定条件下直接利用公式来确定项目净现金流量的方法。例如：

企业拟构建一项固定资产，需在建设起点一次投入全部资金 1 100 万元，均为自有资金，建设期为一年。固定资产预计使用寿命 10 年，期末有 100 万元净残值，按直线法折旧。预计投产后每年可使企业新增 100 万元息税前利润。适用的企业所得税税率为 25%。

根据上述资料，各项指标计算如下：

项目计算期＝1＋10＝11（年）

投产后第 1～10 年每年的折旧额＝（1 100－100）÷10＝100（万元）

建设期净现金流量：

NCF_0 ＝－1 100 万元

NCF_1 ＝0 万元

运营期净现金流量：

$NCF_{2\sim10}=100\times(1-25\%)+100=175$（万元）

$NCF_{11}=100\times(1-25\%)+100+100=275$（万元）

任务三　项目投资财务评价指标的计算

项目投资决策，是对各个可行方案进行分析和评价，并从中选择最优方案的过程。投资项目决策的分析评价，需要专门的评价指标和方法。常用的财务可行性评价指标有净现值、现值指数、内含报酬率和回收期等。这些指标可以用于独立项目的评价。

按照是否考虑资金时间价值，评价投资项目财务可行性的指标可分为静态评价指标和动态评价指标。静态评价指标在计算时不需要考虑资金时间价值；动态评价指标在计算过程中则要充分考虑和利用资金时间价值。

一、静态评价指标的计算

静态评价指标，又叫非折现现金流量指标，在计算时不需要考虑资金时间价值，主要包括静态投资回收期和会计报酬率。

根据例7－1，运用静态评价指标对甲、乙两个项目进行投资决策。

（一）静态投资回收期的计算

静态投资回收期是指在不考虑资金时间价值的情况下，以投资项目经营净现金流量抵偿原始总投资所需要的全部时间。它代表收回投资所需要的年限。回收年限越短，项目越有利。它有“包括建设期的投资回收期（记作PP）”和“不包括建设期的投资回收期（记作PP'）”两种形式。

1. 计算方法。根据投资回收期的定义，投资回收期T满足以下关系：$\sum_{t=0}^{T} NCF_t=0$，具体计算应视实际情况而定。

（1）如果某一项目运营期内前若干年每年的营业净现金流量（NCF）相等，且其合计大于或等于建设期发生的原始投资合计，则投资回收期可按下列公式计算：

$$不包括建设期的投资回收期（PP'）=\frac{建设期发生的原始投资合计}{运营期内前若干年每年相等的净现金流量}$$

包括建设期的投资回收期（PP）＝不包括建设期的投资回收期＋建设期

【例7－2】　根据例7－1资料，羽裳服装公司甲方案的投资回收期可计算如下：

$$投资回收期=\frac{10\ 000}{3\ 500}=2.86（年）$$

【例7－3】　假设羽裳服装公司某投资项目的现金净流量如下：NCF_0为－1 000万元，NCF_1为0万元，$NCF_{2\sim10}$为200万元，NCF_{11}为300万元。

根据以上资料，计算静态投资回收期如下：

建设期为1年，投产后2～10年现金净流量相等，即运营期前9年现金净流量均为200万元。

$$不包括建设期的投资回收期（PP'）=\frac{1\ 000}{200}=5（年）$$

包括建设期的投资回收期（PP）=5+1=6（年）

（2）如果每年的营业净现金流量（NCF）不相等，计算投资回收期要逐年计算累计现金净流量和各年尚未回收的投资额，来确定包括建设期的投资回收期，再推算出不包括建设期的投资回收期。

$$包括建设期的投资回收期（PP）=累计现金净流量最后一次出现负值的年数+\frac{当年累计现金净流量绝对值}{下年现金净流量}$$

不包括建设期的投资回收期（PP'）=包括建设期的投资回收期－建设期

【例7－4】 根据例7－1资料，羽裳服装公司乙方案的累计现金流量的计算如表7－3所示。

表7－3　乙方案累计现金流量计算表　单位：元

项目＼年数	0	1	2	3	4	5
现金净流量	－15 000	4 250	3 950	3 650	3 350	8 050
累计现金净流量	－15 000	－10 750	－6 800	－3 150	200	8 250

$$投资回收期=3+\frac{|-3\ 150|}{3\ 350}=3.94（年）$$

【例7－5】 假设羽裳服装公司某投资项目的累计现金流量如表7－4所示。

表7－4　某投资项目的累计现金流量计算表　单位：元

项目＼年数	0	1	2	3	4	5	6
现金净流量	－100	－80	40	60	60	60	90
累计现金净流量	－100	－180	－140	－80	－20	40	130

$$包括建设期的投资回收期=4+\frac{|-20|}{60}=4.33（年）$$

不包括建设期的投资回收期=4.33－1=3.33（年）

2. 决策原则。在以投资回收期进行投资决策时，决策者通常会设定一个标准投资回收期。单项方案决策，如果该项目的投资回收期短于标准回收期，此方案可行，否则方案不可行。多个备选方案的互斥决策中，投资回收期短于标准回收期且最短的方案为优。

3. 指标评价。静态投资回收期指标的优点：计算简便；容易为决策人理解；可以直接利用回收期之前的净现金流量信息，可以大体上衡量项目的流动性和风险。

静态投资回收期指标的缺点：没有考虑货币的时间价值；没有考虑回收期满后的现金流量状况。通常情况下，有战略意义的投资，早期的收益较低而中后期收益较高，运用投资回收期进行决策可能导致决策者优先考虑急功近利的项目，因此，仅作为投资项目财务可行性分析的次要指标。

假设有两个方案，其预计现金流量详见表7－5。

表7－5　预计现金流量表　单位：元

项目＼年数	0	1	2	3	4	5
A方案现金流量	－10 000	4 000	6 000	4 000	4 000	4 000
B方案现金流量	－10 000	4 000	6 000	6 000	6 000	6 000

两个方案的回收期相同，都是两年，如果用回收期进行评价，似乎两者不相上下，但实际上B方案明显优于A方案。

（二）会计报酬率的计算

1. 计算方法。会计报酬率是投资项目年平均净利润占原始投资额的比率，其计算公式为：

$$会计报酬率=\frac{年平均净利润}{原始投资额}\times100\%$$

【例7－6】　根据例7－1资料，羽裳服装公司甲乙两个投资方案的会计报酬率分别为：

$$甲方案会计报酬率=\frac{1\ 500}{10\ 000}\times100\%=15\%$$

$$乙方案会计报酬率=\frac{(2\ 250+1\ 950+1\ 650+1\ 350+1\ 050)/5}{15\ 000}\times100\%$$

$$=11\%$$

2. 决策原则。在以会计报酬率进行投资决策时，决策者通常会设定一个必要投资报酬率。在单项方案决策中，如果该项目的会计报酬率高于必要投资报酬率，此方案可行，否则方案不可行。在多个备选方案的互斥决策中，选用会计报酬率高于必要投资报酬率且最高的方案。

3. 指标评价。会计报酬率指标的优点：计算简便，易于理解；使用财务报告的数据，容易取得；考虑了整个项目寿命期的全部利润。

会计报酬率指标的缺点：没有考虑货币的时间价值；没有利用现金流量信息，只能作为投资项目财务可行性分析的辅助指标。

二、动态评价指标的计算

动态评价指标，又叫折现现金流量指标，在计算过程中充分考虑和利用货币时间价值，主要包括净现值、现值指数、内含报酬率和动态投资回收期。

根据例7－1，再运用动态评价指标对甲、乙两个项目进行投资决策。

（一）净现值的计算

净现值是指在项目计算期内，按照预定的折现率计算的所有现金净流量的现值之和，记为NPV（Net Present Value）。实际上，净现值就是投资方案未来现金流入量现值与现金流出量现值之间的差额。如果净现值大于零，说明该方案的实际报酬率大于预定的折现率；如果净现值等于零，说明方案的实际报酬率等于预定的折现率；如果净现值小于零，说明方案的实际报酬率小于预定的折现率。

1. 计算方法。净现值计算公式为：

$$\text{净现值(NPV)} = \sum_{t=0}^{n}(\text{第 t 年的现金净流量} \times \text{第 t 年的复利现值系数})$$

或：净现值（NPV）＝现金流入量现值－现金流出量现值

净现值的计算一般按以下步骤进行：

（1）计算出各期的现金净流量；

（2）按设定的折现率，将投资项目各期所对应的复利现值系数通过查表确定下来；

（3）将各期现金净流量与其对应的复利现值系数相乘计算出现值；

（4）最后加总各期现金净流量的现值，即得到该投资项目的净现值。

【例7－7】 根据例7－1资料，羽裳服装公司甲、乙两个投资方案的净现值分别为：

甲方案：$NPV = -10\ 000 + 3\ 500 \times (P/A,\ 10\%,\ 5)$

$= -10\ 000 + 3\ 500 \times 3.7908 = 3\ 267.80$（元）

乙方案：$NPV = -15\ 000 + 4\ 250 \times (P/F,10\%,1) + 3\ 950 \times (P/F,10\%,2) + 3\ 650 \times (P/F,10\%,3) + 3\ 350 \times (P/F,10\%,4) + 8\ 050 \times (P/F,10\%,5)$

$= -15\ 000 + 4\ 250 \times 0.9091 + 3\ 950 \times 0.8264 + 3\ 650 \times 0.7513 + 3\ 350 \times 0.6830 + 8\ 050 \times 0.6209$

$= 2\ 156.50$（元）

2. 决策原则。如果净现值大于零，方案可行，说明该方案的实际报酬率大于要求的报酬率；如果净现值小于零，方案不可行，说明该方案的实际报酬率小于要求的报酬率；如果净现值等于零，说明该方案的实际报酬率等于要求的报酬率，方案也是可行的。

3. 指标评价。净现值指标的优点如下：考虑了时间价值和风险；利用了项目计算期内的全部现金流量信息；实用性强，能基本满足项目年限相同的互斥投资方案决策。净现值是投资项目财务可行性分析的主要指标。

净现值是一个绝对数指标，有比较明显的缺点，主要表现在：

（1）所采用的折现率不易确定。如果两个方案采用不同的折现率折现，采用净现值法不能得出正确结论。同一方案中，如果要考虑投资风险，要求的风险报酬率不易确定。

（2）不适用于独立方案的比较决策。如果各方案的原始投资额现值不相等，有时无法做出正确决策。在独立方案比较中，尽管某项目净现值大于其他项目，但所需投资额大，获利能力可能低于其他项目，而该项目与其他项目又是非排斥的，因此只凭净现值无法决策。上例中，甲方案和乙方案的净现值都大于零，但两个方案的原始投资额不同，无法利用净现值直接决策。

（3）净现值不能直接对寿命期不同的互斥方案进行决策。如，某项目净现值小，但寿命期短；另一项目净现值大，但寿命期较长。两个项目由于寿命期不同，其净现值是不可比的。如采用净现值法对寿命期不同的投资方案进行决策，需要将各方案转化为相同寿命期再进行比较。

（二）现值指数的计算

现值指数又称作获利指数、现值比率，是指投资方案未来现金净流量总现值与原始投资额总现值的比值，记为 PI（Profitability Index）。现值指数能够反映出每一元初始投资给企业增加的现值毛收益。

1. 计算方法。现值指数的计算公式为：

$$现值指数（PI）=\frac{未来现金净流量总现值}{原始投资额总现值}$$

【例 7－8】 根据例 7－1 资料，羽裳服装公司甲、乙两个投资方案的现值指数分别为：

$$甲方案：PI=\frac{3\ 500\times(P/A,10\%,5)}{10\ 000}=1.33$$

乙方案：

$$PI=\frac{4\ 250\times(P/F,10\%,1)+3\ 950\times(P/F,10\%,2)+3\ 650\times(P/F,10\%,3)+3\ 350\times(P/F,10\%,4)+8\ 050\times(P/F,10\%,5)}{15\ 000}$$

$$=1.14$$

2. 决策原则。现值指数是一个相对数指标。在单项方案决策中，如果该方案的现值指数大于或等于 1，此方案可行，说明方案实施后的期望报酬率大于或等于必要报酬率；若现值指数小于 1，方案不可行，说明方案实施后的期望报酬率小于必要报酬率。多个备选方案的互斥决策中，采用现值指数超过 1 最多的投资项目。现值指数越大，方案越好。上例中，甲方案的现值指数大于乙方案，因此，甲方案更好。

3. 指标评价。现值指数指标的优点：考虑了资金的时间价值；由于现值指数是相对数指标，能够反映项目的投资效率，有利于在原始投资额不同的投资方案之间进行对比。

现值指数指标的缺点：无法直接反映投资项目的实际收益率。

（三）内含报酬率的计算

内含报酬率又称为内部收益率，是指能够使未来现金流入量现值等于未来现金流出量现值的折现率，或者说是使得投资项目净现值等于零的折现率，记为 IRR（Internal Rate of Return）。内含报酬率是投资项目本身可达到的报酬率。

1. 计算方法。

令 $NPV = \sum_{t=0}^{n} \frac{NCF_t}{(1+i)^t} = 0$，得出的 i 即为内含报酬率。

内含报酬率的计算可以分为两种情况：

(1) 如果建设期为零，全部投资于建设起点一次性投入，每年的 NCF 相等，可采用年金计算方法。由内含报酬率的定义可知：

$NCF \times (P/A, IRR, n) - NCF_0 = 0$

$(P/A, IRR, n) = \frac{NCF_0}{NCF}$

然后查年金现值系数表，求出内含报酬率。具体计算过程如下：

第一步，计算年金现值系数。

$(P/A, IRR, n) = \frac{NCF_0}{NCF}$

第二步，查年金现值系数表。若恰好在年金现值系数表中找到对应的期数和系数，则该折现率为内含报酬率。通常会在相同的期数内，找到与计算的年金现值系数相邻近的较大和较小的两个系数及对应的折现率。

第三步，根据上述两个邻近的折现率和已求得的年金现值系数，采用插值法计算出该投资方案的内含报酬率。

【例 7-9】 根据例 7-1 资料，羽裳服装公司甲方案的内含报酬率为：

计算年金现值系数：

$(P/A, IRR, 5) = \frac{10\ 000}{3\ 500} = 2.8571$

查年金现值系数表：

$(P/A, 22\%, 5) = 2.8636$；$(P/A, 23\%, 5) = 2.8035$

内插法计算内含报酬率：

$$\frac{IRR - 22\%}{23\% - 22\%} = \frac{2.8571 - 2.8636}{2.8035 - 2.8636}$$

得出甲方案内含报酬率：$IRR = 22.11\%$

(2) 如果每年 NCF 不相等，采用试误法逐次测试。步骤如下：

第一步，先预估一个折现率，并按此折现率计算净现值。如果计算出的净现值为正数，则表明内含报酬率大于预估的折现率，应提高折现率再次测算；如果计算出的净现值为负数，则表明内含报酬率小于预估的折现率，应降低折现率再次测算。经过如此反复的测算，找到使净现值由正到负且比较接近于 0 的两个折现率。

第二步，根据上述两个邻近的折现率再用插值法，计算出方案的实际内含报酬率。

【例 7-10】 根据例 7-1 资料，羽裳服装公司乙方案的内含报酬率见表 7-6。

表 7-6　　乙方案内含报酬率计算表　　单位：元

年度	每年 NCF	测试 13%		测试 14%		测试 16%	
		复利现值系数	现值	复利现值系数	现值	复利现值系数	现值
0	-15 000	1.000	-15 000	1.000	-15 000	1.000	-15 000
1	4 250	0.8850	3 761.25	0.8772	3 728.10	0.8621	3 663.93
2	3 950	0.7831	3 093.25	0.7695	3 039.53	0.7432	2 935.64
3	3 650	0.6931	2 529.82	0.6750	2 463.75	0.6407	2 338.56
4	3 350	0.6133	2 054.55	0.5921	1 983.54	0.5523	1 850.21
5	8 050	0.5428	4 369.54	0.5194	4 181.17	0.4761	3 832.61
NPV	—	—	808.41	—	396.09	—	-379.05

内插法计算内含报酬率：

$$\frac{IRR-14\%}{16\%-14\%}=\frac{0-396.09}{-379.05-396.09}$$

得出乙方案内含报酬率：IRR = 15.05%

2. 决策原则。单项方案决策，如果计算出的内含报酬率大于或等于企业的资本成本或必要报酬率就采纳；反之，则拒绝。多个备选方案的互斥决策中，应选用内含报酬率超过资本成本或必要报酬率最多的投资项目。羽裳公司甲、乙两个方案的内含报酬率皆大于资本成本 10%，但甲方案的内含报酬率更高，则甲方案更优。

3. 指标评价。内含报酬率指标的优点：考虑了货币时间价值；反映了投资项目可能达到的真实报酬率；有利于对原始投资额不同的项目进行决策。

内含报酬率指标的缺点：

（1）计算过程比较复杂，尤其是每年 NCF 不等的投资项目，一般要经过多次测试才能算出；当经营期大量追加投资时，有可能导致多个内含报酬率出现，或偏高或偏低，缺乏实际意义。

（2）在互斥投资方案决策时，如果各方案的原始投资额不相等，有时无法做出正确的决策。某一方案的原始投资额低，净现值小，但内含报酬率可能较高；而另一方案原始投资额高，但净现值大，但内含报酬率可能较低。

（四）动态投资回收期的计算

为了克服静态投资回收期没有考虑货币时间价值的缺点，人们提出了动态投资回收期（又叫折现回收期）。动态投资回收期是在考虑货币时间价值的情况下，以项目现金流入量抵偿全部投资所需要的时间。它是使下式成立的 n。

$$\sum_{i=0}^{n}\frac{I_t-O_t}{(1+i)^t}=0$$

式中：n 表示项目期限；I_t表示第 t 年的现金流入量；O_t表示第 t 年的现金流出量；i 表示资本成本。

【例 7-11】　根据例 7-1 资料，羽裳服装公司甲方案的动态投资回收期如表7－7所示。

表7－7　　甲方案动态投资回收期计算表　　单位：元

项目＼年度	0	1	2	3	4	5
现金净流量	－10 000	3 500	3 500	3 500	3 500	3 500
折现系数	1	0.9091	0.8264	0.7513	0.6830	0.6209
折现后现金流量	－10 000	3 181.85	2 892.40	2 629.55	2 390.50	2 173.15
累计折现后现金流量	－10 000	－6 818.15	－3 925.75	－1 296.20	1 094.30	3 267.45

从表7－7可以看出，在考虑货币时间价值后，甲方案的动态投资回收期为：

$$\text{投资回收期} = 3 + \frac{1\ 296.20}{2\ 390.50} = 3.54\ (\text{年})$$

动态投资回收期和静态投资回收期有共同的局限性：在计算回收期时，两者只考虑了未来现金净流量（或现值）总和中等于原始投资额（或现值）的部分，没有考虑超过原始投资额（或现值）的部分。

任务四　项目投资决策方法及应用

如前所述，按照投资项目之间的相互关联关系，企业投资可以划分为独立投资和互斥投资。对于独立投资，各个投资项目之间互不关联、互不影响，可以同时并存。任务三中介绍的净现值、现值指数、内含报酬率和投资回收期等可用于独立投资项目的决策。

互斥投资项目，是指接受一个项目就必须放弃另一个项目。它通常是为解决一个问题设计的两个备选方案。如，为了生产一个新产品，可以选择进口设备，也可以选择国产设备，企业只需购买其中之一即可解决目前问题，不会同时购置。

对于互斥项目，如果一个项目的所有评价指标，包括净现值、内含报酬率、回收期和会计报酬率，均比另一个项目好一些，我们在选择时不会有困扰。但是，有时这些评价指标，尤其是基本评价指标净现值和内含报酬率，会出现矛盾，我们该如何选择呢？

净现值和内含报酬率出现矛盾的原因有两种：

（1）投资额不同。如果是投资额不同引起的（项目的寿命期相同），对于互斥项目应以净现值法优先，因为它可以给股东代来更多的财富。例如，假设项目A的内含报酬率为30%，净现值为100万元，项目B的内含报酬率为20%，净现值为200万元，项目B的投资规模比项目A大（假设资本不受限），两个项目的寿命期相同。在这两个互斥项目之间进行选择，实际上就是在更多的财富和更高的内含报酬率之间进行选择，很显然，决策者将选择财富，而不是报酬的比率。

（2）项目的寿命期不同。如果净现值和内含报酬率的矛盾是由项目有效期不同引起的，一般有两种解决方法：共同年限法和等额年金法。

一、互斥项目决策

在项目计算期不同的情况下，能够应用于互斥项目决策的方法有共同年限法和等额年金法。

（一）共同年限法

如果两个互斥项目不仅投资额不同，而且项目期限不同，则其净现值没有可比性。例如，一个项目2年创造了较少的净现值，另一个项目4年创造了较多的净现值，后者的盈利性不一定比前者好。

共同年限法的原理是：假设投资项目可以在终止时进行重置，通过重置使两个项目达到相同的年限，然后比较其净现值。该方法也称为重置价值链法、最小公倍寿命法。

通常选择两个项目的最小公倍寿命作为共同年限。

决策原则是：选择调整后净现值最大的方案为优。

【例7－12】 假设羽裳服装公司有A和B两个互斥的投资项目。A项目的年限为6年，净现值12 441万元，内含报酬率19.73%；B项目的年限为3年，净现值为8 324万元，内含报酬率32.67%。公司资本成本是10%。

我们用共同年限法进行分析：假设B项目可以重置一次，该项目的期限就延长到了6年，与A项目相同。两个项目的现金流量分别如表7－8所示。

表7－8 单位：万元

项目		A		B		重置B	
时间	折现系数（10%）	现金流量	现值	现金流量	现值	现金流量	现值
0	1	－40 000	－40 000	－17 800	－17 800	－17 800	－17 800
1	0.9091	13 000	11 818	7 000	6 364	7 000	6 364
2	0.8264	8 000	6 612	13 000	10 744	13 000	10 744
3	0.7513	14 000	10 518	12 000	9 016	－5 800	－4 358
4	0.6830	12 000	8 196			7 000	4 781
5	0.6209	11 000	6 830			13 000	8 072
6	0.5645	15 000	8 467			12 000	6 774
净现值			12 441		8 324		14 577
内含报酬率		19.73%		32.67%			

重置B项目第3年年末的现金净流量为－5 800万元是重置初始投资－17 800万元与第一期项目第3年末现金流入12 000万元的合计。

我们还可以通过重置净现值计算共同年限法下的调整后净现值，可以更简便（见图7－2）。

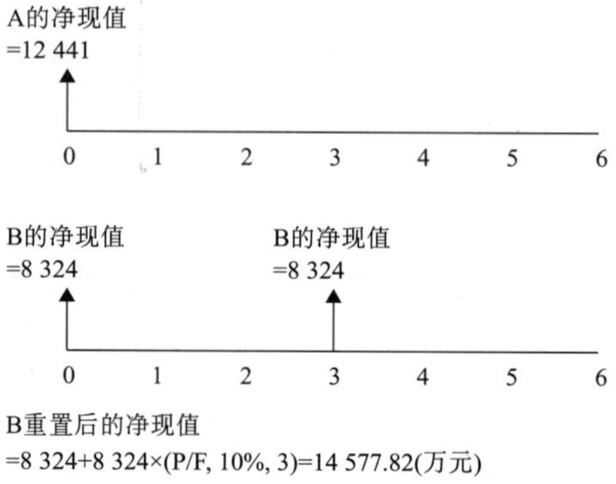

图7－2　共同年限法的简便算法

经测算，重置项目B的净现值为14 577万元，优于A项目。

共同年限法的优点是易于理解。缺点是共同比较期的时间可能比较长，未来较长时间的现金流量难以预计。例如，一个项目是7年，另一个项目是9年，就需要以63年作为共同比较期。我们有计算机，可以完成长期限分析的巨大计算量，真正的恐惧是来自预计60多年后的现金流量。我们实在难以预计如此遥远的未来数据。

（二）等额年金法

若备选方案的原始投资额不同，特别是项目计算期不同，要采用年等额年金法进行决策。即通过比较所有投资方案的等额年金（又称为年均净现值）的大小来选择最优方案。在此法下，等额年金最大的方案为优。

若某方案净现值为NPV，设定折现率为i，项目计算期为n，等额年金为A，则：

$$NPV = A \times (P/A,\ i,\ n)$$

$$A = \frac{NPV}{(P/A,\ i,\ n)}$$

【例7－13】　假设羽裳服装公司拟投资兴建一条生产线，有两个方案可供选择：甲方案的原始投资额为200万元，项目计算期为5年，净现值为120万元；乙方案的原始投资额为150万元，项目计算期为6年，净现值为130万元。企业的资本成本为10%。

根据上述资料，请做出决策。

根据以上资料，甲方案和乙方案的净现值均大于零，这两个方案均具有财务可行性。因为原始投资额和项目计算期均不同，故采用等额年金进行决策。

$$甲方案等额年金 = \frac{120}{(P/A,\ 10\%,\ 5)} = 31.66\ （万元）$$

$$乙方案等额年金 = \frac{130}{(P/A,\ 10\%,\ 6)} = 29.85\ （万元）$$

甲方案的等额年金比乙方案高，所以选用甲方案。

二、固定资产更新改造决策

如果要确定更新决策的现金流量，通常要计算差量的现金流量。确定差量净现金流量需要注意：旧设备的初始投资应以其变现价值确定；计算期应以其尚可使用时间为标准。

【例 7－14】 假设羽裳服装公司考虑用一台新的、效率更高的设备来代替旧设备，以减少成本，增加收益。旧设备原购置成本为 40 000 元，已使用 5 年，估计还可以使用 5 年，已提折旧 20 000 元，假定使用期满后无残值，如果现在销售可得价款 20 000 元，使用该设备每年可获收入 50 000 元，每年付现成本为 30 000 元。该公司现准备用一台新设备来代替旧设备，新设备的购置成本为 60 000 元，估计可使用 5 年，期满有残值 10 000 元，使用新设备后，每年收入可达 80 000 元，每年付现成本为 40 000 元。该公司的资金成本为 10%，所得税率为 25%，新、旧设备均采用直线法计提折旧。做出该公司是继续使用旧设备还是对其进行更新的决策。

在本例中，一个方案是使用旧设备，另一个方案是购置新设备。新设备和旧设备都可以使用 5 年，即项目计算期都是 5 年，可以采用差量分析法来计算一个方案比另一个方案增减的现金流量以及净现值。

下面，我们计算两个方案的差量现金流量。

（1）分别计算两个方案的折旧。

旧设备：年折旧额 $=\dfrac{20\ 000}{5}=4\ 000$（元）

新设备：年折旧额 $=\dfrac{60\ 000-10\ 000}{5}=10\ 000$（元）

（2）计算各年营业现金净流量的差量（见表 7－9）。

表 7－9 **各年营业现金净流量差量** 单位：元

项目	差量额
Δ营业收入（1）	30 000
Δ付现成本（2）	10 000
Δ折旧额（3）	6 000
Δ税前利润（4）＝（1）－（2）－（3）	14 000
Δ所得税（5）＝（4）×25%	3 500
Δ税后利润（6）＝（4）－（5）	10 500
Δ营业现金净流量(7)＝（6）＋（3） 或＝（1）－（2）－（5）	16 500

（3）计算两个方案现金流量的差量（见表 7－10）。

表 7－10　　　　两个方案现金流量的差量　　　　单位：元

项目	0	1	2	3	4	5
初始现金流量	－40 000					
营业现金净流量		16 500	16 500	16 500	16 500	16 500
终结现金流量						10 000
现金流量	－40 000	16 500	16 500	16 500	16 500	26 500

（4）计算差量净现值。

$$\Delta NPV = 16\,500 \times (P/A,10\%,4) + 26\,500 \times (P/F,10\%,5) - 40\,000$$
$$= 16\,500 \times 3.1699 + 26\,500 \times 0.6209 - 40\,000 = 28\,757.20\ (\text{元})$$

设备更新后，可多获得净现值 28 757.20 元，故应出售旧设备购置新设备。

当然，也可分别计算两个方案的净现值来进行对比，其结果一致。

【项目小结】

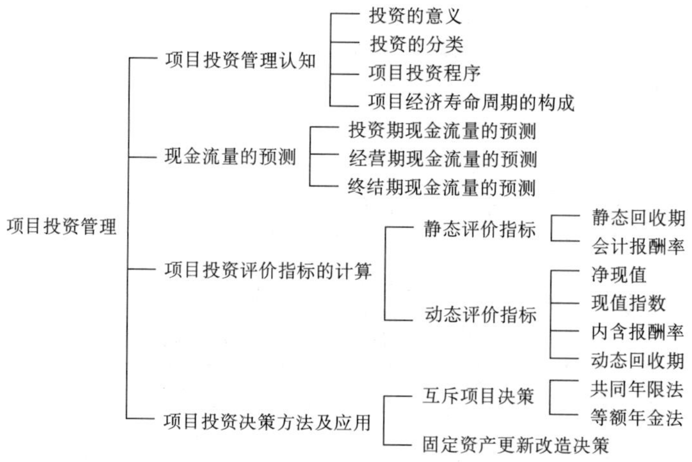

【职业能力训练与案例分析】

一、单项选择题

1. 项目投资决策中，完整的项目计算期是指（　　）。

A. 建设期　　B. 生产经营期

C. 建设期＋达产期　　D. 建设期＋生产经营期

2. 某投资项目原始投资额为 100 万元，使用寿命 10 年，已知该项目第 10 年的经营净现金流量为 25 万元，期满处置固定资产残值收入及回收流动资金共 8 万元，则该投资项目第 10 年的净现金流量为（　　）万元。

A. 8　　B. 25

C. 33　　D. 43

3. 某投资方案的年营业收入为100 000元，年营业成本为60 000元，年折旧额10 000元，所得税率为25%，该方案的每年营业现金流量为（　　）元。

A. 26 800　　B. 30 000

C. 50 000　　D. 40 000

4. 计算一个投资项目的回收期，应该考虑下列哪个因素（　　）。

A. 折现率　　B. 使用寿命

C. 年现金净流入量　　D. 资金成本

5. 某企业计划投资10万元建一生产线，预计投资后每年可获净利1.5万元，年折旧率为10%，则投资回收期为（　　）。

A. 3年　　B. 5年

C. 4年　　D. 6年

6. 项目投资方案可行的必要条件是（　　）。

A. 净现值大于或等于零　　B. 净现值大于零

C. 净现值小于零　　D. 净现值等于零

7. 某投资方案贴现率为16%时，净现值为6.12，贴现率为18%时，净现值为-3.17，则该方案的内含报酬率为（　　）。

A. 14.68%　　B. 17.32%

C. 18.32%　　D. 16.68%

8. 用内含报酬率评价项目可行性的必要条件是（　　）。

A. 内含报酬率大于贴现率　　B. 内含报酬率小于贴现率

C. 内含报酬率大于或等于贴现率　　D. 内含报酬率等于贴现率

9. 在评价单一方案的财务可行性时，如果不同评价指标之间的评价结论发生了矛盾，就应当以主要评价指标的结论为准，如下列项目中的（　　）。

A. 净现值　　B. 投资回收期

C. 现金流量　　D. 会计收益率

10. 下列表述不正确的是（　　）。

A. 净现值大于零时，说明该投资方案可行

B. 净现值为零时的贴现率即为内含报酬率

C. 净现值是特定方案未来现金流入现值与未来现金流出现值之间的差额

D. 净现值大于零时，现值指数小于1

11. 如果某一投资方案的净现值为正数，则必然存在的结论是（　　）。

A. 投资回收期在一年以内　　B. 现值指数大于1

C. 投资报酬率高于100%　　D. 年均现金净流量大于原始投资额

12. 备选方案项目计算期不等时，通过比较所有投资方案的年均净现值指标的大小来选择最优方案的决策方法。在此法下，年均净现值（　　）的方案为优。

A. 最小　　B. 最大

C. 大于零　　D. 等于零

二、多项选择题

1. 若建设期不为零，则建设期内各年的净现金流量可能会（　　）。

A. 等于1　　B. 大于1

C. 小于0　　D. 等于0

2. 下列指标中，考虑到资金时间价值的是（　　）。

A. 净现值　　B. 现值指数

C. 内部报酬率　　D. 投资回收期

3. 若 NPV <0，则下列关系式中正确的有（　　）。

A. NPVR >0　　B. NPVR <0

C. PI <1　　D. IRR <i

4. 在一般投资项目中，当一项投资方案的净现值等于零时，即表明（　　）。

A. 该方案的获利指数等于1

B. 该方案不具备财务可行性

C. 该方案的净现值率大于零

D. 该方案的内部收益率等于设定折现率或行业基准收益率

5. 净现值法的优点有（　　）。

A. 考虑了资金时间价值

B. 考虑了项目计算期的全部净现金流量

C. 考虑了投资风险

D. 可从动态上反映项目的实际投资收益率

6. 下列（　　）指标不能直接反映投资项目的实际收益水平。

A. 净现值　　B. 现值指数

C. 内部收益率　　D. 净现值率

7. 在单一方案决策过程中，与净现值评价结论可能发生矛盾的评价指标是（　　）。

A. 净现值率　　B. 投资利润率

C. 投资回收期　　D. 内部收益率

8. 当内含报酬率大于企业的资金成本时，下列关系式中正确的有（　　）。

A. 现值指数大于1　　B. 现值指数小于1

C. 净现值大于0　　D. 净现值小于0

9. 下列说法中正确的是（　　）。

A. 内含报酬率是能够使未来现金流入量现值等于未来现金流出量现值的折现率

B. 内含报酬率是方案本身的投资报酬率

C. 内含报酬率是使方案净现值等于零的折现率

D. 内含报酬率是使方案现值指数等于零的折现率

10. 在投资决策中使用的动态评价指标有（　　）。

A. 净现值　　B. 内含报酬率

C. 会计报酬率　　D. 获利指数

三、判断题

1. 现金净流量是指一定期间现金流入量和现金流出量的差额。（　　）

2. 会计收益率和投资回收期这两个静态指标其优点是计算简单，容易掌握，且均考虑了现金流量。（　　）

3. 在整个项目计算期内，任何一年的现金净流量，都可以通过“净利润+折旧“的简化公式来确定。（　　）

4. 投资项目评价所运用的内含报酬率指标的计算结果与项目预定的折现率高低有直接关系。（　　）

5. 某一投资方案按10%的贴现率计算的净现值大于零，那么，该方案的内含报酬率大于10%。（　　）

6. 多个互斥方案比较，应选择净现值大的方案。（　　）

7. 不论在什么情况下，都可以通过逐次测试的方法计算内含报酬率。（　　）

8. 某折现率可以使某投资方案的净现值等于零，则该折现率可以成为该方案的内含报酬率。（　　）

9. 净现值大于零，则现值指数大于1。（　　）

10. 净现值以绝对数表示，不利于在不同投资规模的方案之间进行对比。（　　）

四、计算分析题

1. 某企业购买机器设备价款40万元，可为企业每年增加净利4万元，该设备可使用5年，无残值，采用直线法计提折旧，该企业的折现率为10%。

要求：计算该投资方案的会计收益率、投资回收期，并对此投资做出评价。

2. 某企业拟建造一项生产设备。预计建设期为1年，所需原始投资200万元于建设起点一次投入。该设备预计使用寿命为5年，使用期满报废清理时无残值。该设备折旧方法采用直线法。该设备投产后每年增加净利润60万元。假定适用的行业基准折现率为10%。

要求：

（1）计算项目计算期内各年现金净流量；

（2）计算项目净现值；

（3）计算该项目的现值指数；

（4）计算该项目的内含报酬率；

（5）评价项目的财务可行性。

3. 某企业拟建造一项生产设备。预计建设期为1年，所需原始投资200

万元于建设起点一次投入。该设备预计使用寿命为5年，试用期满报废清理时无残值。该设备折旧方法使用直线法。该设备投产后每年增加息税前利润为100万元，所得税率为25%，项目的基准收益率为20%。

要求：

(1) 计算项目计算期内各年净现金流量；

(2) 计算该设备的静态投资回收期；

(3) 计算该投资项目的会计收益率；

(4) 假定适用的行业基准折现率为10%，计算项目净现值；

(5) 计算项目净现值率；

(6) 评价其财务可行性。

五、案例分析

北方公司是生产微波炉的中型企业，该公司生产的微波炉质量优良，价格合理，近几年来一直供不应求。为了扩大生产能力，该公司准备新建一条生产线。沈冰是该公司的投资部的工作人员，主要负责投资的具体工作。该公司财务总监要求沈冰收集建设新生产线的相关资料，写出投资项目的财务评价报告，以供公司领导决策参考。

沈冰经过半个月的调研，得出以下有关资料：该生产线的初始投资为57.5万元，分两年投入。第一年初投入40万元，第二年初投入17.5万元。第二年可完成建设并正式投产。投产后每年可生产微波炉1 000台，每台销售价格为800元，每年可获得销售收入80万元。投资项目预计可使用5年，5年后的残值可忽略不计。在投资项目经营期内需垫支流动资金15万元，这笔资金在项目结束时可如数收回。该项目生产的产品年总成本的构成情况如下：

原材料	40万元
工资费用	8万元
管理费（不含折旧）	7万元
折旧费	10.5万元

沈冰又对本公司的各种资金来源进行了分析研究，得出该公司加权平均资金成本为8%。该公司所得税率为25%。

沈冰根据以上资料，计算出该投资项目的营业现金净流量、现金净流量及净现值（见表7-11至表7-13)，并把这些数据资料提供给公司高层领导参加的投资决策会议。

在公司领导会议上，沈冰对他提供的有关数据做了必要说明。他认为，建设新生产线有50 915元净现值，因此这个项目是可行的。

公司领导会议对沈冰提供的资料进行了研究分析，认为沈冰在收集资料方面做了很大的努力，计算方法正确，但却忽略了物价变动问题，这使得沈冰提供的信息失去了客观性和准确性。

公司财务总监认为，在项目投资和使用期间内，通货膨胀率大约为6%左右。他要求有关负责人认真研究通货膨胀对投资项目各有关方面的影响。

表 7-11　　投资项目的营业现金净流量计算表　　单位：元

项目	第1年	第2年	第3年	第4年	第5年
销售收入	800 000	800 000	800 000	800 000	800 000
付现成本	550 000	550 000	550 000	550 000	550 000
其中：原材料	400 000	400 000	400 000	400 000	400 000
工资	80 000	80 000	80 000	80 000	80 000
管理费	70 000	70 000	70 000	70 000	70 000
折旧费	105 000	105 000	105 000	105 000	105 000
税前利润	145 000	145 000	145 000	145 000	145 000
所得税	58 000	58 000	58 000	58 000	58 000
税后利润	87 000	87 000	87 000	87 000	87 000
现金净流量	192 000	192 000	192 000	192 000	192 000

表 7-12　　投资项目的现金净流量计算表　　单位：元

项目	第0年	第1年	第2年	第3年	第4年	第5年	第6年
初始投资	-400 000	-175 000					
流动资金垫支		-150 000					
营业现金净流量			192 000	192 000	192 000	192 000	192 000
流动资金回收							150 000
现金净流量合计	-400 000	-325 000	192 000	192 000	192 000	192 000	342 000

表 7-13　　投资项目净现值计算表　　单位：元

年份	现金净流量	10%的现值系数	现值
0	-400 000	1.000	-400 000
1	-325 000	0.909	-295 425
2	192 000	0.826	158 892
3	192 000	0.751	144 192
4	192 000	0.683	131 136
5	192 000	0.621	119 232
6	342 000	0.564	192 888
合计			50 915

生产部经理认为，由于物价变动的影响，原材料费用每年将增加10%，工资费用也将每年增加8%。财务部经理认为，扣除折旧后的管理费每年将增加4%，折旧费每年仍为10.5万元。销售部经理认为，产品销售价格预计每年可增加8%。公司总经理指出，除了考虑通货膨胀对现金流量的影响以外，还要考虑通货膨胀对货币购买力的影响。

公司领导会议决定，要求沈冰根据以上各部门的意见，重新计算投资项目的现金流量和净现值，提交下次会议讨论。

要求：

根据该公司领导会议的决定，请你帮助沈冰重新计算各投资项目的现金净流量和净现值，并判断该投资项目是否可行。

项目八 标准成本控制

【学习目标】

☐ 熟悉标准成本的定义和分类
☐ 熟悉标准成本的制定
☐ 掌握标准成本差异的计算与分析

任务一 标准成本的制定

标准成本法是为了克服实际成本计算系统的缺陷（尤其是不能提供有助于成本控制的确定信息的缺陷），而研究出来的一种会计信息系统和成本控制系统。

实施标准成本法一般有以下步骤：

（1）制定单位产品标准成本；

（2）根据实际产量和成本标准计算产品的标准成本；

（3）汇总计算实际成本；

（4）计算标准成本与实际成本的差异；

（5）分析成本差异的发生原因；

（6）向成本负责人提供成本控制报告。

一、标准成本的概念

标准成本是指通过调查分析、运用技术测定等方法制定的，在有效经营条件下所能达到的目标成本。在标准成本中，基本上排除了不应该发生的“浪费”，因此被认为是一种“应该成本”。标准成本主要用来控制成本开支，衡量实际工作效率。

标准成本一词在实际工作中有两种含义：

1. 标准成本是指单位产品的标准成本，它是根据单位产品的标准消耗量和标准单价计算出来的，准确地说应该称为“成本标准”。可表示为：

成本标准 = 单位产品标准成本 = 单位产品标准消耗量 × 标准单价

2. 标准成本是指实际产量的标准成本总额，是根据实际产品产量和单位产品成本标准计算出来的。可表示为：

标准成本（总额） = 实际产量 × 单位产品标准成本

标准成本控制是以标准成本为基础，将实际成本与标准成本进行对比，揭示成本差异形成的原因和责任，进而采取措施，对成本进行有效控制的管理方法。标准成本控制以标准成本的确定为起点，通过差异的计算、分析等得出结论性报告，然后据以采取有效措施，巩固成绩或克服不足。

标准成本控制是在泰罗的生产过程标准化思想影响下，于 20 世纪 20 年代产生于美国，逐渐成为一种成本计算和成本控制相结合的方法。

二、标准成本的分类

标准成本按其所根据的生产技术和经营管理水平，分为理想标准成本和正常标准成本。

1. 理想标准成本。理想标准成本是指在最优的生产条件下，利用现有的规模和设备能够达到的最低成本。制定理想标准成本的依据，是理论上的业绩标准、生产要素的理想价格和可能实现的最高生产经营能力利用水平。这里所说的理论业绩标准，是指在生产过程中毫无技术浪费时的生产要素消耗量，最熟练的工人全力以赴工作、不存在废品损失和停工花时间等条件下可能实现的最优业绩。这里所说的最高生产经营能力利用水平，是指理论上可能达到的设备利用程度，只扣除不可避免的机器修理、改换品种、调整设备等时间，而不考虑产品销路不佳、生产技术故障等造成的影响。这里所说的理想价格，是指原材料、劳动力等生产要素在计划期间最低的价格水平。因此，这种标准是“工厂的极乐世界”，很难成为现实，即使暂时出现也不可能持久。它的主要用途是提供一个完美无缺的目标，揭示实际成本下降的潜力。因其提出的要求太高，不宜作为考核的依据。

2. 正常标准成本。正常标准成本是指在正常生产经营条件下，企业经过努力可以达到的成本标准。在制定这种标准时，把生产经营活动中一般难以避免的损耗和低效率等情况计算在内，使之切合计划期的实际情况，成为切实可行的控制标准。从数量上看，它应大于理想标准成本，但又小于历史平均水平，实施以后实际成本更大的可能是逆差而不是顺差，是要经过努力才能达到的一种标准，因而可以调到职工的积极性。

在实践中，广泛使用的是正常标准成本。

三、标准成本的制定

产品成本由直接材料、直接人工和制造费用三个项目组成。在制定标准成本时，通常首先确定直接材料和直接人工的标准成本；其次确定制造费用的标准成本；最后确定单位产品的标准成本。

无论哪一个成本项目，都需要分别确定其用量标准和价格标准，两者的乘积就是每一个成本项目的标准成本，将各项目的标准成本汇总，即得到单位产品的标准成本。

用量标准包括单位产品材料消耗量、单位产品直接人工工时等，主要由生产技术部门主持制定，吸收执行标准的部门和职工参加。

价格标准包括原材料单价、小时工资率、小时制造费用分配率等，由会计部门和有关其他部门共同研究确定。采购部门是材料价格的责任部门，劳资部门和生产部门对小时工资率负有责任，各生产车间对小时制造费用率承担责任，在制定有关价格标准时要与他们协商。

无论是价格标准还是用量标准，都可以是理想状态的或正常状态的，据此得出理想的标准成本或正常的标准成本。以下介绍标准成本的制定。

（一）直接材料标准成本

直接材料的标准消耗量（即用量标准），是现有技术条件生产单位产品所需的材料数量，包括必不可少的消耗以及各种难以避免的损失。

直接材料的价格标准，是预计下一年实际需要支付的进料单位成本，包括发票价格、运费、检验和正常损耗等成本，是取得材料的完全成本。

【例 8－1】 假定某企业 A 产品耗用甲、乙两种材料，其直接材料标准成本的计算如表 8－1 所示。

表 8－1　　A 产品直接材料标准成本

标　准	材料甲	材料乙
价格标准：		
发票单价	1.00 元	4.00 元
运费	0.07 元	0.28 元
每千克标准价格	1.07 元	4.28 元
用量标准：		
设计用量	3.00 千克	2.00 千克
允许损耗量	0.30 千克	—
单位产品标准用量	3.30 千克	2.00 千克
成本标准：		
材料甲（3.3×1.07）	3.53 元	
材料乙（2.0×4.28）		8.56 元
单位产品标准成本	12.09 元	

（二）直接人工标准成本

直接人工的用量标准是单位产品的标准工时。确定单位产品所需的直接生产工人工时，需要按产品的加工工序分别进行，然后加以汇总。标准工时是指在现有生产技术条件下，生产单位产品所需要的时间，包括直接加工操作必不可少的时间，以及必要的间歇和停工，如工间休息、调整设备时间、不可避免的废品耗用工时等。一般由技术部门、劳资部门等运用特定的技术测定方法和分析统计资料后确定。

直接人工的价格标准是指标准工资率。它可能是预定的工资率，也可能是正常的工资率。如果采用计件工资制，标准工资率是预定的每件产品支付的工资除以标准工时，或者是预定的小时工资；如果采用月工作制，需要根据月工资总额和可用工时总量来计算标准工资率。

【例 8 -2】 沿用例 8 - 1 的资料，A 产品直接人工标准成本的计算如表 8 -2 所示。

表 8 -2　　A 产品直接人工标准成本

标　准	第一工序（第一车间）	第二工序（第二车间）
价格标准：		
基本生产工人人数（人）	20	50
每人每月工时（25.5 天 ×8 小时）（小时）	204	204
出勤率	98%	98%
每人平均可用工时（小时）	200	200
每月总工时（小时）	4 000	10 000
每月工资总额（元）	3 600	12 600
每小时工资	0. 90	1. 26
用量标准：		
设计用量	1. 50	0. 80
停工用量	0. 30	—
停机用量	0. 10	0. 10
废品用量	0. 10	0. 10
单位产品标准用量	2	1
成本标准：		
第一工序（0. 9 ×2）	1. 80	
第二工序（1. 26 ×1. 0）		1. 26
单位产品标准成本	3. 06	

（三）制造费用标准成本

制造费用的标准成本是按部门分别编制的，然后将同一产品涉及的各部门单位制造费用标准加以汇总，得出整个产品制造费用标准成本。

各部门的制造费用标准成本分为变动制造费用标准成本和固定制造费用标准成本。

1. 变动制造费用标准成本。变动制造费用的数量标准通常采用单位产品直接人工工时标准，它是在直接人工标准成本制定时已经确定。有的企业采用机器工时或其他用量标准。作为数量标准的计量单位，应尽可能与变动制造费用保持良好的线性关系。

变动制造费用的价格标准是每一工时变动制造费用的标准分配率，它根据变动制造费用预算和直接人工总工时计算求得。

$$变动制造费用标准分配率=\frac{变动制造费用预算总数}{直接人工标准总工时}$$

确定数量标准和价格标准之后，两者相乘即可得到变动制造费用的标准成本。

变动制造费用标准成本＝单位产品直接人工标准工时×每小时变动制造费用的标准分配率

各车间变动制造费用标准成本确定之后，可汇总出单位产品的变动制造费用标准成本。

【例8－3】 沿用上例，A产品变动制造费用标准成本的计算如表8－3所示。

表8－3　A产品变动制造费用标准成本　单位：元

标　　准	第一车间	第二车间
价格标准：		
变动制造费用预算		
间接材料	1 200	4 500
间接人工	1 400	1 800
维修费	2 000	3 900
燃料和动力	400	1 400
其他	200	400
合计	5 200	12 000
生产量标准（人工工时）	4 000	10 000
变动制造费用标准分配率	1.30	1.20
用量标准：		
直接人工用量标准（人工工时）	2	1
成本标准：		
第一车间（1.3×2）	2.60	
第二车间（1.2×1）		1.20
单位产品标准成本	3.80	

2. 固定制造费用标准成本。如果企业采用变动成本法计算，固定制造费用不计入产品成本，因此单位产品的标准成本中不包括固定制造费用的标准成本。在这种情况下，不需要制定固定制造费用的标准成本，固定制造费用的控制通过预算管理来进行。如果采用完全成本法计算，固定制造费用要计入产品成本，还需要确定其标准成本。

固定制造费用的用量标准与变动制造费用的用量标准相同，包括直接人工工时、机器工时、其他用量标准等，并且两者要保持一致，以便进行差异分析。这个标准的数量在制定直接人工用量标准时已经确定。

固定制造费用的价格标准是其每小时的标准分配率，它根据固定制造费用预算和直接人工标准总工时来计算求得。

$$固定制造费用标准分配率 = \frac{固定制造费用预算总额}{直接人工标准总工时}$$

确定数量标准和价格标准之后，两者相乘即可得到固定制造费用的标准成本。

固定制造费用标准成本 = 单位产品直接人工标准工时 × 每小时固定制造费用的标准分配率

各车间固定制造费用标准成本确定之后，可汇总出单位产品的固定制造费用标准成本。

【例 8 -4】 沿用上例，A 产品固定制造费用标准成本的计算如表 8 -4 所示。

表 8 -4　　A 产品固定制造费用标准成本　　单位：元

标　　准	第一车间	第二车间
价格标准：		
固定制造费用预算		
管理人员工资	900	2 350
折旧费	500	3 000
办公费	300	400
保险费	300	250
合计	2 000	6 000
生产量标准（人工工时）	4 000	10 000
固定制造费用标准分配率	0. 50	0. 60
用量标准：		
直接人工用量标准（人工工时）	2	1
成本标准：		
第一车间（0. 5 ×2）	1	
第二车间（0. 6 ×1）		0. 60
单位产品标准成本	1. 60	

（四）单位产品标准成本

将以上确定的直接材料、直接人工和制造费用的标准成本按产品加以汇总，就可确定有关产品完整的标准成本。通常，企业编制标准成本卡，反映产成品标准成本的具体构成。在每种产品生产之前，它的标准成本卡要送达有关人员，包括各级生产部门负责人、会计部门、仓库等，作为领料、派工和支出其他费用的依据。

【例 8 -5】 依据例 8 -1 和例 8 -4 提供的资料，编制 A 产品的单位产品标准成本卡如表 8 -5 所示。

表 8-5　　A 产品单位产品标准成本卡

成本项目	用量标准	价格标准	标准成本
直接材料： 甲材料 乙材料	 3.30 千克 2 千克	 1.07 元/千克 4.28 元/千克	 3.53 元 8.56 元
直接材料合计	—	—	12.09 元
直接人工： 第一车间 第二车间	 2 小时 1 小时	 0.90 元/小时 1.26 元/小时	 1.80 元 1.26 元
直接人工合计	—	—	3.06 元
变动制造费用： 第一车间 第二车间	 2 小时 1 小时	 1.30 元/小时 1.20 元/小时	 2.60 元 1.20 元
变动制造费用合计	—	—	3.80 元
固定制造费用： 第一车间 第二车间	 2 小时 1 小时	 0.50 元/小时 0.60 元/小时	 1.00 元 0.60 元
固定制造费用合计	—	—	1.60 元
单位产品标准成本总计	20.55 元		

任务二　标准成本差异的计算与分析

标准成本是一种目标成本，由于种种原因产品的实际成本会与目标不符。实际成本与标准成本之间的差额，称为标准成本的差异，或称为成本差异。成本差异是反映实际成本脱离预定目标程度的信息。为了消除这种偏差，要对产生的成本差异进行分析，找出原因和对策，以便采取措施加以纠正。

直接材料、直接人工和变动制造费用都属于变动成本，其成本差异分析的基本方法相同。由于他们的实际成本高低取决于实际用量和实际价格，标准成本的高低取决于标准用量和标准价格，因此，其成本差异可以归结为价格脱离标准造成的价格差异和用量脱离标准造成的数量差异两类。

成本差异 = 实际成本 - 标准成本

= 实际数量 × 实际价格 - 标准数量 × 标准价格

= 实际数量 × 实际价格—实际数量 × 标准价格 + 实际数量 × 标准价格 - 标准数量 × 标准价格

=实际数量×（实际价格－标准价格）＋（实际数量－标准数量）×标准价格

=价格差异＋数量差异

=价差＋量差

以上有关变量之间的关系如图8－1所示。

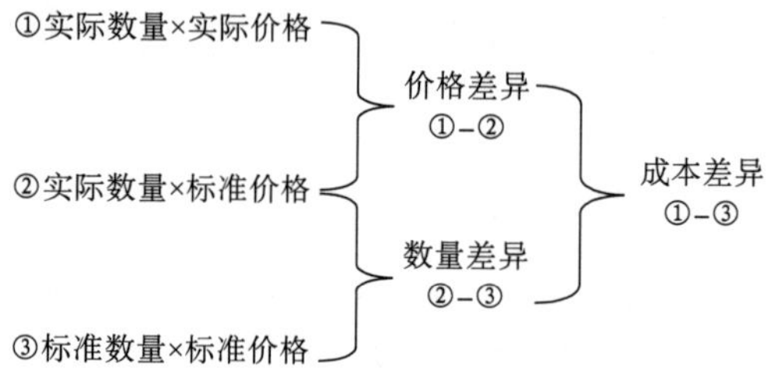

图8－1　成本差异变量关系图

无论是何种成本差异，计算结果如果是正数，则表示超支，是不利差异（Unfavorable variance），通常用“U”表示；如果是负数，则表示节约，是有利差异（Favorable variance），通常用“F”表示。

图8－2以不利差异为例说明价格差异和用量差异。

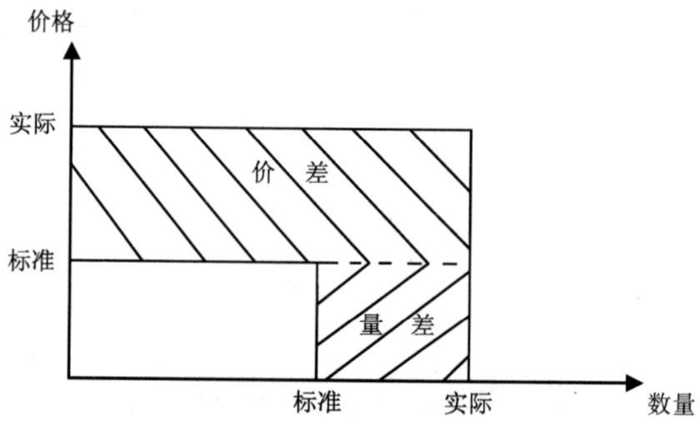

图8－2　变动成本差异分析模式图

一、直接材料成本差异的计算与分析

直接材料实际成本与标准成本之间的差额，是直接材料成本差异。该项差异形成的基本原因有两个：一是价格脱离标准；二是用量脱离标准。前者按实际用量计算，称为价格差异；后者按标准价格计算，称为数量差异。

直接材料价格差异＝实际数量×(实际价格－标准价格)

直接材料用量差异＝(实际数量－标准数量)×标准价格

【例8－6】　假设某公司2019年1月生产甲产品500件，使用材料2 700千克，材料单价为4.50元/千克；直接材料的单位产品标准成本为25.30元，即每件产品耗用5.50千克直接材料，每公斤材料的标准价格为4.60元。根据上述公式计算如下：

直接材料价格差异＝2 700×(4.50－4.60)＝－270（元）

直接材料数量差异 =(2 700 - 500 ×5.50)×4.60 = -230（元）

直接材料价格差异与数量差异之和，应当等于直接材料成本的总差异。

直接材料成本差异 = 实际成本 - 标准成本

=2 700 ×4.50 - 500 ×5.50 ×4.6

= -500（元）

直接材料成本差异 = 价格差异 + 数量差异

= -270 + （-230） = -500（元）

材料价格差异是在采购过程中形成的，不应由耗用材料的生产部门负责，而应由采购部门对其作出说明。采购部门未能按标准价格进货的原因有很多，如供应厂家价格变动、未按经济采购批量进货、未能即使订货造成的紧急订货、不必要的快速运输方式、违反合同被罚款、承接紧急订货造成额外采购等，需要进行分析和调整，才能明确最终原因和责任归属。

材料数量差异是在材料耗用过程中形成的，反映生产部门的成本控制业绩。材料数量差异形成的具体原因有很多，如操作疏忽造成废品和废料增加、工人用料不精心，操作技术改进而节省材料、新工人上岗造成多用料、机器或工具不适用造成用料增加等。有时多用料并非生产部门的责任，如购入材料质量低劣、规格不符也会使用料超过标准；又如工艺变更、检验过严也会使数量差异加大。因此，要进行具体的调查研究，才能明确责任归属。

二、直接人工成本差异的计算与分析

直接人工成本差异是指直接人工实际成本与标准成本之间的差额。它也被划分为“价差”和“量差”两部分。价差，又称为工资率差异，是指实际工资率脱离标准工资率，其差额按实际工时计算确定的金额。量差，又称人工效率差异，是指实际工时脱离标准工时，其差额按标准工资率计算确定的金额。

直接人工工资率差异 = 实际工时 ×(实际工资率 - 标准工资率)

直接人工效率差异 =(实际工时 - 标准工时)× 标准工资率

【例 8 -7】 假设某公司 2019 年 1 月生产甲产品 500 件，实际使用工时 3 100 小时，支付工资 15 810 元；直接人工的标准成本是 30 元/件，即每件产品标准工时为 6 小时，标准工资率为 5 元/小时。

直接人工工资率差异 =3 100 × （15 810 ÷3 100 -5）

=3 100 × （5.1 -5） =310（元）

直接人工效率差异 = （3 100 -500 ×6） ×5 =500（元）

工资率差异与人工效率差异之和，应当等于人工成本总差异。

直接人工成本差异 = 实际人工成本 - 标准人工成本

=15 810 -500 ×6 ×5 =810（元）

直接人工成本差异 = 工资率差异 + 效率差异

=301 +500 =810（元）

工资率差异形成的原因，包括直接生产工人升级或降级使用、奖励制度为产生实效、工资率调整、加班或使用临时工、出勤率变化等，原因复杂而且难以控制。一般来说，应该归属于人事劳动部门管理，差异的具体原因会涉及生产部门或其他部门。

直接人工效率差异的形成原因，包括工作环境不良、工人经验不足、劳动情绪不佳、新工人上岗太多、机器或工具选用不当、设备故障较多、作业计划安排不当、产量太少无法发挥批量节约优势等。它主要是生产部门的责任，但这也不是绝对的，例如，材料质量不好，也会影响生产效率。

三、变动制造费用差异的计算与分析

变动制造费用的差异是指实际变动制造费用与标准变动制造费用之间的差额。它也可以分解为“价差”和“量差”两部分。价差是指变动制造费用的实际小时分配率脱离标准的小时费用率，按实际工时计算确定的金额，反映耗费水平的高低，故称为耗费差异。量差是指实际工时脱离标准工时，按标准的小时费用率计算确定的金额，反映工作效率变化引起的费用节约或超支，故称为变动制造费用效率差异。

变动制造费用耗费差异 = 实际工时 ×（变动制造费用实际分配率 − 变动制造费用标准分配率）

变动制造费用效率差异 =（实际工时 − 标准工时）× 变动制造费用标准分配率

【例 8－8】 假设某公司 2019 年 1 月甲产品实际产量 500 件，使用工时为 3 100 小时，实际发生变动制造费用为 13 020 元；变动制造费用标准成本为 24 元/件，即每件产品标准工时为 6 小时，标准的变动制造费用分配率为 4 元/小时。

变动制造费用耗费差异 = 3 100 ×（13 020 ÷ 3 100 − 4）

= 3 100 ×（4.2 − 4）= 620（元）

变动制造费用效率差异 =（3 100—500 × 6）× 4 = 100 × 4 = 400（元）

变动制造费用耗费差异与效率差异之和，应当等于变动制造费用成本的总差异。

变动制造费用成本差异 = 实际变动制造费用 − 标准变动制造费用

= 13 020 − 500 × 6 × 4 = 1 020（元）

变动制造费用成本差异 = 变动制造费用耗费差异 + 变动制造费用效率差异

= 620 + 400 = 1 020（元）

变动制造费用的耗费差异，是实际支出按实际工时和标准费率计算的预算数之间的差额。由于后者承认实际工时是在必要的前提下计算出来的弹性预算数，因此该差异反映耗费水平即每小时业务量支出的变动制造费用脱离了标准。耗费差异是部门经理的责任，他们有责任将变动制造费用控制在弹性预算限额之内。

变动制造费用效率差异，是由于实际工时脱离了标准，多用工时导致的费用增加，因此其形成原因与人工效率差异相同。

四、固定制造费用差异的计算与分析

固定制造费用属于固定成本，其差异分析与各项变动成本差异分析不同。其分析方法有二因素分析法和三因素分析法两种。

（一）二因素分析法

二因素分析法是指将固定制造费用差异分为耗费差异和能量差异。

耗费差异是指固定制造费用的实际金额与固定制造费用预算金额之间的差额。固定费用与变动费用不同，不因业务量而变化，故差异分析有别于变动费用。在考核时不考虑业务量的变动，以原来的预算数作为标准，实际数超过预算数即视为耗费过多。其计算公式为：

固定制造费用耗费差异 = 固定制造费用实际数 − 固定制造费用预算数

能量差异是指固定制造费用预算与固定制造费用标准成本的差额，或者说是实际业务量的标准工时与生产能量的差额用标准分配率计算的金额。它反映实际产量标准工时未能达到生产能量而造成的损失。其计算公式如下：

固定制造费用能量差异 = 固定制造费用预算数 − 固定制造费用标准成本
= 生产能量 × 固定制造费用标准分配率 − 实际产量标准工时 × 固定制造费用标准分配率
= （生产能量 − 实际产量标准工时） × 标准分配率

$$标准分配率 = \frac{固定制造费用预算总额}{预算产量下标准总工时}$$

【例 8 −9】 假设某公司 2019 年 1 月甲产品实际产量 500 件，发生固定制造成本 9 440 元，实际工时为 3 100 小时；企业生产能量为 580 件即 3 480 小时；每件产品固定制造费用标准成本为 18 元/件，即每件产品标准工时为 6 小时，标准分配率为 3 元/小时。

固定制造费用耗费差异 = 9 440 − 3 480 × 3 = −1 000（元）

固定制造费用能量差异 = 3 480 × 3 − 500 × 6 × 3
= 10 440 − 9 000 = 1 440（元）

验算：

固定制造费用成本差异 = 实际固定制造费用 − 标准固定制造费用
= 9 440 − 500 × 6 × 3 = 440（元）

固定制造费用成本差异 = 耗费差异 + 能量差异
= −1 000 + 1 440 = 440（元）

（二）三因素分析法

三因素分析法是指将固定制造费用成本差异分为耗费差异、闲置能量差异和效率差异三部分。耗费差异的计算与二因素分析法相同。所不同的是，要将二因素分析法中的“能量差异”进一步分为两部分：一部分是实际工时未达到生产能量而形成的闲置能量差异；另一部分是实际工时脱离标准工时而形成的效率差异。

其计算公式如下：

固定制造费用闲置能量差异

=固定制造费用预算数 - 实际工时 × 固定制造费用标准分配率

=生产能量 × 固定制造费用标准分配率 - 实际工时 × 固定制造费用标准分配率

=（生产能量 - 实际工时）× 固定制造费用标准分配率

固定制造费用效率差异

=实际工时 × 固定制造费用标准分配率 - 固定制造费用标准成本

=实际工时 × 固定制造费用标准分配率 - 实际产量标准工时 × 固定制造费用标准分配率

=（实际工时 - 实际产量标准工时）× 固定制造费用标准分配率

【例 8-10】 根据例 8-9，能量差异可以分解为：

固定制造费用闲置能量差异

=（3 480 - 3 100）×3 = 380 × 3 = 1 140（元）

固定制造费用效率差异

=（3 100 - 500 × 6）×3 = 100 × 3 = 300（元）

三因素分析法的闲置能量差异（1 140 元）与效率差异（300 元）之和为 1 440 元，与二因素分析法中的“能量差异”数额相同。

【项目小结】

- 标准成本控制
  - 标准成本的制定
    - 标准成本的含义
    - 标准成本的分类
    - 标准成本的制定
  - 标准成本差异的计算与分析
    - 直接材料成本差异的计算与分析
    - 直接人工成本差异的计算与分析
    - 变动制造费用成本差异的计算与分析
    - 固定制造费用成本差异的计算与分析

【职业能力训练与案例分析】

一、单项选择题

1. 以资源无浪费、设备无故障、产出无废品、工时都有效的假设前提为依据而制定的标准成本是（　　）。

A. 基本标准成本　　B. 理想标准成本

C. 正常标准成本　　D. 现行标准成本

2. 固定制造费用的能量差异，可以进一步分为（　　）。

A. 闲置能量差异和耗费差异　　B. 闲置能量差异和效率差异

C. 耗费差异和效率差异　　D. 以上任何两种差异

3. 在二差异分析法中，固定制造费用的差异可以分解为（　　）。

A. 价格差异和产量差异　　B. 耗费差异和效率差异
C. 能量差异和效率差异　　D. 耗费差异和能量差异

4. 通常情况下，企业经过努力可以传达到的成本标准，这一标准考虑了生产过程中不可避免的损失、故障和偏差。则该标准成本为（　　）。

A. 平均标准成本　　B. 平均实际成本
C. 正常标准成本　　D. 理想标准成本

5. 某产品的变动制造费用标准成本为：工时消耗 4 小时/件，小时分配率 6 元。本月生产产品 300 件，实际使用工时 1 500 小时，实际发生变动制造费用 12 000 元，则变动制造费用效率差异为（　　）元。

A. 1 800　　B. 1 650
C. 1 440　　D. 1 760

二、多项选择题

1. 直接人工标准成本中的用量标准是指在现有生产技术条件下，生产单位产品需用的加工时间，包括（　　）。

A. 产品直接加工所需的时间
B. 生产工人必要的休息和生理上所需时间
C. 必要的停工时间
D. 机器设备的停工清理时间

2. 在三因素分析法下，固定性制造费用成本差异可分为（　　）。

A. 耗费差异　　B. 能量差异
C. 效率差异　　D. 闲置能量差异

3. 下列差异中，通常不属于生产部门责任的是（　　）.

A. 直接材料价格差异　　B. 直接人工工资率差异
C. 直接人工效率差异　　D. 变动制造费用效率差异

4. 影响变动制造费用效率差异的原因有（　　）。

A. 工人劳动情绪不佳　　B. 作业计划安排不当
C. 设备故障多　　D. 加班或使用临时工

5. 标准成本可以分为（　　）。

A. 平均标准成本　　B. 平均实际成本
C. 正常标准成本　　D. 理想标准成本

三、判断题

1. 在标准成本差异的分析中，计算标准成本的标准数量指的是实际产量下的标准数量。（　　）

2. 通常，正常标准成本小于理想标准成本。（　　）

3. 变动制造费用耗费差异是指变动制造费用的实际小时分配率脱离标准分配率的差额与实际工时的乘积。（　　）

4. 固定制造费用差异通常分为价格差异和用量差异两部分。（　　）

5. 在成本差异中，数量差异的大小是由用量脱离标准的程度以及实际价格高低决定的。 （　　）

四、计算分析题

某企业生产 A 产品，有关资料如下：

（1）预计本月生产 A 产品 600 件，固定制造费用预算数为 6 300 元，该企业 A 产品的标准成本资料如表 8－6 所示。

表 8－6　　A 产品标准成本

成本项目	标准单价（标准分配率）	标准用量	标准成本
直接材料	0.80 元/千克	80 千克/件	64 元/件
直接人工	3 元/小时	7 小时/件	21 元/件
变动制造费用	5 元/小时	7 小时/件	35 元/件
变动成本合计			120 元/件
固定制造费用	1.50 元/小时	7 小时/件	10.50 元/件
单位产品标准成本			130.50 元/件

（2）本月实际投产 A 产品 550 件，全部完工入库，无期初、期末在产品。

（3）本月实际购买材料价格 0.85 元/千克，全月实际耗用 45 100 千克。

（4）本月实际耗用工时 5 500 小时，每小时平均工资率 3.2 元。

（5）变动制造费用实际分配率 5.3 元/小时，固定制造费用实际发生额 8 400元。

要求：计算 A 产品的各项成本差异（固定制造费用差异分别用二差异和三差异法计算）。

五、案例分析

在 20 世纪的最后 20 年中，标准成本和差异分析受到广泛的批判。评论家认为，将实际成本与标准成本进行比较是一种静态的方法，它不能适应当今动态的、快节奏的、瞬息万变的环境。然而，有些公司仍在使用标准成本法，并以此来衡量业绩。据调查，美国有 86% 的制造业企业使用标准成本方法。

在这样一个动态的环境中应用标准，管理人员是如何衡量和报告那些差异的呢？首先，要定期对标准进行评估，如果企业正处于一个不断进步的状态之中，那么衡量的标准也必须经常修正。其次，标准和差异要能计量关键的战略性变化。设定一个标准，把实际结果同这一标准进行比较，然后找出差异存在的原因。最后，不能因差异的存在而指责标准。标准是一种计划，而事情并非总是按照计划进行。

帕克·汉尼芬公司（Parker Hannifin Corporation）的黄铜产品部门就是使用标准成本方法来满足它的特定需求的。它创建了三个新的差异：（1）标准运行数量差异，通过与最佳生产运行批量对比检验实际运行效果；（2）材料代替差异，把材料成本与可替代材料成本进行对比；（3）加工方式差异，通过与可替代的机器生产的成本进行比较来衡量实际使用机器的成本。所有这些差异都使用了同样的原理，就是建立一个标准，然后将会实际结果同它进行比较，但是他们并没有使用传统的标准成本差异计算公式。

请思考：

你是否认为标准成本制度已经过时了？为什么？

资料来源：[美] 查尔斯·亨格瑞等著，潘飞等译，管理会计教程（第 15 版）. 北京：人民邮电出版社，2016.

项目九　作业成本法

【学习目标】

- □ 理解作业成本法的含义及相关概念
- □ 理解作业成本法的特点
- □ 掌握作业成本法的运用

任务一　作业成本法认知

一、作业成本法产生的背景

随着“机器取代人”的自动化制造时代的来临，企业的经营环境正在发生巨大改变。伴随着这种改变，产品或劳务的成本结构亦发生重大改变，其特征就是直接人工成本比重大大下降，制造费用（主要是折旧费用等固定成本）比重大大增加。因此，制造费用分配得科学与否很大程度上决定产品成本计算的准确性和成本控制的有效性。

传统的成本计算方法存在两个重要缺陷：

（1）将固定成本分摊给不同种类的产品。按照这种做法，随着产量的增加，单位产品分摊的固定成本下降，即使单位变动成本不变，平均成本也会随着产量的增加而下降。在销售收入不变的情况下，增加生产量可以使部分固定成本被存货吸收，减少当期销货成本，增加当期利润，从而刺激经理人员过度生产。变动成本法是针对这个缺点提出来的。

（2）产生误导决策的成本信息。在传统的成本计算法下，制造费用通常按直接人工等产量基础进行分配。实际上，有许多制造费用项目不是产量的函数，而与生产批次等其他变量存在因果关系。全部按产量基础分配制造费用，会产生误导决策的成本信息。作业成本法是针对这一缺陷提出来的。

二、作业成本法的含义

作业成本计算法［Activity - based Costing（ABC）Systems］，简称作业成

本法，最开始只是作为一种产品成本的计算方法，其对传统成本计算方法的改善，主要表现在采用多重分配标准分配制造费用的技术变革上。随着成本计算方法的改善，它也开始兼顾到制造费用和销售费用的分析，以及对价值链成本的分析，并将成本分析的结果应用到战略管理中，从而形成了作业成本管理。因此，作业成本法是将间接成本和辅助费用更准确地分配到产品和服务的一种成本计算方法。

依据作业成本法的观念，企业的全部经营活动是由一系列相互关联的作业组成的，企业每进行一项作业都要耗用一定的资源；与此同时，产品（包括提供的服务）被一系列的作业生产出来。产品成本是全部作业所消耗资源的总和，产品是消耗全部作业的成果。在计算产品成本时，首先按经营活动中发生的各项作业来归集成本，计算出作业成本；然后再按各项作业成本与成本对象（产品、服务或顾客）之间的因果关系，将作业成本分配到成本对象，最终完成成本计算过程。

在作业成本法下，直接成本可以直接计入有关产品，与传统的成本计算方法并无差异，只是直接成本的范围比传统成本计算得要大，凡是可方便地追溯到产品的材料、人工和其他成本都可以直接归属于特定产品，尽量减少不准确的分配。不能追溯到产品的成本，则最先追溯到有关作业或分配到有关作业，计算作业成本，然后再将作业成本分配到有关产品。

三、作业成本法的相关概念

正确理解作业成本法，需要明确以下几个概念：

（一）资源

资源是企业生产耗费的原始形态，是成本产生的源泉。企业作业活动系统所涉及的人力、物力、财力都属于资源。一个企业的资源包括直接材料、直接人工、间接费用等。

（二）作业

作业是指在一个组织内为了某一目的而进行的耗费资源的工作，它是作业成本计算系统中最小的成本归集单元。作业贯穿于产品生产经营的全过程，从产品设计、原材料采购、生产加工直至产品的发运销售。在这一过程中，每个环节、每道工序均可以视为一项作业。

（三）成本动因

成本动因是指作业成本或产品成本的驱动因素，是导致成本发生的因素。例如，产量增加时，直接材料成本就增加，产量是直接材料成本的驱动因素，即直接材料的成本动因。应该强调的是，成本动因必须按两个标准选择：一是成本动因与资源消耗或支持业务之间必须具有合理的因果关系；二是有关成本动因的数据必须是可获取的。在作业成本法中，成本动因是成本分配的依据，成本动因分为资源动因和作业动因两类。

（1）资源动因。资源动因是引起作业成本增加的驱动因素，用来衡量一项作业的资源消耗量。依据资源动因可以将资源成本分配给各有关作业。例如，产品质量检验工作（作业）需要有检验人员、专用的设备，并耗用一定的能源（电力）等。检验作业作为成本对象（亦称成本库），耗用的各项资源构成了检验作业的成本。其中，检验人员的工资、专用设备的折旧费等成本，一般可以直接归属于检验作业；而能源成本往往不能直接计入，需要根据设备额定功率（或根据历史资料统计的每小时平均耗电数量）和设备开动时间来分配。这里，“设备的额定功率乘以开动时间”就是能源成本的动因。设备开动导致能源成本发生，设备的功率乘以开动时间的数值（即动因数量）越大，耗用的能源越多。按“设备的额定功率乘以开动时间”这一动因作为能源成本的分配基础，可以将检验专用设备耗用的能源成本分配到检验作业当中。

（2）作业动因。作业动因是引起产品成本增加的驱动因素，是衡量一个成本对象（产品或服务）需要的作业量。作业动因计量各成本对象耗用作业的情况，是作业成本分配的依据。例如，每批产品完工后都需进行质量检验，如果对任何产品的每一批次进行质量检验所发生的成本相同，则检验的“次数”就是检验作业的成本动因，它是引起产品检验成本增加的驱动因素。

（四）作业中心

作业中心又称成本库，是指构成一个业务过程的相互联系的作业集合，用来汇集业务过程及其产出的成本。换言之，按照统一的作业动因，将各种资源耗费项目归结在一起，便形成了作业中心。作业中心有助于企业更明晰地分析一组相关的作业，以便进行作业管理以及企业组织机构和责任中心的设计与考核。

四、作业成本法的主要特点

作业成本法的主要特点，是相对于以产量为基础的传统成本计算方法而言的。

（一）成本计算分为两个阶段

作业成本法的基本指导思想是，“产品消耗作业，作业消耗资源”。根据这一指导思想，作业成本计算分为两个阶段：第一阶段，根据资源动因消耗量，将作业执行中耗费的资源成本追溯（或分配）到作业，计算作业的成本；第二阶段，根据作业动因消耗量，计算作业成本分配率，将第一阶段计算的作业成本追溯到各有关产品或服务对象。

传统的成本计算方法也是分两步进行。第一步除了把直接成本追溯到产品之外，还要把不同性质的各种间接费用按部门归集在一起；第二步是以产量为基础，将间接费用分摊到各种产品。传统方法下的间接成本计算过程，可概括为：“资源→部门→产品”。作业成本法下成本计算的第一阶段，除了把直接成本追溯到产品以外，还要将各项间接费用分配到有关作业，并把各作业看成是按产品生产需求重新组合的“资源”；在第二阶段，按照作业消耗与产品之间不同的因果关系，将作业成本分配到产品。因此，作业成本法下的间接成本计算过程可以概括为：“资源→作业→产品”（见图 9-1）。

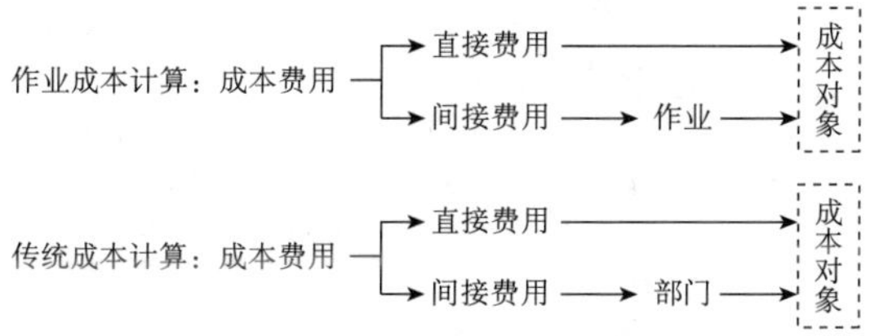

图 9－1　作业成本计算法与传统成本计算法

（二）成本分配强调可追溯性

作业成本法认为，将成本分配到成本对象有三种不同的形式：直接追溯、动因追溯和分摊。

1. 直接追溯，是指将成本直接确认分配到某一成本对象的过程。这一过程是可以通过实地观察来判断的。使用直接追溯方式得到的产品成本是最准确的。

2. 动因追溯，即动因分配，是指根据成本动因将成本分配到各成本对象的过程。生产活动中耗费的各项资源，其成本不是都能直接追溯到成本对象的。对不能直接追溯的成本，作业成本法强调使用动因追溯方式，根据成本动因（包括资源动因或作业动因）将成本分配到有关成本对象（作业或产品）。采用动因追溯方式分配成本，首先必须找到引起成本变动的真正原因，即成本与成本动因之间的因果关系。

3. 分摊。有些成本既不能追溯，也不能合理、方便地找到成本动因，只好使用产量作为分配基础，将其强制分摊给成本对象。

作业成本法强调使用直接追溯法和动因追溯法来分配成本，尽可能避免使用分摊方式，因此能够提供更加真实、准确的成本信息。

（三）成本分配使用众多不同层面的成本动因

在传统的成本计算方法下，产量（或与产量相关的业务量）被认为是能够解释产品成本变动的唯一动因，并以此作为分配基础进行间接费用的分配。而制造费用是一个由多种不同性质的间接费用组成的集合，这些性质不同的费用有些是随产量变动的，而多数则并不随产量变动，因此用单一的产量作为分配制造费用的基础显然是不合适的。

作业成本法的独到之处在于，它把资源的消耗首先追溯或分配到作业，然后使用不同层面和数量众多的作业动因将作业成本分配到产品。采用不同层面的、众多的成本动因进行成本分配，要比采用单一分配基础更加合理，更能保证成本的准确性。

任务二　作业成本计算

一、设计作业成本系统的步骤

作业成本计算法可以归纳为“作业消耗资源，产品消耗作业”，其计算程序可以概括为图 9－2 所示内容。

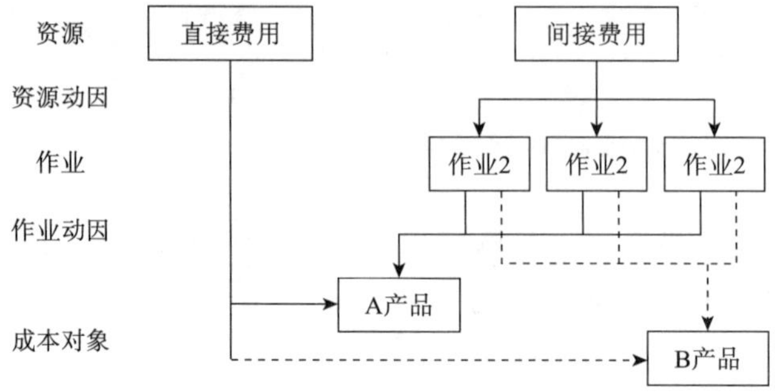

图 9－2　作业成本法计算程序

作业成本计算法的具体步骤为：

（一）设立资源库，并归集资源库耗费价值

企业在生产产品或提供劳务过程中会消耗各种资源，如货币资金、原材料、人力、动力、厂房设备等。企业首先应按资源种类设置资源库，并对一定期间内耗费的各种资源价值进行计量，将计量结果归入各资源库中。

（二）确认作业，将各资源库耗费价值分配到各作业成本库

作业是成本分配的第一对象，作业成本计算要确认每一项作业完成的工作以及执行该作业耗用的资源成本。区分不同作业的标志是作业的目的，把企业的生产过程按照每一工作的特定目的区分为若干项作业，这些作业互补并且互斥，构成了完整的生产经营过程。从管理的角度，作业的划分可粗可细，应选出相对独立的、对产品的形成影响较大的主要作业，并确定与作业主要成本消耗相关性较大的成本动因。作业确认后，一般不得轻易发生变动。

为每一项作业设立一个成本库，对资源库耗费价值的分配就是怎样将其结转到作业成本库的具体分配问题。分配的依据就是资源动因，即各作业对资源的消耗量。确立资源动因的原则是：如果某项资源耗费能直接追溯为某一特定产品所消耗，则直接计入该特定产品成本；如果某项资源耗费能直接追溯为某项作业所消耗，则可以直接计入该作业成本库；如果某项资源耗费从最初消耗上呈混合耗费形态，则需选择合适的资源动因分配到各项作业。

在成本分配过程中，各资源库价值要根据资源动因逐项分配到各作业，将每个作业库各资源要素价值相加就形成了作业成本库成本。

（三）选择作业动因，将各作业成本库成本分配计入最终产品成本

作业动因是将作业成本库成本分配到最终产品或服务的标准。在确定了作业成本之后，根据作业动因计算单位作业成本，再根据作业量计算成本对象应负担的成本。

作业成本分配率＝本期作业成本库归集总成本÷作业量

某产品耗用的作业成本＝该产品耗用的作业量×作业成本分配率

（四）计算产品成本

当期投入该产品的直接成本（直接材料成本、直接人工成本）和各项作业成本共同构成某产品当期发生的总成本，其计算公式为：

某产品当期发生成本 = 当期投入该产品的直接成本 + 当期该产品耗用的各项作业成本

二、作业成本法举例

【例 9 - 1】 某企业生产 A、B 两种产品，有关年产销量、批次、成本、工时等资料见表 9 - 1。

表 9 - 1　　产销量及直接成本等资料表

项　　目	A 产品	B 产品
产销量（件）	200 000	40 000
生产次数（次）	4	10
定购次数（次）	4	10
每次定购量（件）	25 000	2 000
直接材料成本（元）	24 000 000	2 000 000
直接人工成本（元）	3 000 000	600 000
机器制造工时（小时）	400 000	160 000

该企业当年制造费用项目与金额见表 9 - 2。

表 9 - 2　　制造费用明细表　　单位：元

项　　目	金　　额
材料验收成本	300 000
产品检验成本	470 000
燃料与水电成本	402 000
开工成本	220 000
职工福利支出	190 000
设备折旧	300 000
厂房折旧	230 000
材料储存成本	140 000
经营者薪金	100 000
合　　计	2 352 000

1. 传统成本法下成本计算。按传统成本计算法，制造费用可按机器制造工时进行分配，制造费用分配率为：

制造费用分配率 = 2 352 000 ÷ （400 000 + 160 000） = 4. 2（元）

A 产品应分摊的制造费用 = 400 000 × 4. 2 = 1 680 000（元）

B 产品应分摊的制造费用 = 160 000 × 4. 2 = 672 000（元）

根据上述分析和计算可编制产品成本计算表，如表 9 - 3 所示。

表9－3　　传统成本计算法下成本计算表

项　目	A产品	B产品
直接材料成本（元）	24 000 000	2 000 000
直接人工成本（元）	3 000 000	600 000
制造费用（元）	1 680 000	672 000
总成本（元）	28 680 000	3 272 000
产销量（件）	200 000	40 000
单位产品成本（元）	143.4	81.8

2. 作业成本法下成本计算。作业成本计算的关键在于对制造费用的处理不是完全按机器制造工时进行分配，而是根据作业中心与成本动因，确定各类制造费用的分配标准。下面分别确定表9－2中各项制造费用的分配标准和分配率：

（1）对于材料验收成本、产品检验成本和开工成本，其成本动因是生产与定购次数，可以此作为这三项制造费用的分配标准。其分配率为：

材料验收成本分配率＝300 000÷14＝21 428.57（元）

产品检验成本分配率＝470 000÷14＝33 571.43（元）

开工成本分配率＝220 000÷14＝15 714.29（元）

（2）对于设备折旧费用、燃料与水电费用，其成本动因是机器制造工时，可以机器制造工时作为这两项费用的分配标准。其分配率为：

设备折旧费用分配率＝300 000÷560 000＝0.53571（元）

燃料与水电费分配率＝402 000÷560 000＝0.71786（元）

（3）对于职工福利支出，其成本动因是直接人工成本，可以直接人工成本作为职工福利支出的分配标准。其分配率为：

职工福利支出分配率＝190 000÷3 600 000＝0.05278（元）

（4）对于厂房折旧和经营者薪金，其成本动因是产品产销量，厂房折旧和经营者薪金可以此为分配标准。其分配率为：

厂房折旧费用分配率＝230 000÷240 000＝0.9583（元）

经营者薪金分配率＝100 000÷240 000＝0.4167（元）

（5）对于材料储存成本，其成本动因是直接材料的数量或成本，可以此为标准分配材料储存成本。其分配率为：

材料储存成本分配率＝140 000÷26 000 000＝0.00538（元）

根据上述计算的费用分配率，将各项制造费用在A产品和B产品之间分配，其分配结果见表9－4。

根据上述分析与计算可编制作业成本计算表如表9－5所示。

表 9 – 4　　制造费用分配明细表　　单位：元

项　　目	合计	A 产品	B 产品
材料验收成本	300 000	85 714	214 286
产品检验成本	470 000	134 286	335 714
燃料与水电成本	402 000	287 143	114 857
开工成本	220 000	62 857	157 143
职工福利支出	190 000	158 340	31 660
设备折旧	300 000	214 284	85 716
厂房折旧	230 000	191 660	38 340
材料储存成本	140 000	129 120	10 880
经营者薪金	100 000	83 334	16 666
合　　计	2 352 000	1 346 738	1 005 262

表 9 – 5　　作业成本计算法下成本计算表

项　　目	A 产品	B 产品
直接材料成本（元）	24 000 000	2 000 000
直接人工成本（元）	3 000 000	600 000
制造费用（元）	1 346 738	1 005 262
总成本（元）	28 346 738	3 605 262
产销量（件）	200 000	40 000
单位产品成本（元）	141. 73	90. 13

比较表 9 – 3 和表 9 – 5 可见，按作业成本计算法，A 产品单位成本由传统成本计算的 143. 4 元下降为 141. 73 元；B 产品单位成本由传统成本计算的 81. 8 元提高到 90. 13 元。产生差异的原因主要是传统成本计算对制造费用只采用单一的分配标准，而忽视了不同作业之间的成本动因不同。显然，按作业成本计算比按传统成本计算更准确和科学。

【项目小结】

- 作业成本法
  - 作业成本法认知
    - 作业成本法产生的背景
    - 作业成本法的含义
    - 作业成本法的相关概念
    - 作业成本法的主要特点
  - 作业成本法计算
    - 设计作业成本系统的步骤
    - 作业成本法应用举例

【职业能力训练与案例分析】

一、单项选择题

1. 在现代制造业中，（　　）的比重极大地增加，结构也彻底发生了改变。

A. 直接人工　　B. 直接材料

C. 间接费用　　D. 期间费用

2. 与传统成本计算方法相比，作业成本计算法更注重成本信息对决策的（　　）。

A. 有用性　　B. 相关性

C. 可比性　　D. 一致性

3. 下列关于作业成本法的说法，不正确的是（　　）。

A. 产品的成本实际上就是企业全部作业所消耗资源的总和

B. 成本动因分为资源动因和作业动因

C. 作业成本法下，所有成本都需要先分配到有关作业，然后再将作业成本分配到有关产品

D. 作业成本法的基本指导思想是“作业消耗资源、产品消耗作业”

4. 作业成本法的主要特点不包括（　　）。

A. 作业计算分为两个阶段

B. 成本分配强调因果关系

C. 成本分配使用众多不同层面的成本动因

D. 成本分配使用相同的成本动因

5. 作业消耗一定的（　　）。

A. 成本　　B. 时间

C. 费用　　D. 资源

6. 作业成本计算法下的成本计算程序，首先要确认作业中心，将（　　）归集到各作业中心。

A. 资源耗费价值　　B. 直接材料

C. 直接人工　　D. 制造费用

7. （　　）是把资源库价值分解到各作业成本库的依据。

A. 资源动因　　B. 作业动因

C. 成本动因　　D. 批别动因

8. （　　）是将作业成本分配到产品或劳务中去的标准。

A. 资源动因　　B. 作业动因

C. 成本动因　　D. 价值动因

9. 作业成本法是把企业消耗的资源按（　　）分配到作业以及把作业收集的作业成本按（　　）分配到成本对象的核算方法。

A. 资源动因、成本动因　　B. 资源动因、作业动因

C. 成本动因、作业动因　　D. 作业动因、资源动因

10. 作业成本计算法的决策相关性是指基于作业基础计算出的（　　），能满足企业生产经营决策多方面的需要。

A. 价格信息　　B. 产量信息

C. 销售信息　　D. 成本信息

二、多项选择题

1. 以下关于作业成本计算法的表述，正确的有（　　）。

A. 作业成本计算法的理论依据是：成本对象耗用作业，作业耗用资源

B. 作业成本的计算过程可以概括为：资源→作业→产品

C. 作业成本法是一种独立于传统成本计算方法之外的一种新的成本计算方法

D. 实施作业成本法是一个庞大的系统工程，涉及方方面面

2. 下列追溯方式中表述正确的是（　　）。

A. 使用直接追溯方式最能真实反映产品成本

B. 使用动因追溯最能真实反映产品成本

C. 直接追溯，是指将成本直接确认分配到某一成本对象的过程

D. 直接追溯这一过程是可以实地观察的

3. 下列关于资源动因表述正确的是（　　）。

A. 它是引起作业成本变动的因素

B. 它是引起产品成本变动的因素

C. 它被用来计量各项作业对资源的耗用，运用它可以将资源成本分配给各有关作业

D. 它是计量各种产品对作业耗用的情况，并被用来作为作业成本的分配基础

4. 与传统的成本管理相比，作业成本法的特点在于（　　）。

A. 传统成本管理的对象是成本，作业成本管理的对象不是成本，而是作业

B. 传统成本管理关注的重点是成本，作业成本管理关注的重点是作业

C. 传统成本管理一般以部门作为责任中心，作业成本管理则是以作业及相关作业形成的价值链来划分职责

D. 传统成本管理以现实可能达到的水平作为控制标准，作业成本管理以最优或理想成本作为控制标准

三、判断题

1. 在变化了的制造环境下，传统的成本计算方法计算产品成本将会歪曲成本信息，甚至使成本信息完全丧失决策相关性。（　　）

2. 作业成本法的程序是按“资源→作业→产品”，而传统的成本计算法是

“资源→产品”。（ ）

3. 传统成本管理的对象是产品，作业成本管理的对象不是产品，而是作业。（ ）

4. 作业成本法的基本指导思想是“作业消耗资源、产品消耗作业”。（ ）

5. 作业成本法下的成本项目是按照经济用途设置的。（ ）

四、计算分析题

某企业只生产A、B、C三种产品。本月投产A、B、C三种产品的产量分别为1 000件、2 000件、3 000件；本月发生制造费用总额为1 000 000元，其中机器运转费用（与机器工时有关）42万元，生产准备费用（与生产班次有关）18万元，材料整理、质量保证及包装费用（与产量有关）24万元，综合能力维持费用（与直接人工工时有关）16万元。其他有关产品成本的资料如表9－6所示。

表9－6 A、B、C三种产品成本资料表

品　名	A产品	B产品	C产品
直接材料成本（元/件）	100	200	300
直接人工成本（元/小时）	30	30	30
准备工时成本（元/小时）	30	30	30
生产班次（个）	2	4	3
直接人工工时（小时/件）	4	3	2
生产准备工时（小时/次）	10	10	10
机器工时（小时/件）	1	2	3

要求：

（1）采用传统成本计算法分别计算A、B、C三种产品总成本和单位成本（假定制造费用按直接人工工时比例分配）。

（2）采用作业成本计算法分别计算A、B、C三种产品总成本和单位成本。

五、案例分析

莫科公司位于墨尔本，是工程零件制造商，它是唯一生产这种零件的澳大利亚厂商，近年来受到海外制造商的激烈竞争。莫科公司是一个大集团公司的分公司，只有100多人，它的会计部门有6人，包括一名财务控制员，他的职责特定为把作业成本法导入企业。财务控制员的前一家工作单位是位于墨尔本的汽车零部件生产商，由于那家公司高层对于作业成本法带来的效益不能认同，他在那家企业导入作业成本法失败了。

这一家集团公司内部以前从未使用过作业成本法，莫科公司是这个集团内第一家成功应用作业成本法的企业。它以前的成本核算系统是传统成本核算系统，其中制造费用按照人工小时分配。莫科公司的客户广泛，产品系列很多，生产过程既有高度复杂的自动化生产也有部分的手工生产。为了满足客户的特殊需求，订单都非常小，因此市场要求公司具有高度的柔性和快速反应能力。

莫科公司早在五年之前就开始在现代制造技术方面投资，包括自动焊接机器人等，这导致莫科公司产品的成本结构发生了显著的变化。现在的人力资源成本仅仅是以前的人力资源成本的一小部分，但是由新技术带来的成本节约并没有使顾客获得好处，也没有使企业的产品在市场商获得价格优势。许多客户转向从国外供应商进货，虽然他们还是希望能够采用莫科公司的产品。

尽管公司的边际利润在增长，但客户还是慢慢地向海外供应商流失。公司不清楚到底是那一部分导致了边际利润地增长。只是他们很清楚，目前的会计系统存在不足。因为信息不足，高层无法据此做出诸如价格之类正确的决策。

他们从一个前高层经理那里了解到作业成本法，但是他们自己没有关于作业成本法的任何经验，既不知道这个系统是如何运作的，也不知道该如何来建立一个作业成本法系统，但是他们认为作业成本法是解决莫科公司目前面临问题的一个方案。后来，财务控制员被指定为专门在莫科公司导入作业成本法的负责人。接受到这项任务后，财务控制员建立了一个包括他自己、一个制造部门的工程师和一个成本会计师的项目组，在之后的三个月时间里，作业成本法项目小组与公司内部其他部门的人员进行了大量的非正式交流。工程师和财务控制员都全职参与 ABC 实施工作，成本会计师大约把 2/3 的时间投入到这个项目上。

该小组为全企业建立了 25 个成本库，并用了大量的时间就成本动因达成一致。一些认定的成本动因如下：

（1）机床调试的频率（这包括编程数控机床）。

（2）制造订单数量（这是很多作业的驱动因素：包括从报价到送货的很多作业）。

（3）采购订单数量：这是采购部门工作量的主要驱动因素。

（4）产品销售的商店数量。

（5）检查的次数：很多地方需要抽样检查。

（6）工作面积分配给过程和设备。

（7）单个服务人员成本。

很多成本动因对于多个成本库是相同的，项目小组在成本分配上没有费多少时间。莫科公司实施作业成本法的软件系统是基于 PC 的，其中包含大量由财务控制员建立的 Excel 表。购买软件只需要 1 000 美元，但是需要做很多的基础工作来使软件适合公司的特殊需要，另外收集和输入数据也很花时间。

作业成本法系统最初计划在 40 ~ 50 个产品上试运行，这些产品覆盖了公司产品的所有系列。当他们分析了产品的同质性后，品种数量降低到 25 个。老的成本核算系统仍旧在使用，主要是为了存货估价、差异分析、评估劳动生产率。

作业成本法系统能够计算出真实的成本和并用于定价，自动计算出业绩计量和产品的利润率，能给管理上提供很多决策相关的信息，当前年度的预算也将基于作业成本法提供的信息和建立的作业成本核算模型做出。

根据财务控制员的消息，莫科公司实施作业成本法带来了多方面的效益，包括：

（1）获得了更准确的成本信息和定价信息，由此改变公司在市场中的地位；

（2）建立针对进口的有竞争力的产品的基准；

（3）更好的成本信息使得管理层把一些内部低效率的制造转向外包；

（4）由于针对不同方面更好的衡量，公司做出了更好的资本投资决策；

（5）一些消耗成本较高的问题区域被明确，其中包括数控加工段，现在，它的成本已经降下来了；

（6）建立了对改进状况进行评价的业绩评价标准；

（7）建立了详细而精确的年度预算。

尽管实施作业成本法需要花费 12 个月时间，但是公司获得效益明显超过投入。简单地说，作业成本法带来的效益在于管理层可以使用更精确和更具有相关性的信息，作业成本法为管理层的商业决策提供了一个好的工具。

缺乏适当的资源来支持作业成本法的运行仍然是莫科公司作业成本法系统面临的问题，这可能会在近期成为一个主要的问题，因为高级管理层发生了变化。在莫科公司推动实施作业成本法的总经理近期离开了，新来的总经理对莫科公司的作业成本法系统不熟悉并且不完全赞同作业成本法的价值。新来的总经理可能不会为 ABC 系统的进一步开发和运行分配足够的资源，好在集团的高层管理层认识到了作业成本法的潜力，继续推动作业成本法在集团内的应用。财务控制员一直认为作业成本法对集团的进一步发展来说是一个好的工具，应该在集团全面推广。在集团内部又成功实施两个作业成本法系统之后，财务控制员认为作业成本法是对于集团来说是一个“必需的系统，它很显然能够解决制造商当前面临的许多问题，系统提供信息的质量是很高的，促进了基于事实的决策。”

请思考：

（1）为什么作业成本法比传统的成本计算法能够给管理者提供更为准确的成本信息？

（2）作业成本系统比传统的成本核算系统更复杂、更昂贵，是否适用于所有企业？为什么？

资料来源：http：//www.chinaacc.com/new/635_652_/2009_10_28_le46301111501820190024180.shtml.

项目十　预算管理

【学习目标】

☐ 会编制弹性预算和零基预算
☐ 能理解固定预算、增量预算、定期预算和滚动预算的编制方法和编制程序
☐ 会编制营业预算和资本支出预算
☐ 会编制现金预算、预计利润表、预计资产负债表
☐ 学会运用电子表格编制预算的能力
☐ 明确预算的重要性

任务一　预算管理认知

一、预算的含义

预算是企业根据战略规划、经营目标和资源状况，运用系统方法编制的企业整体经营、资本、财务等一系列业务管理标准和行动计划。

预算是一种管理工具，也是一套系统的管理方法。预算是计划工作的成果，它既是决策的具体化，又是控制生产经营活动的依据。

预算具有两个特征：首先，预算与企业的战略或目标保持一致，因为预算是为实现企业目标而对各种资源和企业活动做出的详细安排；其次，预算是数量化的并具有可执行性，因为预算作为一种数量化的详细计划，它是对未来活动细致、周密的安排，是未来经营活动的依据。因此，数量化和可执行性是预算最主要的特征。

二、预算的作用

预算是对企业未来的系统规划，对企业的未来发展和业务工作具有直接的作用。

(一) 明确工作目标

预算是企业全部未来计划的数量说明，规定了企业一定时期的总目标和各级各部门的具体目标。通过预算，可使各个部门从价值上了解本单位的经济活动与整个企业经营目标之间的关系，明确各自的职责和努力方向，从本部门的角度去完成企业总的战略目标。如果说目标是目的地，那么全面预算是指引我们到达目的地的地图。

(二) 协调部门关系

预算是企业未来的行动计划，它把企业各部门的工作纳入统一计划，促使各部门的预算相互协调，相互衔接，在保证企业整体目标最优的前提下，组织各自的生产经营活动。例如，预算迫使采购人员将他们的计划与生产需求相整合，而生产经理用销售预算来帮助他们对所需材料和员工做出预测和计划；类似地，财务人员用销售预算和材料预算等来预测企业的现金需求。

(三) 控制日常活动

预算是企业控制日常经营活动的依据。在预算的执行过程中，各部门应将实际执行结果与预算标准进行对比分析，找出差距，分析原因，采取措施，保证预算目标的顺利完成。

(四) 考核业绩标准

预算所确定的各项指标，也是考核各部门工作业绩的基本尺度，是实施激励措施的重要依据。一般而言，与过去的业绩相比，预算的目标是判断实际执行结果的一个更好的依据，因为在过去的业绩中，可能隐藏着效率低下。从而，预算的目标成为奖勤罚懒、评估优劣的准绳。

三、预算的分类

企业的预算一般包括营业预算、资本预算和财务预算三大类。其中，营业预算和财务预算主要为预算期在一年以内的短期预算，如年度预算、季度预算和月度预算；资本预算主要为预算期在一年以上的长期预算。

(一) 营业预算的构成

营业预算又称经营预算、业务预算，是与企业日常经营业务直接相关的各种预算，属于短期预算。营业预算通常与企业经营业务各环节相结合。就制造业企业而言，营业预算一般包括销售预算、生产预算、成本预算、费用预算等。

(二) 资本预算的构成

资本预算是对企业投资和筹资业务的预算，属于长期预算。资本预算包括长期投资预算和长期筹资预算。

(三) 财务预算的构成

财务预算是对企业财务状况、经营成果和现金流量的预算，属于短期预算。财务预算是企业的综合预算，营业预算和资本预算最终大都可以反映在财务预算中，所以财务预算又称为“总预算”；而各种营业预算和资本预算则称为“分预算”。为便于与企业财务会计报表相比较，财务预算一般包括现金预算、利润预算、财务状况预算等。

四、预算的体系

各种预算是一个有机联系的整体。一般将由营业预算、资本预算和财务预算组成的预算体系，称为全面预算体系。其结构如图 10－1 所示。

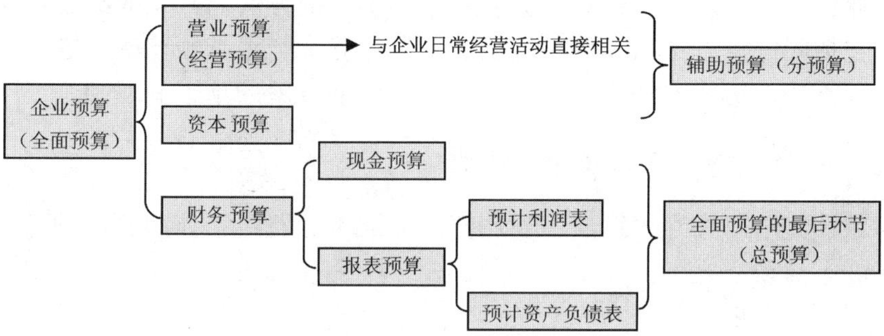

图 10－1　预算体系

五、预算的编制程序

企业编制预算，一般应按照“上下结合、分级编制、逐级汇总”的程序进行。

（一）下达目标

企业决策机构（如董事会或经理办公室）根据企业发展战略和预算期经济形势的初步预测，在决策的基础上，提出下一年度企业预算目标，包括销售或营业目标、成本费用目标、利润目标和现金流量目标，并确定预算编制的政策，由预算委员会下达各预算执行单位。

（二）编制上报

各预算执行单位提出详细的本单位预算方案，上报企业财务管理部门。

（三）审查平衡

企业财务管理部门对上报的财务预算方案进行审查、汇总，提出综合平衡的建议。在审查、平衡过程中，预算委员会应当进行充分协调，对发现的问题提出初步调整意见，并反馈给有关预算执行单位予以修正。

（四）审议批准

企业财务管理部门在有关预算执行单位修正调整的基础上，编制出企业预算方案，报财务预算委员会讨论。对于不符合企业发展战略或者预算目标的事项，企业预算委员会应当责成有关预算执行单位进一步修订、调整。在讨论、调整的基础上，企业财务管理部门正式编制企业年度预算方案，提交决策机构审议批准。

（五）下达执行

企业财务管理部门对决策机构审议批准的年度总预算，一般在次年 3 月底以前，分解成一系列的指标体系，由预算委员会逐级下达各预算执行单位执行。

任务二 预算的编制方法

企业预算比较复杂，编制预算需要采用不同的方法。常见的编制预算的方法主要包括固定预算法与弹性预算法、增量预算法与零基预算法、定期预算法与滚动预算法，这些方法广泛应用于与营业活动有关的预算的编制。

一、固定预算与弹性预算的编制

固定预算法与弹性预算法主要用于产品成本、费用和利润的编制，两者之间存在静态与动态之别。

（一）固定预算法

固定预算法又称静态预算法，是按照某一固定的业务量（如生产量、销售量等）编制预算的方法。固定预算方法通常适用于业务量水平较为稳定的生产和销售业务的成本费用预算的编制，如直接材料预算、直接人工预算和制造费用预算等。

固定预算法的缺点表现在两个方面：（1）适应性差。固定预算法编制预算的业务量基础是事先假定的某个业务量，不论预算期内业务量水平实际可能发生哪些变动，只能按此业务量水平作为预算编制的基础。（2）可比性差。当实际的业务量与编制预算所依据的业务量发生较大差异时，有关预算指标的实际数与预算数就会因业务量基础不同而失去可比性。

例如，某企业预计业务量为销售 200 000 件产品，按此业务量给销售部门的预算费用为 10 000 元。如果该销售部门实际销售量达到 230 000 件，超出预算业务量，固定预算的费用预算仍为 10 000 元。

（二）弹性预算法

1. 弹性预算的特点。弹性预算法又称动态预算法，是在成本性态分析的基础上，以业务量、成本和利润之间的依存关系为依据，以预算期可预见的各种业务量水平为基础，编制能够适用多种情况预算的一种方法，它是为克服固定预算法的缺点而设计的。弹性预算法主要用于成本费用预算和利润预算，尤其是成本费用预算。

编制弹性预算，要选用一个最能代表生产经营活动水平的业务量计量单位，可以是产量、销售量、直接人工工时、机器工时、材料消耗量等。例如，以手工操作为主的车间，就应选用人工工时；制造单一产品或零件的部门，可以选用实物数量；修理部门可以选用直接修理工时等。

弹性预算法所采用的业务量范围，视企业或部门的业务量变化情况而定，务必使实际业务量不至于超出相关的业务量范围。一般来说，可定在正常生产能力的 70% ~110% 之间，或以历史上最高业务量和最低业务量为其上下限。

与按特定业务量水平的固定预算相比，弹性预算有两个显著的特点：

（1）弹性预算是按照一系列业务量水平编制的，从而扩大了预算的适用范围；

（2）弹性预算是按成本性态分类列示的，在预算执行中可以计算“实际业务量的预算成本”，便于预算执行的评价与考核。

【例10－1】 某公司生产甲产品，其编制的弹性预算如表10－1所示。

表10－1　某公司甲产品弹性预算成本表　　单位：元

业务量（台）	700	800	900	1 000	1 100
占正常生产能力百分比	70%	80%	90%	100%	110%
变动成本：					
直接材料（100元/台）	70 000	80 000	90 000	100 000	110 000
直接人工（70元/台）	49 000	56 000	63 000	70 000	77 000
变动制造费用（30元/台）	21 000	24 000	27 000	30 000	33 000
小　计	140 000	160 000	180 000	200 000	220 000
固定制造费用	90 000	90 000	90 000	90 000	90 000
合　计	230 000	250 000	270 000	290 000	310 000

表10－1说明了弹性预算的编制过程。其业务量的适用范围为700～1 100台之间，即正常生产能力的70%～110%之间。如果实际产量在这一范围内，固定成本相对不变，变动成本与业务量成比例变动。

2. 弹性预算的编制方法。编制弹性预算时，首先要将预算中的全部成本费用划分为固定成本和变动成本两部分（不容易划分的也可以保留混合成本）。由于固定成本本身的特点，不会随着业务量的增减变化而变化，因此在编制弹性预算表时，不论业务量多少，都无需变动原固定预算数；而变动成本会随着业务量的增减变动成正比例变动，在编制弹性预算表时，应按照不同的业务量对原有的预算数进行调整。弹性预算法编制预算的准确性，很大程度上取决于成本性态分析的可靠性。

运用弹性预算法编制预算的基本步骤如下：

（1）选择业务量的计量单位；

（2）确定适用的业务量范围；

（3）逐项研究并确定各项成本和业务量之间的数量关系；

（4）计算各项预算成本，并用一定的方式来表达。

弹性预算法分为列表法和公式法两种具体编制方法。

（1）列表法。列表法是在预计的业务量范围内，将业务量分为若干个水平，然后按不同的业务量水平编制预算。

应用列表法编制预算，首先要在确定的业务量范围内，划分出若干个不同水平，然后分别计算各项预算值，汇总列入一个预算表格。

【例10－2】 某公司采用列表法编制的2019年9月份的制造费用预算如

表 10－2 所示。

表 10－2　　某公司制造费用预算　　单位：元

业务量（直接人工工时）	700	800	900	1 000	1 100
占正常生产能力百分比	70%	80%	90%	100%	110%
变动成本：					
辅助人员工资（b＝1）	700	800	900	1 000	1 100
材料费用（b＝0.5）	350	400	450	500	550
电力费用（b＝0.5）	350	400	450	500	550
合　计	1 400	1 600	1 800	2 000	2 200
混合成本：					
修理费用	1 700	1 800	1 900	2 000	2 100
水电费用	1 500	1 600	1 700	1 800	1 900
合　计	3 200	3 400	3 600	3 800	4 000
固定成本：					
折旧费用	5 000	5 000	5 000	5 000	5 000
管理人员工资	6 000	6 000	6 000	6 000	6 000
合　计	11 000	11 000	11 000	11 000	11 000
总　计	15 600	16 000	16 400	16 800	17 200

在以上预算中，业务量的间隔为 10%，这个间隔可以更大些，也可以更小些。间隔较大，水平级别就少一些，可简化预算编制工作，但太大了就会失去弹性预算的优点；间隔较小，用以控制成本较为准确，但会增加编制预算的工作量。

列表法的优点是：不管实际业务量多少，不必经过计算即可找到与业务量相近的预算成本；混合成本中的阶梯成本和曲线成本，可按总成本性态模型计算填列，不必用数学方法修正为近似的直线成本。但是，运用列表法编制预算，在评价和考核实际成本时，往往需要使用内插法来计算“实际业务量的预算成本”，比较麻烦。

以表 10－2 提供的资料来说，如按 800 小时的直接人工工时来编制，就成为固定预算，其总额为 16 000 元。这种预算只有在实际业务量接近 800 小时的情况下，才能发挥作用。如果实际业务量与作为预算基础的 800 小时相差很多，而仍用 16 000 元去控制和评价成本，显然是不合适的。在这种情况下，就需要用内插法来计算“实际业务量的预算成本”了。

假设实际业务量为 850 小时，辅助人员工资等变动成本可用实际工时数乘以单位业务量变动成本来计算，即变动总成本 $=850\times1+850\times0.5+850\times0.5=1\ 700$ 元。固定总成本不随业务量变动，仍为 11 000 元。混合成本可用内插法逐项计算：850 小时处在 800 小时和 900 小时之间，修理费用应在 1 800～1 900 元之间，设实际业务的预算修理费为 x，则：

$$\frac{850-800}{900-800}=\frac{x-1\ 800}{1\ 900-1\ 800}$$

x = 1 850（元）

水电费用在 800 小时和 900 小时分别为 1 600 元和 1 700 元，850 小时应为 1 650 元。可见：

850 小时的预算成本 = 1 700 + 11 000 + 1 850 + 1 650 = 16 200（元）

这样计算出来的预算成本比较符合成本的变动规律，可以用来评价和考核实际成本，比较确切并容易为被考核人所接受。

（2）公式法。公式法是运用总成本性态模型，测算预算期的成本费用数额，并编制成本费用预算的方法。根据成本性态，成本与业务量之间的数量关系可用公式表示为：

$$y = a + bx$$

式中：y 表示某项预算成本总额，a 表示该项成本中的预算固定成本额，b 表示该项成本中的预算单位变动成本额，x 表示预计业务量。

【例 10－3】 某公司采用公式法编制的 2019 年 9 月份的制造费用预算如表 10－3 所示。

表 10－3　某公司制造费用预算　单位：元

业务量范围（人工工时）	700～1 100 工时	
项　　目	固定成本（元/月）	变动成本（元/人工小时）
辅助人员工资	—	1
材料费用	—	0.5
电力费用	—	0.5
修理费用	1 000	1
水电费用	500	2
折旧费用	5 000	—
管理人员工资	6 000	—
合　　计	12 500	5
备　　注	当业务量超过 1 000 工时后，修理费的固定部分上升为 1 200 元	

公式法的优点是便于计算一定范围内任何业务量的预算成本，可比性和适应性强，编制预算的工作量相对较小。缺点是按公式进行成本分解比较麻烦，对每个费用子项目甚至细目逐一按成本性态进行分解，工作量很大。另外，对于阶梯成本和曲线成本，只能先用数学方法修正为直线，以便用 y = a + bx 来表示。必要时，还要在备注中说明适用不同业务量范围的固定成本和单位变动成本。

二、增量预算与零基预算的编制

按其出发点的特征不同，编制预算的方法可以分为增量预算法与零基预算法。

（一）增量预算法

1. 增量预算法的含义。增量预算法又称调整预算法，它是以基期水平为基础，分析预算期业务量水平及有关因素的影响因素的变动情况，通过调整基期项目及数额，编制相关预算的方法。增量预算法以过去的费用水平为基础，主张不需在预算内容上作较大调整。

2. 增量预算法的前提条件。

（1）企业现有业务活动是合理的，无须进行调整；

（2）企业现有各项业务活动的开支水平是合理的，在预算期予以保持；

（3）以现有业务活动和各项活动的开支水平，确定预算期各项活动的预算数。

如果不具备以上三个前提条件，如预算期的情况发生变化，预算数额受到基期不合理因素的干扰，可能导致预算的不准确，不利于调动各部门降低费用的积极性。

【例 10－4】 某公司 2018 年的制造费用为 40 000 元，2019 年预计生产任务将增加 10%，按增量预算编制计划年度 2019 年的制造费用预算为：

2019 年制造费用预算 $=40\ 000\times(1+10\%)=44\ 000$（元）

3. 增量预算法的特点。增量预算法的方法比较简单，但该方法是以过去的水平为基础，不加分析的保留和接受原有的费用项目，实际上是承认过去的支出是合理的，无需改进，所以增量预算最容易掩盖低效率和浪费，可能使原来不合理的费用继续开支而得不到控制。采用此预算方法，高层管理者只审查预算增加的部分，结果是某些项目分配到的资金远超过实际的需求。

（二）零基预算法

1. 零基预算法的含义。零基预算法是“以零为基础编制预算”的方法，它不考虑以往期间的费用项目和费用数额，主要根据预算期的需要和可能，分析费用项目和费用数额的合理性，综合平衡编制费用预算。

应用零基预算法编制费用预算，不受前期费用项目和费用水平的制约，能够调动各部门降低费用的积极性。但是，由于一切从零开始，所以预算编制的工作量大，重点不突出，编制时间长。

2. 零基预算法的编制程序。

（1）划分基层预算单位，进行动员和讨论。企业内部各级部门的员工，根据企业的生产经营目标，详细讨论预算期内应该发生的费用项目，对每一费用项目编制预算方案，提出费用开支的目的及数额。

（2）确定有关费用存在的必要性，划分不可避免费用和可避免费用。在编制预算时，对不可避免费用项目必须保证资金供应；对可避免费用项目，则需要逐项进行成本效益分析，尽量控制可避免项目纳入预算中。

（3）确定费用的轻重缓急，划分不可延缓费用和可延缓费用。编制预算时，在将预算期内可供支配的资金在各费用项目之间分配时，应优先安排不可延缓费用的支出，再根据需要按照费用项目的轻重缓急确定可延缓项目的开支。

【例 10－5】 某公司为实现 2019 年的利润目标，决定开源节流，降低费用开支水平。多年来，公司的业务招待费等严重超支，因此，公司决定对业务招待费、劳动保护费、办公费、广告费和保险费等间接费用项目按照零基预算方法编制预算。

经过多次讨论研究，预算编制人员确定上述费用在预算年度开支水平如表 10－4 所示。

表 10－4　　某公司预计费用项目及开支金额　　单位：元

费用项目	开支金额
业务招待费	250 000
劳动保护费	150 000
办公费	50 000
广告费	300 000
保险费	50 000
合　计	800 000

经过充分论证，得出以下结论：上述费用中除业务招待费和广告费以外都不能再压缩了，必须得到全额保证。而对于业务招待费和广告费，通过成本—效益分析，得到两者的成本效益比例为 4:6。

这样，我们就可以对以上各项费用开支的轻重缓急排出层次和顺序：

劳动保护费、办公费和保险费在预算期必不可少，需要全额得到保证，属于不可避免的约束性固定成本，所以应列为第一层次；

业务招待费和广告费可根据预算期间企业财力情况酌情增减，属于可避免项目。其中广告费的成本—效益较大，应列为第二层次；业务招待费的成本—效益相对较小，应列为第三层次。

假设该公司预算年度对上述各项费用可动用的财力资源只有 650 000 元，根据以上排列的层次和顺序，分配资源，最终落实的资金数额如下：

（1）确定不可避免项目的预算金额：

预算金额 = 150 0 000 + 50 000 + 50 000 = 250 000（元）

（2）确定可分配的资金数额：

资金数额 = 650 0 000 − 250 000 = 400 000（元）

（3）按成本—效益比重将可分配的资金数额在业务招待费和广告费之间进行分配：

$$业务招待费可分配金额 = 400\ 000 \times \frac{4}{4+6} = 160\ 000（元）$$

$$广告费可分配金额 = 400\ 000 \times \frac{6}{4+6} = 240\ 000（元）$$

为了克服零基预算的缺点，简化预算编制的工作量，可以与增量预算相结合。企业不需要每年都按零基预算法编制预算，而是每隔 3 ~ 5 年编制一次零基预算，在以后几年内再做适当调整，这样既简化预算编制的工作量，又能适当控制费用。

三、定期预算法与滚动预算法

定期预算法和滚动预算法是根据预算期间的固定性和滚动性而区分的两种

预算编制方法。

（一）定期预算法

定期预算法是以固定不变的会计期间（如年度、季度、月份）作为预算期编制预算的方法。采用此法编制预算，保证预算期间与会计期间在时期上配比，便于依据会计报告的数据与预算相比较，考核和评价预算的执行结果。但不利于前后各个期间的预算衔接，不能适用连续不断的业务活动过程的预算管理，容易导致决策者的短期行为。

（二）滚动预算法

滚动预算法又称连续预算法或永续预算法，是在编制预算时，将预算期与会计年度相脱离，随着预算的执行不断延伸补充预算，逐期向后滚动，使预算期永远保持一个固定期间的一种预算编制方法。

采用滚动预算法编制预算，按照滚动的时间单位不同，可分为逐月滚动、逐季滚动和混合滚动。

1. 逐月滚动。逐月滚动是指在预算编制过程中，以月份为预算的编制和滚动单位，每个月调整一次预算的编制方法。

例如，在 2018 年 1 月至 12 月的预算执行过程中，需要在 1 月末根据当月预算的执行情况，修订 2 月至 12 月的预算，同时补充下一年 2019 年 1 月份的预算；到 2 月末可根据当月预算的执行情况，修订 3 月至 2019 年 1 月的预算，同时补充 2019 年 2 月份的预算，以此类推。

按月滚动的滚动预算编制方式如图 10 – 2 所示。

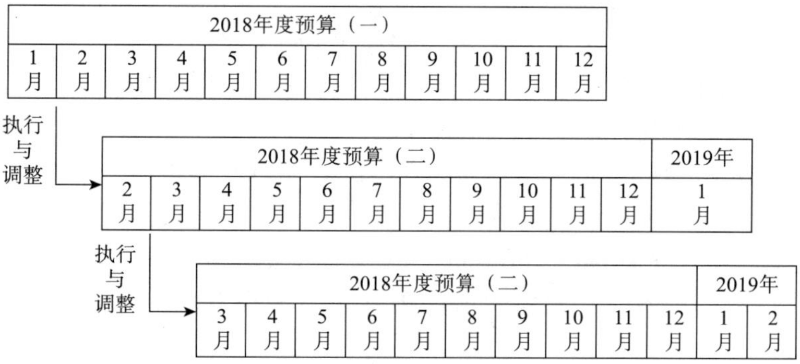

图 10 – 2　逐月滚动预算示意图

逐月滚动编制的预算比较精确，但工作量较大。

2. 逐季滚动。逐季滚动是指在预算编制过程中，以季度为预算的编制和滚动单位，每个季度调整一次预算的方法。

逐季滚动预算编制方式如图 10 – 3 所示。

逐季滚动编制的预算比逐月滚动的工作量小，但精确度差。

3. 混合滚动。混合滚动方式是指在预算编制过程中，同时以月份和季度作为预算的编制和滚动单位的方法。采用各种预算方法的理论依据是：人们对于未来的了解程度具有对近期的预计把握较大、对远期的预计把握较小的特征。

图 10－3　逐季滚动预算示意图

混合滚动预算编制方式如图 10－4 所示。

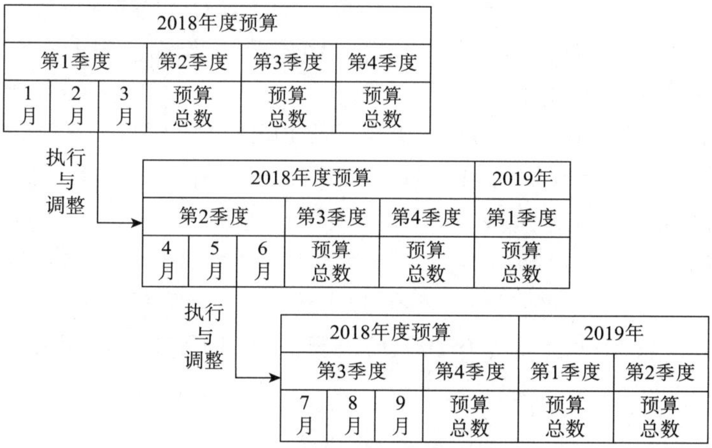

图 10－4　混合滚动预算示意图

运用滚动预算法编制预算，使预算期间依时间顺序向前滚动，能够保持预算的连续性，有利于结合企业的近期目标和长期目标来考虑企业的业务活动；使预算随时间的推进不断加以调整和修正，能够使预算与实际情况更相适应。因此，滚动预算法尤其适用于连续性强的业务或项目的预算安排。

任务三　全面预算的编制

企业通过长期决策和短期决策，确定了最优方案，为企业生产、销售、管理等各有关方面的活动确定了具体的目标。企业为完成既定目标，还必须研究实现目标的途径和方法，这就需要公司编制全面预算。全面预算的编制是一项工作量很大的工作，涉及公司的各个部门，而且只有执行人参与预算的编制，才能使预算成为他们自愿努力完成的目标。因此，预算应采取“上下结合，分级编制，逐级汇总”的方法，不断反复和修改，最后由企业成立的预算审查委员会综合平衡，并以书面形式传达，作为正式的预算下达到各级各部门执行。全面预算的编制要以销售预算为起点，对企业全部经济活动编制一整套以数据说明的详细的计划，即全面预算。对销售、生产、原材料供应、人工成本、制造费用、销售费用及管理费用、经营成果、财务状况等方面预先提出目标要求，企业上下明确目标并达成共识。在实施预算时，要加强对预算的控制，确保预算得以严格执行。如果说目标是目的地，预算是指引我们到达目的地的地图。没有目的和目标，公司经营将失去方向。最后，根据预算的执行情况进行业绩评价，预算为评价企业“参赛者”和为其“判分”提供了标准。

一、营业预算的编制

营业预算是指企业日常发生的生产经营活动的预算，企业的营业活动涉及供产销各个环节。营业预算包括销售预算、生产预算、直接材料预算、直接人工预算、制造费用预算、产品成本预算、销售费用及管理费用预算等。

（一）销售预算的编制

销售预算是在销售预测的基础上，根据预计的销售数量、销售价格、销售收入等参数，来确定预算期内销售计划和目标的一种业务预算。销售预算是编制全面预算的起点，也是编制其他有关预算的基础。

【例 10－6】 假定某公司于计划年度 2019 年只生产和销售一种产品，每季度的销售收入中，60% 货款于本季度收到，另 40% 货款将于下季度收到。2018 年年末应收账款余额为 6 200 元。该企业 2019 年分季度销售预算如表 10－5 所示。

表 10－5　　某公司 2019 年度销售预算　　单位：元

项目		第一季度	第二季度	第三季度	第四季度	合计
预计销售量（件）		100	150	200	180	630
预计销售单价		200	200	200	200	200
预计销售收入		20 000	30 000	40 000	36 000	126 000
预计现金收入	上年应收账款	6 200				6 200
	第一季度现销收入	12 000	8 000			20 000
	第二季度现销收入		18 000	12 000		30 000
	第三季度现销收入			24 000	21 600	40 000
	第四季度现销收入				21 600	21 600
	现金收入合计	18 200	26 000	36 000	37 600	117 800

销售预算的主要内容是销售数量、销售单价和销售收入。销售数量是根据市场预测、销货合同、生产能力等因素确定的。销售单价是通过定价决策确定的。销售收入是销售数量和销售单价的乘积。

销售预算通常要分品种、分月份、分季度、分销售区域、分推销员来编制。上例是一个简例，仅划分了季度销售（为方便计算，本项目均不考虑增值税的影响）。

销售预算中通常还列出销售产生的现金流入，以便为编制现金预算提供必要的资料。其中，各期的现金流入应包括上期销售收入中于本期收到的货款部分和本期销售收入中可于本期收到的货款部分。

本例中，第四季度预计销售收入 36 000 元，本季度预计收回现金 60%，即 21 600 元，另外 40% 形成年末应收账款 14 400 元。

（二）生产预算的编制

生产预算是在销售预算的基础上确定预算期内生产数量的一种业务预算。生产预算是所有营业预算中唯一只使用实物量计量单位的预算，要结合预算期期初存量，考虑预算期期末存量来编制。在企业存在不同的产品品种和生产车间的情况下，应按照产品品种和生产车间分别编制具体的生产预算，并汇总编制企业全部生产预算。

由于产品的生产和销售往往很难做到“同步同量”，因而需要保有一定的存量，以保证在发生意外情况时按时供货，保证生产均衡，避免因赶工而发生额外费用。产品的生产量与销售量之间的关系公式为：

预计生产数量 =（预计销售数量 + 预计期末产成品存货）− 预计期初产成品存货

其中，预计期末产成品存货通常按下期销售数量的一定百分比确定，本例中按下季度的销售量的 10% 安排期末产成品存货。预计期初产成品存货是上期的期末产成品存货。年初产成品存货是编制预算时估计的，年末产成品存货根据长期销售趋势确定。

【例 10－7】 承上例，假设该公司预算年度内每季度的期末存量按下季度的 10% 来确定，每季度的期末存量即下季度的期初存量。假设 2019 年年初存货量为 10 件，年末存货量为 20 件。该公司编制的 2019 年分季度生产预算如表 10－6 所示。

表 10－6　　某公司 2019 年度生产预算　　单位：件

项　目	第一季度	第二季度	第三季度	第四季度	全年	资料来源
预计销售量	100	150	200	180	630	表 10－5
加：期末存量	15	20	18	20	20*	已知条件
产品需要量	115	170	218	200	650	
减：期初存量	10	15	20	18	10*	已知条件
预计生产量	105	155	198	182	640	

编制生产预算不仅要以销售预算为基础，还要结合生产能力和仓库容量等条件，同时要考虑成本费用等因素。此外，有些产品的生产和销售客观上存在季节性或周期性，需要合理安排生产进度。

（三）直接材料预算的编制

直接材料预算是预算期产品生产直接耗用原材料及原材料采购的预算。企业在安排好生产数量和进度之后，应根据生产预算编制直接材料的采购预算。在产品生产需用多种原材料的情况下，应按照原材料品种分别编制具体的直接材料预算，并汇总编制企业全部直接材料预算。

直接材料预算是以生产预算为基础编制的，还要考虑预算期期初、期末的原材料存量。其主要内容有原材料单位产品用量、生产需用数量、期初和期末存量等。

其中，“预计生产量”的数据来自生产预算，“单位产品材料用量”的数据来自标准成本或消耗定额资料，则有：

生产需用数量 = 预计生产量 × 单位产品材料用量

年初和年末的材料存货量，是根据当前情况和长期销售预测估计的。各期“期末材料存货量”根据下期生产数量的一定百分比确定；各期“期初材料存量”是上期的期末存量。则有：

预计材料采购量 = （生产需用数量 + 期末存量） - 期初存量

预计材料采购金额 = 预计材料采购量 × 材料采购单价

【例 10 -8】 承上例，假设某公司单位产品直接材料耗用定额为 10 千克，预计每千克材料单价为 5 元。预算期内每季度末的材料存量为下季度生产需用量的 20%。2019 年年初材料存量为 300 千克，年末存量为 400 千克。各季度购料货款 50% 当季付清，另外 50% 下季度付清。该公司 2019 年年初应付账款余额为 2 350 元。

该公司 2019 年度直接材料预算如表 10 - 7 所示。

表 10 -7　　某公司 2019 年度直接材料预算　　单位：元

项目		第一季度	第二季度	第三季度	第四季度	全年	资料来源
预计生产量（件）		105	155	198	182	640	表 10 - 6
单位产品材料用量（千克/件）		10	10	10	10	10	已知条件
预计生产用料总量（千克）		1 050	1 550	1 980	1 820	6 400	
加：期末存量（千克）		310	396	364	400	400	已知条件
减：期初存量（千克）		300	310	396	364	300	已知条件
预计材料采购总量（千克）		1 060	1 636	1 948	1 856	6 500	
材料采购单价（元/千克）		5	5	5	5	5	已知条件
材料采购金额（元）		5 300	8 180	9 740	9 280	32 500	
预计现金支出	上期应付采购货款	2 350				2 350	已知条件
	第一季度购料现金支出	2 650	2 650			5 300	
	第二季度购料现金支出		4 090	4 090		8 180	
	第三季度购料现金支出			4 870	4 870	9 740	
	第四季度购料现金支出				4 640	4 640	
	现金支出合计	5 000	6 740	8 960	9 510	30 210	

由于原材料采购一般需用现金，为编制现金预算，直接材料预算还要预计各期原材料采购的现金流出。各期的现金流出包括偿付上期应付货款和本期应支付的采购货款。

本例中，第四季度预计采购材料 9 280 元，本季度预计支付购货款 50%，即 4 640 元，另外 50% 形成年末应付账款 4 640 元。

(四) 直接人工预算的编制

直接人工预算是确定预算期产品生产直接耗用人工及费用的预算。该预算也是以生产预算为基础编制的，根据生产预算中的预计生产量以及单位产品所需的直接人工小时数和小时工资率进行编制的。通常情况下，企业生产产品耗用的直接人工工种往往不止一种，不同的工种，工资率不同，在企业存在不同的人工工种的情况下，应按照工种类别分别计算，并汇总编制企业直接人工预算总数。

直接人工预算的主要编制依据是：预计生产量、单位产品定额工时、单位工时工资率等。其计算公式为：

直接人工工时总量 = 单位产品定额工时 × 预计生产量

直接人工费用总额 = 单位工时工资率 × 直接人工工时总量

预计生产量数据来自生产预算，单位产品定额工时和单位工时工资率数据，来自标准成本资料。

需要注意的是，企业生产产品所耗用的直接人工费用通常以现金支付，因此不需另外预计现金支出，可直接参加现金预算的汇总。

【例 10－9】 承上例，假设该公司只有一个直接人工工种，单位产品定额工时为 4 小时，单位工时工资率为 5 元。

该公司 2019 年度直接人工预算如表 10－8 所示。

表 10－8　　某公司 2019 年度直接人工预算　　单位：元

项　　目	第一季度	第二季度	第三季度	第四季度	全年	资料来源
预计生产量	105	155	198	182	640	表 10－6
单位产品定额工时	10	10	10	10	10	已知条件
直接人工工时总量	1 050	1 550	1 980	1 820	6 400	
单位工时工资率	2	2	2	2	2	已知条件
直接人工费用总额	2 100	3 100	3 960	3 640	12 800	

(五) 制造费用预算的编制

制造费用预算通常分为变动制造费用预算和固定制造费用预算两部分。变动制造费用预算以生产预算为基础来编制。如果有完善的标准成本资料，用单位产品的标准成本与产量相乘，即可得到相应的预算金额。如果没有标准成本资料，就需要逐项预计计划产量需要的各项制造费用。固定制造费用可在上年的基础上根据预期变动加以逐项调整进行预计，通常与本期产量无关，根据每季度实际需要的支付额预计，然后求出全年数。

【例 10－10】 承上例，该公司编制的 2019 年度制造费用预算如表 10－9 所示。

表 10-9　　某公司 2019 年度制造费用预算　　单位：元

项　目	第一季度	第二季度	第三季度	第四季度	全年
变动制造费用					
间接人工（1 元/件）	105	155	198	182	640
间接材料（1 元/件）	105	155	198	182	640
修理费（2 元/件）	210	310	396	364	1 280
水电费（1 元/件）	105	155	198	182	640
小　计	525	775	990	910	3 200
固定制造费用					
管理人员工资	1 200	1 340	1 100	1 100	4 740
折旧费用	1 000	1 000	1 000	1 000	4 000
保险费	175	185	210	290	860
小　计	2 375	2 525	2 310	2 390	9 600
合　计	2 900	3 300	3 300	3 300	12 800
减：折旧费	1 000	1 000	1 000	1 000	4 000
现金支出（付现）合计	1 900	2 300	2 300	2 300	8 800

注：每季折旧费 = 年折旧费总额 ÷ 4 = 4 000 ÷ 4 = 1 000（元）。

为便于编制产品成本预算，需要计算制造费用小时费用率。根据直接人工预算，直接人工工时总量为 6 400 小时。

$$变动制造费用分配率=\frac{3\ 200}{6\ 400}=0.50\ （元/小时）$$

$$固定制造费用分配率=\frac{9\ 600}{6\ 400}=1.50\ （元/小时）$$

为了便于编制现金预算，还需要预计现金支出。在制造费用中，固定资产折旧费用属于非付现成本，不会引起现金流出，计算预算现金支出数时应予以扣除。

（六）产品成本预算的编制

产品成本预算是预算期产品生产成本的预算，是生产预算、直接材料预算、直接人工预算和制造费用预算的汇总。其主要内容是产品的单位成本和总成本。单位产品成本的有关数据，来自直接材料预算、直接人工预算和制造费用预算。生产数量、期末存量来自生产预算，销售数量来自销售预算。生产成本、存货成本和销货成本等数据，根据单位成本和有关数据计算得出。

【例 10-11】　承上例，根据已经编制的生产预算、直接材料预算、直接人工预算和制造费用预算，该公司按变动成本法和完全成本法编制的 2019 年度产品成本预算如表 10-10 和表 10-11 所示。

（七）销售费用和管理费用预算的编制

该项预算应包括构成产品成本的料、工、费预算以外预计发生的各种费用项目。在编制预算的过程中，要区分变动费用和固定费用。

销售费用预算是企业预算期有关产品销售费用的预算，是以销售预算为基础编制的。其编制方法与制造费用预算的编制方法类似。销售费用按其成本性

表 10－10　　某公司 2019 年度产品成本预算（按变动成本法编制）　　单位：元

项　目	单位成本			生产成本（640 件）	期末存量（20 件）	销货成本（630 件）
	元/千克或每小时	耗用量	成本（元）			
直接材料	5	10 千克	50	32 000	1 000	315 000
直接人工	2	10 小时	20	12 800	400	12 600
变动制造费用	0.5	10 小时	5	3 200	100	3 150
合　计	—	—	75	4 800	1 500	47 250

表 10－11　　某公司 2019 年度产品成本预算（按完全成本法编制）　　单位：元

项　目	单位成本			生产成本（640 件）	期末存货（20 件）	销货成本（630 件）
	元/千克或每小时	耗用量	成本（元）			
直接材料	5	10 千克	50	32 000	1 000	315 000
直接人工	2	10 小时	20	12 800	400	12 600
变动制造费用	0.5	10 小时	5	3 200	100	3 150
固定制造费用	1.5	10 小时	15	9 600	300	9 450
合　计	—	—	90	57 600	1 800	56 700

态可区分为变动销售费用预算和固定销售费用预算两部分。即销售费用随着销售数量的变化成正比例变动的那部分属于变动销售费用；不随销售数量的变化成正比例变动的部分则属于固定销售费用。

管理费用预算是企业一般管理费用的预算。管理费用多属于固定成本，一般以过去的实际开支为基础，按预算期的可预见变化来调整。在编制管理费用预算时，要考虑企业的实际经济状况，务必做到费用合理化。

销售费用和管理费用通常以现金支付，为便于以后编制现金预算，销售费用和管理费用预算要编制现金支出预算。

【例 10－12】　承上例，该公司 2019 年度销售及管理费用预算如表10－12所示。

表 10－12　　某公司 2019 年度销售及管理费用预算　　单位：元

项目	金额
销售费用：	
销售人员工资	2 000
广告费	5 500
包装、运输费	3 000
保管费	2 700
折旧	1 000

续表

项目	金额
管理费用：	
管理人员薪金 福利费 保险费 办公费 折旧	4 000 800 600 1 400 1 500
合计	22 500
减：折旧	2 500
每季度支付现金	5 000

二、资本支出预算的编制

资本支出预算又称投资决策预算或专门决策预算，通常是指与项目投资决策密切相关的特种决策预算。由于这类预算涉及长期建设项目的资金投放与筹措，并经常跨年度，因此，除个别项目外一般不纳入营业预算，但应计入与此有关的现金预算与预计资产负债表。

【例 10－13】 该公司 2019 年度的资本支出预算如表 10－13 所示。

表 10－13　某公司 2019 年度资本支出预算表　单位：元

项目	第一季度	第二季度	第三季度	第四季度	全年
投资支出预算	50 000	—	—	30 000	130 000
借入长期借款	30 000	—	—	60 000	90 000

三、财务预算的编制

(一) 现金预算的编制

现金预算又称现金流量预算，它是以日常营业预算和资本支出预算为基础所编制的反映现金收支情况的预算，是企业的一种综合性预算。

现金预算的编制主要包括现金收入、现金支出、现金余缺，以及现金的筹措与运用四个部分。

可供使用现金＝期初现金余额＋现金收入

可供使用现金－现金支出＝现金余缺

现金余缺＋现金筹措－现金运用＝期末现金余额

“期初现金余额”是编制预算时预计的，下一季度的期初现金余额等于上一季度的期末现金余额，全年的期初现金余额指的是年初的现金余额，等于第一季度的期初现金余额。

“现金收入”的主要来源是销货取得的现金收入，其数据来自销售预算。

“现金支出”包括预算期的各项现金支出，其有关数据分别来自直接材料预算、直接人工预算、制造费用预算、销售及管理费用预算等，此外还有缴纳所得税、购置固定资产、支付股利等事项。

“现金余缺”列示现金收入合计与现金支出合计的差额。差额为正，说明收入大于支出，现金有多余，可用于偿还过去向银行取得的借款或用于短期投资；差额为负，说明支出大于收入，现金不足，需要筹措资金。

“现金筹措与运用”这部分是以现金余缺为出发点，包括计划期内需要在期初向银行借款的数额，以及在期末归还借款和偿付利息等事项。

现金预算实际上是其他预算有关现金部分的汇总，以及收支平衡措施的具体计划。通过完成初步的现金预算后，财务主管人员就可以知道企业在计划期间需要多少经营资金，就可以据以预先安排和筹措，来满足各个时期的资金需要。

【例 10 – 14】 该公司 2019 年度在上述营业预算和资本支出预算的基础上，编制现金预算。假设 2019 年年初现金余额为 8 000 元。短期借款期初余额为 0（见表 10 – 17），每季度期初借入，季度末偿还，每季末支付利息，短期借款年利率为 10%。长期借款期初余额为 120 000 元（见表 10 – 17），每季度期初借入，每季度末支付利息，年利率为 12%。假设第 4 季度支付现金股利 8 000 元。假设每季度预交所得税费用 4 000 元。假设每季度末理想现金余额为 3 000 元，如果资金不足，可以取得短期借款，银行的要求是，借款额必须是 1 000 元的整倍数。新增借款发生在季度的期初，归还借款发生在季度的期末。归还短期借款的数额为 100 元的整倍数。

该公司 2019 年度现金预算如表 10 – 14 所示。

表 10 – 14　　某公司 2019 年度现金预算表　　单位：元

季度	第一季度	第二季度	第三季度	第四季度	全年	资料来源及计算依据
期初现金余额	8 000	3 200	3 060	3 040	8 000	第一季度为年初数，其他季度的期初余额为上一季度的期末余额
加：现金收入	18 200	26 000	36 000	37 600	117 800	表 10 – 5
可供使用现金	26 200	29 200	39 060	40 640	125 800	
减：现金支出						
直接材料	5 000	6 740	8 960	9 510	30 210	表 10 – 7
直接人工	2 100	3 100	3 960	3 640	12 800	表 10 – 8
制造费用	1 900	2 300	2 300	2 300	8 800	表 10 – 9
销售及管理费用	5 000	5 000	5 000	5 000	20 000	表 10 – 12
所得税费用	4 000	4 000	4 000	4 000	16 000	假设每季预交 4 000 元

续表

季度	第一季度	第二季度	第三季度	第四季度	全年	资料来源及计算依据
购买设备	50 000			80 000	130 000	表 10－13
股利				8 000	8 000	假设第四季度支付股利 8 000 元
现金支出合计	68 000	21 140	24 220	112 450	225 810	
现金余缺	(41 800)	8 060	14 840	(71 810)	(100 010)	
现金筹措与运用						
借入长期款项	30 000			60 000	90 000	表 10－13
取得短期借款	20 000			22 000	42 000	根据资金需要和保留最佳现金余额的要求，第一季度借入 20 000 元，第四季度借入 22 000 元
归还短期借款			6 800			根据保留最佳现金余额的要求，第三季度末归还 6 800 元
短期借款利息	500	500	500	880	2 380	年利率 10%，季末支付
长期借款利息	4 500	4 500	4 500	6 300	19 800	年利率 12%，季末支付
期末现金余额	3 200	3 060	3 040	3 010	3 010	第四季度期末余额即为本年度期末余额

注：现金预算有关项目数据说明：

短期借款利息：第一季度、第二季度、第三季度短期借款计息金额 20 000 元（第三季度归还短期借款 6 800 元发生在季度末），每季度利息为：20 000 ×10% ÷4 =500 元。第四季度短期借款计息金额为:(20 000 －6 800 +22 000) ×10% ÷4 =880 元。

长期借款利息：第一季度、第二季度、第三季度长期借款利息为：(120 000 + 30 000) × 12% ÷ 4 = 4 500 元。第四季度长期借款利息为：(120 000 +30 000 +60 000) ×12% ÷4 =6 300 元。

(二) 预计利润表的编制

预计利润表又称利润预算，是企业预算期营业利润、利润总额和税后利润的预算。利润预算是一种综合性预算，是在销售预算、产品成本预算、销售及管理费用预算、现金预算的基础上汇总编制的。利润表预算与实际利润表的内容、格式相同，不同的是数据仅是面向预算期的。通过编制利润表预算，可以了解企业预算期的盈利水平，并且可以将预算利润与企业目标利润进行比较，一旦出现较大不一致，企业就需要调整部门预算，设法达到目标，或者修正相应的目标利润。

“销售收入”的数据来源于销售收入预算，“销售成本”数据来源于产品成本预算，“销售及管理费用”数据来源于销售及管理费用预算，“利息”数据来源于现金预算。

需要注意的是，“所得税费用”是在利润规划时估计的，并已列入现金预算。它通常不是根据“利润”和所得税税率计算出来的，因为有诸多纳税调整的事项存在。

【例 10－15】 该公司在上述各种预算的基础上，采用变动成本法和完全成本法编制的 2019 年度的预计利润表，如表 10－15 和表 10－16 所示。

表 10－15　某公司 2019 年度预计利润表（按变动成本法编制） 单位：元

项　　目	金　　额	资料来源
销售收入	126 000	表 10－5
减：变动销售成本	47 250	表 10－10
变动销售及管理费用	0	
边际贡献	78 750	
减：固定制造费用	9 600	表 10－9
固定销售及管理费用	22 500	表 10－12
息税前利润	46 650	
减：利息费用	22 180	表 10－14 （假设全部利息均计入当期损益）
税前利润	24 470	
减：所得税费用（估计）	16 000	表 10－14
税后利润	8 470	

表 10－16　某公司 2019 年度预计利润表（按完全成本法编制） 单位：元

项　　目	金　　额	资料来源
销售收入	126 000	表 10－5
减：销售成本	56 700	表 10－11
销售毛利	69 300	
减：销售及管理费用	22 500	表 10－12
息税前利润	46 800	
减：利息费用	22 180	表 10－14 （假设全部利息均计入当期损益）
税前利润	24 620	
减：所得税费用（估计）	16 000	表 10－14
税后利润	8 620	

（三）预计资产负债表的编制

预计资产负债表是总括反映预算期期末企业的资产、负债和所有者权益状况的一种报表。资产负债表预算与实际的资产负债表内容、格式相同，只不过数据是反映预算期期末的财务状况。它是以预算期期初的资产负债表为基础，然后根据计划期各项预算的有关数据进行分析、计算和填列。

【例 10－16】 依据上述各例，假设该公司年初的资产负债表数据已经确定，其编制的 2019 年度简化的预计资产负债表如表 10－17 所示。

表 10－17 某公司 2019 年度预计资产负债表 单位：元

资产	年初余额	年末余额	负债和股东权益	年初余额	年末余额
流动资产：			流动负债：		
货币资金	8 000	3 010	短期借款	0	35 200
应收账款	6 200	14 400	应付账款	2 350	4 640
存货	2 400	3 800	流动负债合计	2 350	39 840
流动资产合计	16 600	21 210	非流动负债：		
非流动资产：			长期借款	120 000	210 000
固定资产	43 750	37 250	非流动负债合计	120 000	210 000
在建工程	100 000	230 000	负债合计	122 350	249 840
非流动资产合计	143 750	267 250	股东权益		
			股本	20 000	20 000
			资本公积	5 000	5 000
			盈余公积	10 000	10 000
			未分配利润	3 000	3 520
			股东权益合计	38 000	38 620
资产总计	160 350	288 460	负债和股东权益合计	160 350	288 460

注：预计资产负债表中各项目有关数据说明：

（1）货币资金：数据来源于表 10－14 中的“现金”的年初和年末余额。

（2）应收账款：见表 10－5，预算期期初应收账款为 6 200 元，预算期末余额为 14 400 元（36 000×40%）。

（3）存货：有两部分构成，包括直接材料和产成品。

直接材料：见表 10－7，年初余额 1 500 元（300×5）；年末余额 2 000 元（400×5）。

产成品：见表 10－6 和 10－10，年初余额 900 元（10×90）；年末余额 1 800 元（20×90）。

由此，存货年初余额 2 400 元（1 500＋900）；存货年末余额 3 800 元（2 000＋1 800）。

（4）固定资产：见表 10－9 和表 10－12，年末余额为年初数减去本年计提的折旧，即 43 750－4 000－1 000－1 500＝37 250。年初数来源于上年资产负债表（略）。

（5）在建工程：见表 10－13，年初数 100 000 元，本年增加 130 000 元，年末余额230 000元（100 000+130 000）。年初数来源于上年资产负债表（略）。

（6）短期借款：见表10－14，期末数为20 000－6 800+22 000=35 200元。年初数来源于上年资产负债表（略）。

（7）应付账款：见表10－7，年初余额2 350元为期初应付账款，年末余额为4 640元（9 280×50%）。

（8）长期借款：见表10－13，本期增加90 000元。年初余额120 000元，来源于上年资产负债表。

（9）未分配利润：见表10－14和表10－16，本年增加额8 620－8 000=620元。

（10）其他股东权益项目数据没有变化。

（11）以上预计资产负债表中凡是涉及的预算数据有按变动成本法编制的和按完全成本法编制的，均采用完全成本法编制的数据。

全面预算的编制，涉及企业的各个部门，包括各项财务指标的计算，各项指标之间勾稽关系复杂，如果采用传统的预算编制方式，即手工编制，将耗费大量的人力、物力。因此，采用信息系统与企业全面预算管理的融合，显得尤为必要。

电子表格软件是强大而灵活的预算工具。电子表格一个明显的优点是：几乎不会产生计算错误。根据各个基础预算之间的数据勾稽关系，建立单元格、报表间的链接，输入必要的基础数据，含有链接关系的数据会自动生成，预算数据更新工作也可以同步完成，可以避免手工大量烦琐的计算。

许多企业还开发了编制全面预算的专门财务软件，以较低的成本重复使用，并快速分析和评价有关因素变化给编制的预算带来的影响，具有较强的分析能力。有的企业实现了全面预算管理系统与财务核算系统的对接，共享全面预算数据与财务核算数据。

【项目小结】

- 预算管理
  - 预算编制的方法
    - 固定预算与弹性预算
    - 增量预算与零基预算
    - 定期预算与滚动预算
  - 全面预算的体系
    - 营业预算
    - 资本预算
    - 财务预算
  - 全面预算的编制
    - 营业预算的编制
      - 销售预算的编制
      - 生产预算的编制
      - 直接材料预算的编制
      - 直接人工预算的编制
      - 产品成本预算的编制
      - 制造费用预算的编制
      - 销售费用和管理费用预算的编制
    - 资本支出预算的编制
    - 财务预算的编制
      - 现金预算的编制
      - 预计利润表的编制
      - 预计资产负债表的编制

【职业能力训练与案例分析】

一、单项选择题

1. 在下列各项中，其预算期不与会计年度挂钩的预算方法是（　　）。

A. 弹性预算　　B. 零基预算

C. 滚动预算　　D. 固定预算

2. 可以保持预算的连续性和完整性，并能克服传统定期预算的缺点的预算方法是（　　）。

A. 弹性预算　　B. 零基预算

C. 滚动预算　　D. 固定预算

3. 根据预算期内正常的、可实现的某一业务量水平为唯一基础来编制预算的方法称为（　　）。

A. 零基预算　　B. 定期预算

C. 固定预算　　D. 滚动预算

4. 在下列预算编制方法中，基于一系列可预见的业务量水平编制的、能适应多种情况的预算是（　　）。

A. 零基预算　　B. 弹性预算

C. 固定预算　　D. 增量预算

5. 不受现有费用项目和开支水平限制，并能够克服增量预算缺点的预算方法是（　　）。

A. 零基预算方法　　B. 弹性预算方法

C. 固定预算方法　　D. 增量预算方法

6. 在下列各项中，不属于营业预算内容的是（　　）。

A. 生产预算　　B. 产品成本预算

C. 制造费用预算　　D. 资本支出预算

7. 下列预算中不是在生产预算的基础上编制的是（　　）。

A. 材料采购预算　　B. 直接人工预算

C. 单位生产成本预算　　D. 管理费用预算

8. 已知某企业销售收现率为：当月收现 50%，下月收现 30%，再下月收现 20%。若该企业预计 2019 年第四季度各月销售收入分别为：50 000 元、60 000 元、80 000 元，则 2019 年预计资产负债表中年末应收账款项目的金额为（　　）元。

A. 59 000　　B. 68 000

C. 52 000　　D. 40 000

9. 某企业 2019 年第一季度产品生产量预算为 1 500 件，单位产品材料用量 5 千克/件，季初材料库存量 1 000 千克，第一季度还要根据第二季度生产耗用材料的 10% 安排季末存量，预计第二季度生产耗用 7 800 千克材料。材料采购价格预计12元/千克，则该企业第一季度材料采购的金额为（　　）。

A. 78 000　　B. 87 360

C. 92 640　　D. 99 360

10. 某企业正在编制第四季度的材料采购预算，预计直接材料的期初存量为1 000千克，本期生产消耗量为3 500千克，期末存量为800千克；材料采购单价为每千克25元，材料采购货款有30%当季付清，其余70%在下季付清。该企业第四季度采购材料形成的“应付账款”期末余额预计为（　　）元。

A. 3 300　　B. 24 750

C. 57 750　　D. 82 500

二、多项选择题

1. 下列可以作为弹性预算所依据的业务量的有（　　）。

A. 产量　　B. 销售量

C. 直接人工工时　　D. 材料消耗量

2. 在下列各项中，属于营业预算的有（　　）。

A. 销售预算　　B. 现金预算

C. 生产预算　　D. 销售及管理费用预算

3. 在财务预算中，专门用以反映企业未来一定预算期内预计财务状况和经营成果的预算为（　　）。

A. 现金预算　　B. 预计资产负债表

C. 销售预算　　D. 预计利润表

4. 与生产预算有直接联系的预算是（　　）。

A. 变动制造费用预算　　B. 直接人工预算

C. 固定制造费用预算　　D. 直接材料预算

5. 能在现金预算中反映的内容有（　　）。

A. 资金筹措预算　　B. 损益预算

C. 现金收入预算　　D. 现金支出预算

6. 在编制现金预算的过程中，可作为其编制依据的有（　　）

A. 营业预算　　B. 预计利润表

C. 预计资产负债表　　D. 资本预算

7. 在编制现金预算时，计算某期现金余缺必须考虑的因素有（　　）。

A. 期初现金余额　　B. 期末现金余额

C. 当期现金支出　　D. 当期现金收入

8. 在下列各项预算中，属于财务预算内容的是（　　）。

A. 销售预算　　B. 生产预算

C. 现金预算　　D. 预计利润表

9. 在编制生产预算时，计算某种产品预计生产量应考虑的因素包括（　　）。

A. 预计材料采购量　　B. 预计产品销售量
C. 预计期初产品结存量　　D. 预计期末产品结存量

10. 滚动预算按其预算编制和滚动的时间单位不同可分为（　　）。

A. 逐月滚动　　B. 逐季滚动
C. 混合滚动　　D. 增量滚动

三、判断题

1. 财务预算是总预算的最后环节。（　　）

2. 预算是为实现企业目标而对各种资源和企业活动的详细安排，所以预算必须与企业的战略或目标保持一致。（　　）

3. 财务部门编制出对自己来说最好的计划，该计划对其他部门来说，肯定也能行得通。（　　）

4. 弹性预算编制方法中列表法比公式法编制预算的工作量大。（　　）

5. 零基预算是为克服固定预算的缺点而设计的一种先进预算方法。（　　）

6. 企业在编制零基预算时，需要以现有的费用项目为依据，但不以现有的费用水平为基础。（　　）

7. 滚动预算能够使预算期间与会计年度相配合。（　　）

8. 预计财务报表的编制程序是先编制预计利润表，再编制预计资产负债表。（　　）

9. 在编制预计资产负债表时，对表中的年初项目和年末项目均需根据各种营业预算和资本预算的预计数据分析填列。（　　）

10. 销售预算是编制全面预算的出发点和基础。（　　）

四、计算分析题

1. 某企业生产和销售甲产品，计划期 2019 年四个季度预计销售量分别为 1 000 件、1 500 件、2 000 件和 1 800 件；甲产品预计单位售价 100 元。假设每季度销售收入中，本季度收回现金 60%，另外 40% 要到下季度才能收回，上年末应收账款余额为 62 000 元。

要求：

（1）编制 2019 年的销售预算。

表 10－18　某公司 2019 年度销售预算　单位：元

项　目	第一季度	第二季度	第三季度	第四季度	合　计
预计销售量（件）					
预计销售单价					
预计销售收入					

续表

项　目		第一季度	第二季度	第三季度	第四季度	合　计
预计现金收入	上年应收账款					
	第一季度现销收入					
	第二季度现销收入					
	第三季度现销收入					
	第四季度现销收入					
	现金收入合计					

（2）确定2019年末应收账款余额。

2. 某企业现着手编制2019年2月份的现金收支计划。预计2019年2月初现金余额为8 000元；月初应收账款4 000元，预计月内可收回80%；本月销货50 000元，预计月内销售的收款比例为50%；本月需要采购材料的成本为8 000元，企业每月采购金额中70%当月付现；月初应付账款余额5 000元需在月内全部付清；月内以现金支付工资8 400元；本月制造费用等间接费用付现16 000元；其他经营性现金支出900元；购买设备支出10 000元。

企业现金不足时，可向银行借款，借款金额为1 000元的倍数；现金多余时可购买有价证券。要求月末现金余额不低于5 000元。

要求：

（1）计算经营现金收入；

（2）计算经营现金支出；

（3）计算现金余缺；

（4）确定最佳资金筹措或运用数额；

（5）确定现金月末余额。

3. 某公司根据销售预测，对某产品2019年度的销售量作如下预计：第一季度5 000件，第二季度6 000件，第三季度8 000件，第四季度7 000件。若年初存货量为750件，年末存货量为600件，单位产品材料消耗定额为2千克/件，单位产品工时定额为5小时/件，单位工时的工资额为0.6元。每个季度的期末结存量为下一季度预计消耗量的10%。材料年初结存量为900千克，年末为1 000千克，材料采购单价为10元。

要求：根据以上资料编制该公司的生产预算、直接材料预算和直接人工预算（见表10－19至表10－21）。

表10－19　　某公司2019年度生产预算　　单位：件

项　目	第一季度	第二季度	第三季度	第四季度	全　年
产品销售数量					
加：期末存量					
产品需要数量					
减：期初存量					
生产数量					

表 10－20 某公司 2019 年度直接材料预算

项目	第一季度	第二季度	第三季度	第四季度	全年
预计生产量（件）					
单位产品材料用量（千克/件）					
预计生产用料总量（千克）					
加：期末存量（千克）					
减：期初存量（千克）					
材料采购总量（千克）					
材料采购单价（元/千克）					
材料采购金额（元）					

表 10－21 某公司 2019 年度直接人工预算 单位：元

项目	第一季度	第二季度	第三季度	第四季度	全年
预计生产量					
单位产品定额工时					
直接人工工时总量					
单位工时工资率					
直接人工费用总额					

五、案例分析

丽嘉酒店（Ritz－Carlton）是一家世界级的五星级酒店，含义为“豪华并且富有魅力”的英文单词 ritzy 实际上就来源于 Ritz 宾馆的名字。由于该行业的激烈竞争，Ritz－Carlton 的管理者们同样承受了经营成功宾馆的巨大挑战。

成功地经营一个世界级宾馆所需的要素是什么？良好的地理位置、精美的事物，华贵、个性化的服务以及上佳的质量都是必备的。但是，你可能会吃惊地发现，在丽嘉酒店，预算编制也是成功的关键因素。

菲尼克斯丽嘉酒店的总经理拉尔夫·维克说：“预算对我们宾馆最终实现财务成功是至关重要的。”为什么预算如此重要？主要是因为预算是指引我们达到目标的地图。预算是管理者们理解、计划、控制企业运营的工具。丽嘉酒店想给它的管理者们可能最高的工具，所以，它非常认真地实施预算编制过程。

在丽嘉酒店，所有的员工，从宾馆经理到总会计师，到最新的客房服务员，都被包括在预算编制过程。作为一个工作团队，他们为自己可控的费用制定预算目标。这些数字不仅对计划有用，而且有利于控制和评价员工的业绩。把实际数据与以前的预算中的目标数据进行比较，其差额就可作为评价员工业绩的依据。业绩的非财务指标也很重要。丽嘉酒店的管理者们用质量和顾客满意度等非财务指标和财务指标一起评价和奖励员工。

请思考：

预算是良好管理的关键，这对丽嘉酒店来说无疑是正确的。那么，对于其他类型的组织，如小型家族企业、政府机构、非营利组织甚至个人，进行预算管理是否是必要的？

项目十一　责任会计

【学习目标】

- □ 会进行责任中心的划分
- □ 能掌握各种责任中心的考核指标
- □ 会编制责任报告
- □ 能运用成本中心进行业绩考核，实施财务控制
- □ 能运用利润中心进行业绩考核，实施财务控制
- □ 能运用投资中心进行业绩考核，实施财务控制

任务一　责任会计认知

一、责任会计的定义

责任会计是指在企业内部按各部门所承担的经济责任，把它们划分为若干不同种类、不同层次的责任中心，并为之编制责任预算，确定责任目标，对其工作业绩进行核算、控制、分析、考核的内部控制制度。

责任会计的对象是责任中心而不是产品，强调对责任中心进行事前、事中、事后的全过程管理。企业实行责任会计，需要在传统的会计系统之外，建立一套针对责任中心的会计确认、计量、记录和报告系统。

二、责任会计的内容

责任会计的基本内容主要包括以下几个方面：

1. 划分责任中心，明确权责范围。实行责任会计，首先应根据企业内部管理的要求和业务活动的特点，合理划分责任中心。企业为了保证预算的贯彻落实和最终实现，必须把总预算中确定的目标和任务，按照责任中心逐层进行指标分解，形成责任预算，使各个责任中心据以明确目标和任务，并明确规定其权责范围，使其能够在权责范围内独立自主地履行职责。

2. 编制责任预算，确定考核标准。企业的全面预算是按照生产经营来落实企业的总体目标的，而责任预算则是按照责任中心来落实企业的总体目标，即将企业的总体目标层层分解，具体落实到每一个责任中心，作为其开展经营活动、评价工作业绩的基本标准和主要依据。

3. 建立跟踪系统，进行反馈控制。每个责任中心应建立一套责任预算执行情况的跟踪系统，定期编制“责任报告”或“业绩报告”，将实际数和预算数进行对比，找出差异，分析原因，通过信息反馈，控制和调整经营活动，保证企业总体目标的实现。

4. 分析评价业绩，建立奖惩制度。企业通过制定完善的奖惩制度，明确业绩与奖惩之间的关系，引导员工约束自己的行为，争取好的业绩。恰当的奖惩制度，是保证企业财务控制长期有效运行的重要因素。通过编制业绩报告，对各个责任中心的工作业绩进行全面分析和评价，并按实际工作成果进行奖惩，做到功过分明，奖惩有据，最大限度地调动各个责任中心的积极性。

三、责任中心的特点

责任预算执行情况的揭示和考评可以通过责任会计来进行。责任会计围绕各个责任中心，把衡量工作成果的会计同企业生产经营的责任制紧密结合起来，建立责任会计体系，成为企业内部控制体系的重要组成部分。由此可见，建立责任中心是实行责任预算和责任会计的基础。

责任中心通常具有以下特征：

1. 责任中心是一个责权利结合的实体。它意味着每个责任中心都要对一定的财务指标承担责任；同时，赋予责任中心与其所承担责任的范围和大小相适应的权力，并规定出相应的业绩考核标准和利益分配标准。

2. 责任中心具有承担经济责任的条件。它有两方面的含义：一是责任中心具有履行经济责任中各条款的行为能力，二是责任中心一旦不能履行经济责任，能对其后果承担责任。

3. 责任中心所承担的责任和行使的权力都应是可控的。每个责任中心只能对其责权范围内可控的成本、收入、利润和投资负责，在责任预算和业绩考核中也只应包括他们能控制的项目。可控是相对于不可控而言的，不同的责任层次，其可控的范围并不一样。一般而言，责任层次越高，其可控范围也就越大。

4. 责任中心具有相对独立的经营业务和财务收支活动。它是确定经济责任的客观对象，是责任中心得以存在的前提条件。

5. 责任中心便于进行责任会计核算或单独核算。责任中心不仅要划清责任而且要单独核算，划清责任是前提，单独核算是保证。只有既划清责任又能进行单独核算的企业内部单位，才能作为一个责任中心。

根据企业内部责任中心的权责范围及业务活动的特点不同，它可以分为成本中心、利润中心、投资中心三大类。

任务二　成本中心

一、成本中心认知

（一）成本中心的含义

一个责任中心，如果不形成或者不考核其收入，而着重考核其发生的成本和费用，这类责任中心称为成本中心。

成本中心一般是没有收入的。例如，一个生产车间，它的产成品或半成品并不由自己出售，没有销售职能，没有货币收入。有的成本中心可能有少量收入，但不能成为主要的考核内容。例如，生产车间可能会取得少量外协加工收入，但这不是它的主要职能，不是考核车间的主要内容。

成本中心的应用范围最广，从一般来说，企业内部凡有成本发生，需要对成本负责，并能实施成本控制的单位，都可以成为成本中心。制造业上至工厂一级，下至车间、工段、班组，甚至个人都有可能成为成本中心。成本中心的规模不一，各个较小的成本中心又共同构成一个更大的成本中心。各个较大的成本中心又共同构成一个更大的成本中心。从而，在企业形成一个逐级控制，并层层负责的成本中心体系。规模大小不一和层次不同的成本中心，其控制和考核的内容也不尽相同。

（二）成本中心的类型

成本中心分为标准成本中心和费用中心。

标准成本中心，必须是所生产的产品稳定而明确，并且已经知道单位产品所需要的投入量的责任中心。通常，标准成本中心的典型代表是制造业工厂、车间、工段、班组等。产品在生产过程中发生的直接材料、直接人工、间接制造费用等数额，通过技术分析可以相对可靠地估算出来。实际上，任何一种重复性的活动都可以建立标准成本中心，只要这种活动能够计量产出的实际数量，并且能够说明投入与产出之间可望达到的函数关系。

费用中心，适用于那些产出物不能用财务指标来衡量，或者投入与产出之间没有密切关系的单位。这些单位包括一般行政管理部门、如会计、人事、劳资、计划等；研发部门，如设备改造、新产品研发等；某些销售部门，如广告、宣传、仓储等。一般行政部门的产出难以度量，研究开发和销售活动的投入量与产出量之间没有密切的关系。对于费用中心，唯一可以实际计量的是实际费用，无法通过投入与产出的比较来评价其效果和效率，从而限制无效费用的支出。

（三）成本中心的特点

成本中心相对于利润中心和投资中心而言，其特点主要表现在：

1. 成本中心只评价成本费用，不评价收益。成本中心一般不具备经营权和销售权，其经济活动的结果不会形成可以用货币计量的收入；有的成本中心可能有少量的收入，但整体上讲，其产出与投入之间不存在密切的对应关系，因而，这些收入不作为主要的考核内容，也不必计算这些货币收入，概括地说，成本中心只以货币形式计量投入，不以货币形式计量产出。

2. 成本中心只对可控成本承担责任。成本费用依其责任主体是否能控制分为可控成本与不可控成本。凡是责任中心能控制其发生及其数量的成本称为可控成本；凡是责任中心不能控制其发生及其数量的成本称为不可控成本。具体来说，可控成本必须具备以下四个条件：

（1）可以预计，即成本中心能够事先知道将发生哪些成本以及在何时发生。

（2）可以计量，即成本中心能够对发生的成本进行计量。

（3）可以施加影响，即成本中心能够通过自身的行为来调节成本。

（4）可以落实责任，即成本中心能够将有关成本的控制责任分解落实，并进行考核评价。

可控成本与不可控成本是相对而言的。一项成本，对某个责任中心来说是可控的，对另外的责任中心来说则是不可控的。这与责任中心所处管理层次的高低、管理权限以及控制范围的大小和经营期间的长短有直接关系。因此，可控成本和不可控成本在一定的条件下可以相互转化。

首先，某些成本相对于较高层次的责任中心是可控的，而对于较低层次的责任中心可能是不可控的。如车间主任不能控制自己的工资（尽管它通常计入车间成本），但他的上级可以控制。对企业来说，几乎所有的成本都是可控的。

其次，成本的可控与否，与责任中心的管辖权限有关。例如，耗用材料的进货成本，采购部门可以控制，使用材料的生产部门则不能控制。

最后，成本的可控与否还要考虑其发生的时间范围。一般来说，在消耗或支出的当期成本是可控的，一旦消耗或支付就不再可控。

从整个公司的空间范围和很长的时间范围来看，所有成本都是人的某种决策或行为的结果，都是可控的。但是，对于特定的人或时间来说，有些是可控的，有些是不可控的。

3. 成本中心只对责任成本进行考核和控制。责任成本是各成本中心当期确定或发生的各项可控成本之和，又可分为预算责任成本和实际责任成本。前者是指由预算分解确定的各责任中心应承担的责任成本；后者是指各责任中心从事业务活动实际发生的责任成本。对成本费用进行控制，应以各成本中心的预算责任成本为依据，确保实际责任成本不会超过预算责任成本；对成本中心进行考核，应通过对各成本中心的实际责任成本与预算责任成本进行比较，确定其成本控制的绩效，并采取相应的奖惩措施。

二、成本中心的考核指标

成本中心的考核指标主要采用相对指标和比较指标，包括成本（费用）

变动额和变动率两个指标，其计算公式是：

成本(费用)变动额 = 实际责任成本(费用) - 预算责任成本(费用)

$$成本(费用变动率) = \frac{成本(费用)变动额}{预算责任成本(费用)} \times 100\%$$

在进行成本中心考核时，如果预算产量与实际产量不一致，应注意按弹性预算的方法先行调整预算指标，然后，再按上述公式计算。

【例 11 -1】 假设华明公司是一家石化企业，该企业内部划分了若干个责任中心。月末，财务部门要对各责任中心的业绩进行考评。公司的油气勘探与生产分公司有 A、B、C 三个成本中心。财务部门要根据它们的相关资料，编制责任报告，对它们的业绩作出评价。

华明公司 A 车间是一个成本中心，只生产甲产品。其预算产量为 3 000 件，单位标准材料成本为 100 元/件（即 10 元/千克 ×10 千克/件）；实际产量为 3 500 件，实际单位材料成本为 96 元/件（即 12 元/千克 ×8 千克/件）。（假定其他成本忽略不计）

要求：

计算该成本中心消耗的直接材料成本的变动额和变动率，分析并评价该成本中心的成本控制情况。

成本变动额 =96 ×3 500 - 100 ×3 500 = -14 000（元）

$$成本变动率 = \frac{-14\ 000}{100 \times 3\ 500} \times 100\% = -4\%$$

计算结果表明，该成本中心的成本降低额为 14 000 元，降低率为 4%。其原因分析如下：

由于材料用量降低对成本的影响：

(3 500 ×8 - 3 500 ×10) ×10 = -70 000（元）

由于材料价格上升对成本的影响：

3 500 ×8 × (12 - 10) =56 000（元）

该成本中心的直接材料节省了 14 000 元。

原因与评价如下：

(1) 由于材料用量降低使成本节约了 70 000 元，这属于 A 车间的成绩。

(2) 由于材料采购价格上升致使成本超支 56 000 元，这属于 A 车间的不可控成本，应由采购部门承担。

三、成本中心的责任报告

责任报告也称为业绩报告、绩效报告，是根据责任会计记录编制的反映责任预算实际执行情况，揭示责任预算与执行差异的内部会计报告。责任报告的目的是将责任中心的考核指标与预算比较，以判别其业绩。

责任中心是逐级设置的，责任报告也必须逐级编制，但通常只采用自下而上的程序逐级编报。

成本中心的责任报告应以可控成本为重点内容。通过考核责任成本预算差异，揭示各项成本的支出水平，评价各成本中心的绩效。

【例 11－2】 华明公司的油气勘探与生产分公司 A 成本中心 2019 年 11 月份的责任报告如表 11－1 所示。

表 11－1 成本中心责任报告（A 成本中心）

2019 年 11 月 30 日 单位：万元

摘　要	预　算	实　际	差　异
A 中心直接成本：			
第一工段	1 400	1 480	+80
第二工段	1 200	1 190	－10
小计	2 600	2 670	+70
A 中心可控固定成本：			
间接人工	1 800	1 820	+20
管理人员工资	3 200	3 140	－60
设备折旧及维修费	3 000	3 070	+70
其他	14 000	1 680	+280
小计	9 400	9 710	+310
A 中心责任成本合计	12 000	12 380	+380

四、成本中心的业绩考核

成本中心一般没有收入来源，只对成本负责，因此不考核其收入，只考核其责任成本。由于不同层次的成本费用控制的范围不同，计算和考评的成本费用指标也不尽相同，越往上一层次计算和考评的指标越多，考核内容也越多。

成本中心业绩考核是以责任报告为依据，将实际成本与预算成本或责任成本进行比较，确定两者的差异的性质、数额以及形成原因，并根据差异分析的结果对各成本中心进行奖惩，以督促成本中心努力降低成本。

任务三　利　润　中　心

一、利润中心的含义

一个责任中心，如果能同时控制生产和销售，既要对成本负责，又要对收入负责，但没有责任或没有权利决定该中心资产投资的水平，可以根据其利润的多少来评价该中心的业绩，该中心称为利润中心。

利润中心往往处于企业内部的较高层次，如分厂、分店、分公司等。利润中心一般具有独立的收入来源或视同为一个有独立收入的部门，它一般还具有成本或劳务生产经营决策权。利润中心与成本中心相比，其权力和责任都相对较大，它不仅要对成本负责，还要对收入负责。

二、利润中心的类型

利润中心分为自然利润中心与人为利润中心两种。

1. 自然利润中心是指可以直接对外销售产品并取得收入的利润中心。这种利润中心本身直接面向市场，具有产品销售权、价格制定权、材料采购权和生产决策权。它虽然是企业内的一个部门，但其功能同独立企业相近。最典型的形式就是公司的事业部，每个事业部均有销售、生产、采购的机能，有很大的独立性，能独立地控制成本、取得收入。

2. 人为利润中心是指对责任单位提供产品或劳务而取得“内部销售收入”的利润中心。这种利润中心一般不直接对外销售产品。成立人为利润中心应具备两个条件：

（1）该中心可以向其他责任中心提供产品或劳务；

（2）能为该中心的产品或劳务确定合理的内部转移价格，以实现公平交易、等价交换。

例如，大型钢铁公司分为采矿、炼铁、炼钢、轧钢等几个部门，这些生产部门的产品主要在公司内部转移，只有少量对外销售，或者全部对外销售有专门的销售机构完成，这些生产部门即为人为利润中心。再如，公司内部的辅助部门，包括修理、供电、供水、供气等部门，可以按固定的价格向生产部门收费，它们也可以确定为人为利润中心。

三、内部转移价格

内部转移价格是指企业内部有关责任单位之间提供产品或劳务的结算价格。内部转移价格直接关系到不同责任中心的获利水平，其制定可以有效地防止成本转移引起的责任中心之间的责任转嫁，使每个责任中心都能够作为单独的组织单位进行业绩评价，并且可以作为一种价格信号引导下级采取正确决策，保证局部利益和整体利益的一致。

内部转移价格一般有以下几种：

1. 市场价格。市场价格是以产品或劳务的市场价格作为基础的内部转移价格。采用市场价格，一般假定各责任中心处于独立自主状态，可自由决定从外部或内部进行购销，同时交易的产品或劳务有客观的市价可以采用。在中间产品存在完全竞争市场的情况下，市场价格减去对外的销售费用，是理想的转移价格。

在以市场价格作为内部转移价格时，一般不能直接将市场价格用于内部结算。由于公司为把中间产品销售出去，还需追加各种销售费用，如包装费、运输费、广告费等，因此，市场价格减去某些调整项目才是目前未销售的中间产品的价格。

完全竞争市场这一假设条件，意味着公司外部存在中间产品的公平市场，生产部门被允许向外界顾客销售任意数量的产品，购买部门也可以从外界供应商那里获得任意数量的产品。由于以市场价格为基础的转移价格，通常会低于市场价格，这个折扣价格反映与外销有关的销售费用等，因此，可以鼓励中间产品的内部转移。如果不考虑其他更复杂的因素，购买部门的经理应当选择从内部取得产品，而不是从外部采购。

2. 协商价格。如果中间产品存在非完全竞争的外部市场，可以采用协商的办法确定转移价格，即双方部门经理就转移中间产品的数量、质量、时间和价格进行协商并设法取得一致意见。

成功的协商价格依赖于下列条件：

（1）要有一个某种形式的外部市场，两个部门经理可以自由地选择接受或拒绝某一价格。如果根本没有可能从外部取得或协商中间产品，就会使一方或双方处于垄断状态，这样谈判结果不是协商价格而是垄断价格。在垄断的情况下，最终价格的确定受谈判人员的实力和技巧的影响。

（2）在谈判者之间共同分享所有的信息资源。这个条件能使协商价格接近一方的机会成本，如双方都接近机会成本则更为理想。

（3）最高管理层的必要干预。虽然尽可能让谈判双方自己来解决大多数问题，以发挥分散经营的优点，但是，对于双方谈判时可能导致的公司非最优决策，最高管理层要进行干预，对于双方不能自行解决的争论有必要进行调解。当然，这种干预必须是有限的、得体的，不能使整个谈判变成由上级领导裁决一切。

协商价格往往浪费时间和精力，可能导致部门之间的矛盾，部门获利能力大小与谈判人员的谈判技巧有很大关系，这是这种价格的缺点。尽管有上述不足之处，协商价格仍被广泛采用，它的好处是具有一定弹性，可以照顾双方利益，并得到认可。

3. 成本转移价格。成本转移价格是指所有的内部交易均以某种形式的成本价格进行结算，它适用于内部转移的产品或劳务没有市价的情况。

由于成本有不同的口径，所以成本转移价格有多种类型，主要有以下两种形式：

（1）按标准成本加成制定内部转移价格。该方法是根据产品或劳务的标准成本，再加上一定的合理的利润作为计价基础。它的优点是简便易行，而且能够分清买卖双方的经济责任，不会把供应方的浪费和无效劳动转嫁给购买方，有利于激励双方降低成本的积极性。缺点是确定加成利润率难免带有一定的主观随意性，需要慎重研究，妥善制定。

（2）按实际成本加成制定内部转移价格。该方法是按产品或劳务的实际成本，再加上一定的合理利润作为计价基础。它的优点是能保证销售方有利可图，可调动其积极性。缺点是使供应方的功过全部转嫁给购买方负担，而供应方仍能维持一定的利润水平，显得很不公平。此外，加成的利润率的确定也带有很大的主观随意性。

四、利润中心的考核指标

对利润中心进行考核的指标主要是利润。由于利润不是一个十分具体的概念，因此，在评价利润中心的业绩时，我们至少有三种选择：边际贡献、可控边际贡献和部门营业利润。

边际贡献 = 销售收入总额 - 变动成本总额

可控边际贡献 = 边际贡献 - 该中心负责人可控固定成本

部门营业利润 = 可控边际贡献 - 该中心负责人不可控固定成本

【例 11 -3】 华明公司油品炼制和销售分公司有 M、N 两个利润中心，它们均有独立的收入来源，具有成本和销售决策权。财务部门要根据相关资料，编制责任报告，对它们的业绩进行评价。

华明公司油品炼制和销售分公司 M 利润中心的有关数据如表 11 -2 所示。

表 11 -2　　M 利润中心的有关数据　　单位：万元

项　　目	成本费用	收　　益
销售收入		15 000
销货成本	8 000	
变动费用	2 000	
(1) 边际贡献		5 000
可控固定成本	800	
(2) 部门可控边际贡献		4 200
不可控固定成本	1 200	
(3) 部门营业利润		3 000

分析如下：

(1) 以边际贡献 5 000 万元作为业绩评价依据不够全面。部门经理至少可以控制某些固定成本，并且在固定成本和变动成本的划分上有一定的选择余地。以边际贡献作为考核依据，可能导致部门经理尽可能多地支出固定成本以减少变动成本支出，尽管这样做并不能降低总成本。因此，业绩评价时至少应包括可以控制的固定成本。

(2) 以可控边际贡献 4 200 万元作为业绩评价的依据可能是最好的，它反映了部门经理在其权限和控制范围内有效使用资源的能力。部门经理可以控制收入以及变动成本和部分固定成本，因而可对可控边际贡献承担责任。这一衡量标准的主要问题是可控固定成本和不可控固定成本的区分比较困难。例如，折旧、保险等，如果部门经理有权处理这些有关的资产，那么，它们就是可控的；反之，则是不可控的。

(3) 以部门营业利润 3 000 万元作为业绩评价依据，可能更适合评价该部门对公司利润和管理费用的贡献，而不适合于对部门经理的评价。如果要决定该部门的取舍，部门边际贡献是有重要意义的信息。如果要评价部门经理的业绩，由于有一部分固定成本是过去最高管理层投资决策的结果，现在的部门经理很难改变，部门边际贡献超出了部门经理的控制范围。

五、利润中心的责任报告

将各利润中心的实际责任利润与责任利润预算进行比较，编制责任报告，确定责任利润完成情况，分析具体原因。

【例 11－4】 华明公司油品炼制和销售分公司 M 利润中心的责任报告如表 11－3 所示。

表 11－3 利润中心责任报告（M 利润中心）

2019 年 11 月 30 日 单位：万元

摘要	预算	实际	差异
销售收入	14 000	15 000	+1 000
变动生产成本	7 600	8 000	+400
变动销售及管理费用	2 100	2 000	－100
变动成本合计	9 700	10 000	+300
边际贡献	4 300	5 000	+700
直接发生的固定成本	1 200	900	－300
上级分配的管理费用	1 000	1 100	+100
固定成本合计	2 200	2 000	－200
部门可控边际贡献	3 100	4 100	+1 000
部门营业利润	2 100	3 000	+900

六、利润中心的业绩考核

利润中心既对成本负责，又对收入和利润负责。在对利润中心进行业绩考核时，应以销售收入、可控边际贡献以及息税前利润为依据进行分析和评价，应通过一定期间实际利润与预算利润进行对比，分析差异及其形成原因，明确责任，从而对责任中心的经营业绩做出正确评价，并进行奖惩。

在考核利润中心的业绩时，只计算和考评本利润中心权责范围内的收入和成本。凡不属于本利润中心的收入和成本，即使由本利润中心收付，仍然要剔除，不能作为考核本利润中心的依据。

任务四 投资中心

一、投资中心的含义

投资中心是指既对成本、收入和利润负责，又对投资及其投资收益负责的责任中心。由于投资的目的是获得利润，因此投资中心在本质上也是一种利润中心。但是投资中心又不同于利润中心。主要表现在：第一，权限不同。利润中心没有投资决策权，它只能在项目投资形成生产能力后进行具体的经营活动；而投资中心不仅有制定价格、确定产品和生产方法等短期经营决策权，而且还具有投资规模和投资类型决策权。第二，考核办法不同。对利润中心进行业绩考核，不考虑投资以及占用资产的多少，即不进行投入产出的比较；对投资中心进行业绩考核，必须将所获得的利润与所占用的资产进行比较。

二、投资中心的特点

投资中心既对成本、收入和利润负责，又要对投资效果负责。投资中心是企业最高层次的责任中心，它具有最大的决策权，也承担最大的责任。投资中心的管理特征是较高程度的分权管理。一般而言，大型集团所属的子公司往往都是投资中心。在组织形式上，投资中心一般具有独立法人资格，而成本中心和利润中心往往是企业内部组织，不具有独立法人地位。

三、投资中心的考核指标

对投资中心进行业绩评价，不仅要使用利润指标，还需要计算和分析利润与投资的关系。常用的指标主要有投资报酬率和剩余收益。

1. 投资报酬率。投资报酬率又称投资利润率或投资收益率，是指投资中心所获得的利润与投资额之间的比率。计算公式是：

$$投资报酬率=\frac{营业利润}{平均总资产}\times 100\%$$

$$平均总资产=\frac{期初总资产+期末总资产}{2}$$

投资报酬率可以分解为：

$$\begin{aligned}投资报酬率&=\frac{营业利润}{平均总资产}\times 100\%\\&=\frac{营业利润}{销售收入}\times\frac{销售收入}{平均总资产}\times 100\%\\&=销售利润率\times 资产周转率\end{aligned}$$

上式中营业利润是指扣减利息和所得税之前的利润，即息税前利润。由于利润是整个期间内实现并累积形成的，属于期间指标，而营业资产属于时点指标，故取其平均数。

投资报酬率说明了投资中心运用公司的每单位资产对公司整体利润的贡献。它能够反映投资中心的综合获利能力。因此，可以促使经理人员关注营业资产运营效率，并有利于存量资产的调整，优化资源配置。

【例 11－5】 华明公司有油气勘探与生产、油品炼制与销售两个子公司，都是投资中心。它们不仅有制定价格、确定产品和生产方法等短期经营决策权，而且还具有投资规模和投资类型决策权。财务部门要根据相关资料，编制责任报告，对它们的业绩进行评价。

华明公司有油气勘探与生产、油品炼制与销售两个子公司，都是投资中心，2019 年有关数据如表 11－4 所示。

表 11－4　油气勘探与生产、油品炼制与销售公司有关数据　单位：万元

项　目	油气勘探与生产公司	油品炼制与销售公司
部门营业利润	10 800	9 000
所得税（税率 25%）	2 700	2 250
部门税后营业利润	8 100	6 750
平均总资产	90 000	60 000
平均经营负债	5 000	4 000
平均净经营资产（投资资本）	85 000	56 000

$$油气勘探与生产公司投资报酬率=\frac{10\ 800}{90\ 000}\times 100\%=12\%$$

$$油品炼制以销售公司投资报酬率=\frac{9\ 000}{60\ 000}\times 100\%=15\%$$

用投资报酬率来评价投资中心的业绩有许多优点：第一，它是根据现有的会计资料计算的，比较客观，可用于部门之间以及不同行业之间的比较。投资人和部门经理都非常关注这个指标。第二，投资报酬率可以分解为资产周转率和销售利润率的乘积，并可进一步分解为资产的明细项目和收支的明细项目，从而对整个部门的经营状况做出评价。

投资报酬率指标的不足也十分明显：部门经理会放弃高于资本成本而低于目前部门投资报酬率的机会，或者减少现有的投资报酬率较低但高于资本成本的某些资产，使部门的业绩获得较好评价，但却伤害了公司整体的利益。

假设例 11－5 中的华明公司要求的最低税前投资报酬率 10%。油品炼制与销售公司的经理面临一个投资报酬率为 12% 的投资机会，投资额为 1 000 万元，每年营业利润为 120 万元。尽管对整个公司来说，由于该项目的投资报酬率高于公司要求的最低投资报酬率，应当利用这个投资机会，但是它却使油品炼制与销售公司的投资报酬率由 15% 下降到 14.95%。

$$投资报酬率=\frac{9\ 000+120}{60\ 000+1\ 000}\times 100\%=14.95\%$$

同样道理，当情况与此相反，假设油品炼制与销售公司现有一项资产价值为 500 万元，每年税前获利 65 万元，税前投资报酬率为 13%，超过了公司要求的最低投资报酬率，该部门经理却愿意放弃该项资产，以提高部门的投资报酬率：

$$投资报酬率=\frac{9\ 000-65}{60\ 000-500}\times 100\%=15.02\%$$

由此可以看出，从引导部门经理采取与公司整体利益一致的决策来看，投资报酬率并不是一个很好的指标。

2. 剩余收益。剩余收益是一个绝对数指标，是指投资中心获得的营业利润扣减其投资额或平均总资产按规定或预期的最低收益率计算的最低投资收益

后的余额。最低投资收益是投资中心的投资额（或资产占用额）按规定或预期的最低报酬率计算的收益。其计算公式如下：

剩余收益 = 营业利润 - 投资额（平均总资产）×最低投资报酬率

公式中的最低投资报酬率是根据资本成本来确定的。它一般等于或大于资本成本，通常可以采用企业整体的最低期望投资报酬率，也可以是企业为该投资中心单独规定的最低投资报酬率。

以剩余收益作为投资中心经营业绩评价指标，各投资中心只要投资报酬率大于规定或预期的最低投资报酬率，该项投资（或资产占用）便是可行的。剩余收益指标具有两个特点：

（1）体现了投入产出关系。由于减少投资（或降低资产占用）同样可以达到增加剩余收益的目的，因而与投资报酬率一样，该指标也可以用于全面评价与考核投资中心的业绩。

（2）避免本位主义。剩余收益指标可以使部门业绩评价与公司的目标协调一致，引导部门经理采纳高于公司资本成本的决策，克服投资报酬率指标的缺点。

续例 11 - 5，假设油气勘探与生产公司要求的税前最低报酬率为 10%，油品炼制与销售公司的风险较大，要求的税前最低报酬率为 11%。

油气勘探与生产公司剩余收益 = 10 800 - 90 000 × 10% = 1 800（万元）

油品炼制与销售公司剩余收益 = 9 000 - 60 000 × 11% = 2 400（万元）

油品炼制与销售公司的经理如果采纳前面提到的投资机会（税前最低报酬率为 12%，投资额为 1 000 万元，每年税前获利 120 万元）可以增加部门剩余收益：

采纳投资方案后的剩余收益 =（9 000 + 120）-（60 000 + 1 000）× 11%
= 2 410（万元）

油品炼制与销售公司的经理如果采纳前面提到的减少一项现有资产的方案（资产价值为 500 万元，每年税前获利 65 万元，税前投资报酬率为 13%），会减少部门剩余收益：

采纳减资方案后的剩余收益 =（9 000 - 65）-（60 000 - 500）× 11%
= 2 390（万元）

因此，油品炼制与销售公司的经理会采纳投资方案而放弃减资方案，与公司总目标一致。

采用剩余收益指标还有一个好处，就是允许使用不同的风险调整资本成本。从现代财务理论来看，不同的投资有不同的风险，要求按风险程度调整其资本成本。因此，不同行业部门的资本成本不同，甚至同一部门的资产也属于不同的风险类型。例如，现金、应收账款和长期资本投资的风险有很大差别，要求有不同的资本成本。在使用剩余收益指标时，可以对不同部门或者不同资产规定不同的资本成本，使剩余收益这个指标更加灵活。

四、投资中心的责任报告

将投资中心获得的收益与投资额进行比较，与预算值对比，编制责任报告，评价其业绩。

【例 11－6】 华明公司的投资中心油气勘探与生产公司的责任报告如表 11－5 所示。

表 11－5　油气勘探与生产公司的责任报告　　单位：万元

项　目	预算	实际	差异
税前营业利润	10 000	10 800	+800
所得税（税率 25%）	2 500	2 700	+200
平均总资产	85 000	90 000	+500
投资报酬率	11.76%	12%	+0.24%
最低报酬率	10%	10%	0
剩余收益	1 500	1 800	+300

五、投资中心的业绩考核

投资中心不仅要对收入、成本和利润负责，还要对投资效果负责。因此，投资中心的业绩考核，除了收入、成本和利润指标外，应重点考核投资报酬率和剩余收益。

从管理层次上看，投资中心是最高一级的责任中心，业绩考核的内容非常全面。考核时通过实际数与预算数的比较，找出差异，进行差异分析，查明差异的成因和性质，并据以进行奖惩。

【项目小结】

- 责任会计
  - 责任会计认知
    - 责任会计的定义
    - 责任会计的内容
    - 责任会计的特点
  - 成本中心
    - 成本中心的概念
    - 成本中心的考核指标
    - 成本中心的责任报告
    - 成本中心的业绩考核
  - 利润中心
    - 利润中心的含义
    - 利润中心的类型
    - 内部转移价格
    - 利润中心的考核指标
    - 利润中心的责任报告
    - 利润中心的业绩考核
  - 投资中心
    - 投资中心的含义
    - 投资中心的特点
    - 投资中心的考核指标
    - 投资中心的责任报告
    - 投资中心的业绩考核

【职业能力训练与案例分析】

一、单项选择题

1. 下列各项中，不属于责任成本基本特征的是（　　）。

A. 可以预计　　B. 可以计量

C. 可以控制　　D. 可以对外报告

2. 某企业内部一车间为成本中心，生产 A 产品，预算产量 60 000 件，单位成本 100 元；实际产量 70 000 件，单位成本 95 元。可以计算该成本中心的成本降低率是（　　）。

A. 10.83%　　B. －5%

C. －5.26%　　D. 5%

3. 下列成本中，属于成本中心必须控制和考核的指标是（　　）。

A. 产品成本　　B. 期间成本

C. 不可控成本　　D. 责任成本

4. 在内部转移价格的制定方法中，最不合理的是（　　）。

A. 市场价格　　B. 协商价格

C. 实际成本加成转移价格　　D. 双重价格

5. 在投资中心的主要考核指标中，能使个别投资中心的利益与整个企业的利益统一起来的指标是（　　）。

A. 投资利润率　　B. 可控成本

C. 利润总额　　D. 剩余收益

6. 在选择剩余收益指标时所使用的规定或预期的最低报酬率时，通常考虑的指标是公司的（　　）作为基准收益率。

A. 最高利润率　　B. 资本成本率

C. 加权平均利润率　　D. 销售利润率

7. 已知某投资中心的资本周转率为 0.3 次，销售成本率为 60%，成本费用利润率为 80%，则其投资利润率为（　　）。

A. 42%　　B. 22.5%

C. 14.4%　　D. 6%

8. 下列各项中，不属于投资中心特征的有（　　）。

A. 在企业内部拥有最大的决策权

B. 企业内部最高层次的责任中心

C. 一般为独立的法人

D. 只需要对投资效果负责，不需要对成本负责

9. 不属于影响剩余收益的因素有（　　）。

A. 息税前利润　　B. 总资产占用额

C. 利润留存比率　　D. 预期的最低税前报酬率

10. 相对剩余收益指标而言，投资报酬率指标的缺点有（　　）。
A. 无法反映投资中心的综合盈利能力
B. 可能造成投资中心的近期目标与整个企业的长期目标相背离
C. 不便于投资项目建成投产后与原定目标的比较
D. 不便于各投资中心经营业绩的横向比较

二、多项选择题

1. 对成本中心而言，下列各项中，不属于该类中心特点的是（　　）。
A. 只考核本中心的责任成本　　B. 只对本中心的可控成本负责
C. 只对责任成本进行控制　　D. 只对直接成本进行控制
2. 成本中心的业绩，可以通过（　　）来考核。
A. 标准成本降低额　　B. 变动成本降低额
C. 责任成本降低额　　D. 责任成本降低率
3. 利润中心的考核总指标为利润，具体内容有（　　）。
A. 边际贡献　　B. 部门可控边际贡献
C. 部门营业利润　　D. 总资产息税前利润率
4. 下列各项中，属于自然利润中心特征的有（　　）。
A. 直接面对市场　　B. 具有部分经营权
C. 通常只计算可控成本　　D. 对外销售产品而取得收入
5. 属于利润中心负责的项目包括（　　）。
A. 成本　　B. 费用
C. 收入　　D. 利润
6. 下列各项中，属于揭示投资中心特点的表述包括（　　）。
A. 企业内部最高层次的责任中心
B. 在企业内部拥有最大的决策权
C. 承担最大的责任
D. 分权管理程度比较高
7. 下列各项指标中，属于投资中心业绩考核重点指标的是（　　）。
A. 可控成本　　B. 收入和利润
C. 投资报酬率　　D. 剩余收益
8. 投资报酬率可以进一步分解为两个相对数指标之积，它们包括（　　）。
A. 资产周转率　　B. 销售成本率
C. 销售利润率　　D. 成本费用利润率

三、判断题

1. 因为企业内部的个人不能构成责任实体，所以不能作为责任会计的责任中心。（　　）
2. 责任中心就是承担一定经济责任，并享有一定权利和利益的企业内部

单位。 (　　)

3. 属于某成本中心的各项可控成本之和即构成该中心的责任成本。(　　)

4. 成本中心不仅要以货币形式计量投入，而且要以货币形式计量产出。 (　　)

5. 同一成本项目，对有的部门来说是可控的，而对另一部门则可能是不可控的。也就是说，成本的可控与否是相对的，而不是绝对的。 (　　)

6. 人为利润中心是指只对内部责任单位提供产品或劳务而取得“内部销售收入”的利润中心。 (　　)

7. 当一个责任中心向另一责任中心提供产品时，不仅要办理内部结算，还应同时办理责任成本的内部结转。 (　　)

8. 以市场价格作为内部转移价格，就是直接按市场价格结算。 (　　)

9. 从企业总体看，内部转移价格无论怎样变动，企业利润总额不变，变动的只是企业内部各责任中心的收入或利润的分配份额。 (　　)

10. 具有独立或相对独立的收入和生产经营决策权，并对成本、收入和利润负责的责任中心投资中心。 (　　)

11. 某项会导致个别投资中心的投资报酬率提高的投资，不一定会使整个企业的投资报酬率提高；但某项会导致个别投资中心的剩余收益增加的投资，则一定会使企业的剩余收益增加。 (　　)

12. 利润中心必然是成本中心，投资中心必然是利润中心，所以投资中心首先是成本中心，但利润中心并不一定都是投资中心。 (　　)

13. 如果公司下属的某个投资中心追加投资后，导致该中心的投资报酬率上升，则应以由此引起的公司投资报酬率的上升或下降来评价其业绩。 (　　)

14. 成本中心和利润中心一般不是独立法人，而投资中心一般是独立法人。 (　　)

15. 在投资中心的主要考核指标中，能够全面反映该责任中心投入产出的关系，避免本位主义发生，并使个别投资中心的利益与整个企业的利益统一起来的指标是剩余收益。 (　　)

四、计算分析题

1. 某车间的月责任成本预算满足如下模式：$y = 200\ 000 + 10x$，该车间8月份的实际成本资料如下：可控成本为411 600元，其中固定成本为211 600元，变动成本为200 000元，另外不可控成本为36 000元，全部为固定成本，实际产量为22 000件。

要求：

（1）计算该车间责任成本变动额；

（2）计算该车间责任成本变动率；

（3）登记下列责任报告（见表11－6），并评价该车间成本控制业绩。

表 11－6

单位：元

成本项目	实际	预算	差异
变动成本			
固定成本			
合　计			

2. 某公司下设 A、B 两个投资中心，A 投资中心的投资额为 200 万元，投资报酬率为 15%；B 投资中心的投资报酬率为 17%，剩余收益为 20 万元；英达公司要求的平均最低投资报酬率为 12%。英达公司决定追加投资 100 万元，若投向 A 投资中心，每年可增加利润 20 万元；若投向 B 投资中心，每年可增加利润 15 万元。

要求：

（1）计算追加投资前 A 投资中心的剩余收益；

（2）计算追加投资前 B 投资中心的投资额；

（3）计算追加投资前英达公司的投资报酬率；

（4）若 A 投资中心接受追加投资，计算其剩余收益；

（5）若 B 投资中心接受追加投资，计算其投资报酬率。

3. 某企业下设甲投资中心和乙投资中心，要求的总资产息税前报酬率为 10%。两投资中心均有一投资方案可供选择，预计产生的影响如表 11－7 所示。

表 11－7

单位：万元

项　目	甲投资中心		乙投资中心	
	追加投资前	追加投资后	追加投资前	追加投资后
总资产	50	100	100	150
息税前利润	4	8.6	15	20.5
息税前报酬率	8%		15%	
剩余收益	－1		+5	

要求：

（1）计算并填列上表中的空白；

（2）运用剩余收益指标分别就两个投资中心是否应追加投资进行决策。

4. 已知有两家没有任何联系的公司，相关资料如表 11－8 所示。

表 11－8

单位：万元

投资中心	甲公司	乙公司
息税前利润	50 000	16 000
总资产平均余额	312 500	80 000
预期的最低总资产息税前报酬率	14%	16%

要求：

（1）分别计算各公司的总资产息税前报酬率和剩余收益指标；

（2）说明如果现有一项可带来15%的总资产息税前报酬率的投资机会，若接受投资，甲、乙两公司的总资产息税前报酬率和剩余收益会增加还是减少？

（3）若按总资产息税前报酬率指标进行考核，上述两家公司是否愿意进行投资？

（4）若按剩余收益指标进行考核，上述两家公司是否愿意进行投资？

五、案例分析

"书与游戏"公司有两家书店：安蒂书店和马琳书店。每家书店的经理都拥有很大的决策权。但是，广告、市场调查、购书、法律服务以及人事职能是由中心办公室来执行的。"书与游戏"公司现行会计系统是将所有成本分摊到书店。20×1的经营成果如表11－9所示。

表11－9

项　目	全公司	安蒂书店	马琳书店
销售收入	$700 000	$350 000	$350 000
销售成本	450 000	225 000	225 000
销售毛利	250 000	125 000	125 000
经营费用			
工资和薪金	63 000	30 000	33 000
物料	45 000	22 500	22 500
租金和设施费	60 000	40 000	20 000
折旧	15 000	7 000	8 000
分配行政成本	60 000	30 000	30 000
经营费用小计	243 000	129 500	113 500
经营收益（亏损）	$7 000	$(4 500)	$11 500

每家书店的经理做出的决策能够影响员工的工资和薪金、物料及折旧。与之相对的是租金和设施费在经理们的控制范围之外，因为经理们不能选择书店的地址和规模。

物料属于变动成本；工资和薪金的可变部分是销货成本的8%，工资和薪金的其余部分属于固定成本；租金、设施费和折旧也属于固定成本；人事成本分摊并不受书店任何事项的影响，但是按照销售收入的比例分配。

问题：

1. 用边际贡献法编制业绩报表（填写表11－10），将每家书店的业绩和书店经理的业绩区分开来。

表 11－10　　　　　　　　“书与游戏”公司业绩报告（边际贡献法）

项　　目	全公司	安蒂书店	马琳书店
销售收入			
变动成本 　销售成本 　工资和薪金 　物料 　变动成本总额			
书店的边际贡献			
减：书店经理可控固定成本 　工资和薪金 　折旧 　可控固定成本总额			
经理可控边际贡献			
减：他人可控固定成本 　租金和设施费			
书店的边际贡献			
不可分摊成本			
营业利润			

2. 评价每家书店的财务业绩。

3. 评价每家书店经理的财务业绩。

资料来源：［美］查尔斯·亨格瑞等著，潘飞等译．管理会计教程（第 15 版）．北京：人民邮电出版社．2016.

附录一　　复利终值系数表（F/P，i，n）　$F = P \times (1+i)^n$

期数	1%	2%	3%	4%	5%	6%	7%	8%	9%	10%
1	1.0100	1.0200	1.0300	1.0400	1.0500	1.0600	1.0700	1.0800	1.0900	1.1000
2	1.0201	1.0404	1.0609	1.0816	1.1025	1.1236	1.1449	1.1664	1.1881	1.2100
3	1.0303	1.0612	1.0927	1.1249	1.1576	1.1910	1.2250	1.2597	1.2950	1.3310
4	1.0406	1.0824	1.1255	1.1699	1.2155	1.2625	1.3108	1.3605	1.4116	1.4641
5	1.0510	1.1041	1.1593	1.2167	1.2763	1.3382	1.4026	1.4693	1.5386	1.6105
6	1.0615	1.1262	1.1941	1.2653	1.3401	1.4185	1.5007	1.5869	1.6771	1.7716
7	1.0721	1.1487	1.2299	1.3159	1.4071	1.5036	1.6058	1.7138	1.8280	1.9487
8	1.0829	1.1717	1.2668	1.3686	1.4775	1.5938	1.7182	1.8509	1.9926	2.1436
9	1.0937	1.1951	1.3048	1.4233	1.5513	1.6895	1.8385	1.9990	2.1719	2.3579
10	1.1046	1.2190	1.3439	1.4802	1.6289	1.7908	1.9672	2.1589	2.3674	2.5937
11	1.1157	1.2434	1.3842	1.5395	1.7103	1.8983	2.1049	2.3316	2.5804	2.8531
12	1.1268	1.2682	1.4258	1.6010	1.7959	2.0122	2.2522	2.5182	2.8127	3.1384
13	1.1381	1.2936	1.4685	1.6651	1.8856	2.1329	2.4098	2.7196	3.0658	3.4523
14	1.1495	1.3195	1.5126	1.7317	1.9799	2.2609	2.5785	2.9372	3.3417	3.7975
15	1.1610	1.3459	1.5580	1.8009	2.0789	2.3966	2.7590	3.1722	3.6425	4.1772
16	1.1726	1.3728	1.6047	1.8730	2.1829	2.5404	2.9522	3.4259	3.9703	4.5950
17	1.1843	1.4002	1.6528	1.9479	2.2920	2.6928	3.1588	3.7000	4.3276	5.0545
18	1.1961	1.4282	1.7024	2.0258	2.4066	2.8543	3.3799	3.9960	4.7171	5.5599
19	1.2081	1.4568	1.7535	2.1068	2.5270	3.0256	3.6165	4.3157	5.1417	6.1159
20	1.2202	1.4859	1.8061	2.1911	2.6533	3.2071	3.8697	4.6610	5.6044	6.7275
21	1.2324	1.5157	1.8603	2.2788	2.7860	3.3996	4.1406	5.0338	6.1088	7.4002
22	1.2447	1.5460	1.9161	2.3699	2.9253	3.6035	4.4304	5.4365	6.6586	8.1403
23	1.2572	1.5769	1.9736	2.4647	3.0715	3.8197	4.7405	5.8715	7.2579	8.9543
24	1.2697	1.6084	2.0328	2.5633	3.2251	4.0489	5.0724	6.3412	7.9111	9.8497
25	1.2824	1.6406	2.0938	2.6658	3.3864	4.2919	5.4274	6.8485	8.6231	10.8347
26	1.2953	1.6734	2.1566	2.7725	3.5557	4.5494	5.8074	7.3964	9.3992	11.9182
27	1.3082	1.7069	2.2213	2.8834	3.7335	4.8223	6.2139	7.9881	10.2451	13.1100
28	1.3213	1.7410	2.2879	2.9987	3.9201	5.1117	6.6488	8.6271	11.1671	14.4210
29	1.3345	1.7758	2.3566	3.1187	4.1161	5.4184	7.1143	9.3173	12.1722	15.8631
30	1.3478	1.8114	2.4273	3.2434	4.3219	5.7435	7.6123	10.0627	13.2677	17.4494

续表

期数	1%	2%	3%	4%	5%	6%	7%	8%	9%	10%
31	1.3613	1.8476	2.5001	3.3731	4.5380	6.0881	8.1451	10.8677	14.4618	19.1943
32	1.3749	1.8845	2.5751	3.5081	4.7649	6.4534	8.7153	11.7371	15.7633	21.1138
33	1.3887	1.9222	2.6523	3.6484	5.0032	6.8406	9.3253	12.6760	17.1820	23.2252
34	1.4026	1.9607	2.7319	3.7943	5.2533	7.2510	9.9781	13.6901	18.7284	25.5477
35	1.4166	1.9999	2.8139	3.9461	5.5160	7.6861	10.6766	14.7853	20.4140	28.1024
36	1.4308	2.0399	2.8983	4.1039	5.7918	8.1473	11.4239	15.9682	22.2512	30.9127
37	1.4451	2.0807	2.9852	4.2681	6.0814	8.6361	12.2236	17.2456	24.2538	34.0039
38	1.4595	2.1223	3.0748	4.4388	6.3855	9.1543	13.0793	18.6253	26.4367	37.4043
39	1.4741	2.1647	3.1670	4.6164	6.7048	9.7035	13.9948	20.1153	28.8160	41.1448
40	1.4889	2.2080	3.2620	4.8010	7.0400	10.2857	14.9745	21.7245	31.4094	45.2593
41	1.5038	2.2522	3.3599	4.9931	7.3920	10.9029	16.0227	23.4625	34.2363	49.7852
42	1.5188	2.2972	3.4607	5.1928	7.7616	11.5570	17.1443	25.3395	37.3175	54.7637
43	1.5340	2.3432	3.5645	5.4005	8.1497	12.2505	18.3444	27.3666	40.6761	60.2401
44	1.5493	2.3901	3.6715	5.6165	8.5572	12.9855	19.6285	29.5560	44.3370	66.2641
45	1.5648	2.4379	3.7816	5.8412	8.9850	13.7646	21.0025	31.9204	48.3273	72.8905
46	1.5805	2.4866	3.8950	6.0748	9.4343	14.5905	22.4726	34.4741	52.6767	80.1795
47	1.5963	2.5363	4.0119	6.3178	9.9060	15.4659	24.0457	37.2320	57.4176	88.1975
48	1.6122	2.5871	4.1323	6.5705	10.4013	16.3939	25.7289	40.2106	62.5852	97.0172
49	1.6283	2.6388	4.2562	6.8333	10.9213	17.3775	27.5299	43.4274	68.2179	106.7190
50	1.6446	2.6916	4.3839	7.1067	11.4674	18.4202	29.4570	46.9016	74.3575	117.3909
51	1.6611	2.7454	4.5154	7.3910	12.0408	19.5254	31.5190	50.6537	81.0497	129.1299
52	1.6777	2.8003	4.6509	7.6866	12.6428	20.6969	33.7253	54.7060	88.3442	142.0429
53	1.6945	2.8563	4.7904	7.9941	13.2749	21.9387	36.0861	59.0825	96.2951	156.2472
54	1.7114	2.9135	4.9341	8.3138	13.9387	23.2550	38.6122	63.8091	104.9617	171.8719
55	1.7285	2.9717	5.0821	8.6464	14.6356	24.6503	41.3150	68.9139	114.4083	189.0591
56	1.7458	3.0312	5.2346	8.9922	15.3674	26.1293	44.2071	74.4270	124.7050	207.9651
57	1.7633	3.0918	5.3917	9.3519	16.1358	27.6971	47.3015	80.3811	135.9285	228.7616
58	1.7809	3.1536	5.5534	9.7260	16.9426	29.3589	50.6127	86.8116	148.1620	251.6377
59	1.7987	3.2167	5.7200	10.1150	17.7897	31.1205	54.1555	93.7565	161.4966	276.8015
60	1.8167	3.2810	5.8916	10.5196	18.6792	32.9877	57.9464	101.2571	176.0313	304.4816

附录一 复利终值系数表（F/P，i，n）（续1）

期数	11%	12%	13%	14%	15%	16%	17%	18%	19%	20%
1	1.1100	1.1200	1.1300	1.1400	1.1500	1.1600	1.1700	1.1800	1.1900	1.2000
2	1.2321	1.2544	1.2769	1.2996	1.3225	1.3456	1.3689	1.3924	1.4161	1.4400
3	1.3676	1.4049	1.4429	1.4815	1.5209	1.5609	1.6016	1.6430	1.6852	1.7280
4	1.5181	1.5735	1.6305	1.6890	1.7490	1.8106	1.8739	1.9388	2.0053	2.0736
5	1.6851	1.7623	1.8424	1.9254	2.0114	2.1003	2.1924	2.2878	2.3864	2.4883
6	1.8704	1.9738	2.0820	2.1950	2.3131	2.4364	2.5652	2.6996	2.8398	2.9860
7	2.0762	2.2107	2.3526	2.5023	2.6600	2.8262	3.0012	3.1855	3.3793	3.5832
8	2.3045	2.4760	2.6584	2.8526	3.0590	3.2784	3.5115	3.7589	4.0214	4.2998
9	2.5580	2.7731	3.0040	3.2519	3.5179	3.8030	4.1084	4.4355	4.7854	5.1598
10	2.8394	3.1058	3.3946	3.7072	4.0456	4.4114	4.8068	5.2338	5.6947	6.1917
11	3.1518	3.4785	3.8359	4.2262	4.6524	5.1173	5.6240	6.1759	6.7767	7.4301
12	3.4985	3.8960	4.3345	4.8179	5.3503	5.9360	6.5801	7.2876	8.0642	8.9161
13	3.8833	4.3635	4.8980	5.4924	6.1528	6.8858	7.6987	8.5994	9.5964	10.6993
14	4.3104	4.8871	5.5348	6.2613	7.0757	7.9875	9.0075	10.1472	11.4198	12.8392
15	4.7846	5.4736	6.2543	7.1379	8.1371	9.2655	10.5387	11.9737	13.5895	15.4070
16	5.3109	6.1304	7.0673	8.1372	9.3576	10.7480	12.3303	14.1290	16.1715	18.4884
17	5.8951	6.8660	7.9861	9.2765	10.7613	12.4677	14.4265	16.6722	19.2441	22.1861
18	6.5436	7.6900	9.0243	10.5752	12.3755	14.4625	16.8790	19.6733	22.9005	26.6233
19	7.2633	8.6128	10.1974	12.0557	14.2318	16.7765	19.7484	23.2144	27.2516	31.9480
20	8.0623	9.6463	11.5231	13.7435	16.3665	19.4608	23.1056	27.3930	32.4294	38.3376
21	8.9492	10.8038	13.0211	15.6676	18.8215	22.5745	27.0336	32.3238	38.5910	46.0051
22	9.9336	12.1003	14.7138	17.8610	21.6447	26.1864	31.6293	38.1421	45.9233	55.2061
23	11.0263	13.5523	16.6266	20.3616	24.8915	30.3762	37.0062	45.0076	54.6487	66.2474
24	12.2392	15.1786	18.7881	23.2122	28.6252	35.2364	43.2973	53.1090	65.0320	79.4968
25	13.5855	17.0001	21.2305	26.4619	32.9190	40.8742	50.6578	62.6686	77.3881	95.3962
26	15.0799	19.0401	23.9905	30.1666	37.8568	47.4141	59.2697	73.9490	92.0918	114.4755
27	16.7386	21.3249	27.1093	34.3899	43.5353	55.0004	69.3455	87.2598	109.5893	137.3706
28	18.5799	23.8839	30.6335	39.2045	50.0656	63.8004	81.1342	102.9666	130.4112	164.8447
29	20.6237	26.7499	34.6158	44.6931	57.5755	74.0085	94.9271	121.5005	155.1893	197.8136
30	22.8923	29.9599	39.1159	50.9502	66.2118	85.8499	111.0647	143.3706	184.6753	237.3763

续表

期数	11%	12%	13%	14%	15%	16%	17%	18%	19%	20%
31	25.4104	33.5551	44.2010	58.0832	76.1435	99.5859	129.9456	169.1774	219.7636	284.8516
32	28.2056	37.5817	49.9471	66.2148	87.5651	115.5196	152.0364	199.6293	261.5187	341.8219
33	31.3082	42.0915	56.4402	75.4849	100.6998	134.0027	177.8826	235.5625	311.2073	410.1863
34	34.7521	47.1425	63.7774	86.0528	115.8048	155.4432	208.1226	277.9638	370.3366	492.2235
35	38.5749	52.7996	72.0685	98.1002	133.1755	180.3141	243.5035	327.9973	440.7006	590.6682
36	42.8181	59.1356	81.4374	111.8342	153.1519	209.1643	284.8991	387.0368	524.4337	708.8019
37	47.5281	66.2318	92.0243	127.4910	176.1246	242.6306	333.3319	456.7034	624.0761	850.5622
38	52.7562	74.1797	103.9874	145.3397	202.5433	281.4515	389.9983	538.9100	742.6506	1020.6747
39	58.5593	83.0812	117.5058	165.6873	232.9248	326.4838	456.2980	635.9139	883.7542	1224.8096
40	65.0009	93.0510	132.7816	188.8835	267.8635	378.7212	533.8687	750.3783	1051.6675	1469.7716
41	72.1510	104.2171	150.0432	215.3272	308.0431	439.3165	624.6264	885.4464	1251.4843	1763.7259
42	80.0876	116.7231	169.5488	245.4730	354.2495	509.6072	730.8129	1044.8268	1489.2664	2116.4711
43	88.8972	130.7299	191.5901	279.8392	407.3870	591.1443	855.0511	1232.8956	1772.2270	2539.7653
44	98.6759	146.4175	216.4968	319.0167	468.4950	685.7274	1000.4098	1454.8168	2108.9501	3047.7183
45	109.5302	163.9876	244.6414	363.6791	538.7693	795.4438	1170.4794	1716.6839	2509.6506	3657.2620
46	121.5786	183.6661	276.4448	414.5941	619.5847	922.7148	1369.4609	2025.6870	2986.4842	4388.7144
47	134.9522	205.7061	312.3826	472.6373	712.5224	1070.3492	1602.2693	2390.3106	3553.9162	5266.4573
48	149.7970	230.3908	352.9923	538.8065	819.4007	1241.6051	1874.6550	2820.5665	4229.1603	6319.7487
49	166.2746	258.0377	398.8813	614.2395	942.3108	1440.2619	2193.3464	3328.2685	5032.7008	7583.6985
50	184.5648	289.0022	450.7359	700.2330	1083.6574	1670.7038	2566.2153	3927.3569	5988.9139	9100.4382
51	204.8670	323.6825	509.3316	798.2656	1246.2061	1938.0164	3002.4719	4634.2811	7126.8075	10920.5258
52	227.4023	362.5243	575.5447	910.0228	1433.1370	2248.0990	3512.8921	5468.4517	8480.9010	13104.6309
53	252.4166	406.0273	650.3655	1037.4260	1648.1075	2607.7949	4110.0838	6452.7730	10092.2722	15725.5571
54	280.1824	454.7505	734.9130	1182.6656	1895.3236	3025.0421	4808.7980	7614.2721	12009.8039	18870.6685
55	311.0025	509.3206	830.4517	1348.2388	2179.6222	3509.0488	5626.2937	8984.8411	14291.6666	22644.8023
56	345.2127	570.4391	938.4104	1536.9922	2506.5655	4070.4966	6582.7636	10602.1125	17007.0833	27173.7627
57	383.1861	638.8918	1060.4038	1752.1712	2882.5503	4721.7761	7701.8334	12510.4928	20238.4291	32608.5153
58	425.3366	715.5588	1198.2563	1997.4751	3314.9329	5477.2602	9011.1451	14762.3815	24083.7306	39130.2183
59	472.1236	801.4258	1354.0296	2277.1216	3812.1728	6353.6219	10543.0397	17419.6101	28659.6394	46956.2620
60	524.0572	897.5969	1530.0535	2595.9187	4383.9987	7370.2014	12335.3565	20555.1400	34104.9709	56347.5144

附录一　　复利终值系数表（F/P，i，n）（续2）

期数	21%	22%	23%	24%	25%	26%	27%	28%	29%	30%
1	1.2100	1.2200	1.2300	1.2400	1.2500	1.2600	1.2700	1.2800	1.2900	1.3000
2	1.4641	1.4884	1.5129	1.5376	1.5625	1.5876	1.6129	1.6384	1.6641	1.6900
3	1.7716	1.8158	1.8609	1.9066	1.9531	2.0004	2.0484	2.0972	2.1467	2.1970
4	2.1436	2.2153	2.2889	2.3642	2.4414	2.5205	2.6014	2.6844	2.7692	2.8561
5	2.5937	2.7027	2.8153	2.9316	3.0518	3.1758	3.3038	3.4360	3.5723	3.7129
6	3.1384	3.2973	3.4628	3.6352	3.8147	4.0015	4.1959	4.3980	4.6083	4.8268
7	3.7975	4.0227	4.2593	4.5077	4.7684	5.0419	5.3288	5.6295	5.9447	6.2749
8	4.5950	4.9077	5.2389	5.5895	5.9605	6.3528	6.7675	7.2058	7.6686	8.1573
9	5.5599	5.9874	6.4439	6.9310	7.4506	8.0045	8.5948	9.2234	9.8925	10.6045
10	6.7275	7.3046	7.9259	8.5944	9.3132	10.0857	10.9153	11.8059	12.7614	13.7858
11	8.1403	8.9117	9.7489	10.6571	11.6415	12.7080	13.8625	15.1116	16.4622	17.9216
12	9.8497	10.8722	11.9912	13.2148	14.5519	16.0120	17.6053	19.3428	21.2362	23.2981
13	11.9182	13.2641	14.7491	16.3863	18.1899	20.1752	22.3588	24.7588	27.3947	30.2875
14	14.4210	16.1822	18.1414	20.3191	22.7374	25.4207	28.3957	31.6913	35.3391	39.3738
15	17.4494	19.7423	22.3140	25.1956	28.4217	32.0301	36.0625	40.5648	45.5875	51.1859
16	21.1138	24.0856	27.4462	31.2426	35.5271	40.3579	45.7994	51.9230	58.8079	66.5417
17	25.5477	29.3844	33.7588	38.7408	44.4089	50.8510	58.1652	66.4614	75.8621	86.5042
18	30.9127	35.8490	41.5233	48.0386	55.5112	64.0722	73.8698	85.0706	97.8622	112.4554
19	37.4043	43.7358	51.0737	59.5679	69.3889	80.7310	93.8147	108.8904	126.2422	146.1920
20	45.2593	53.3576	62.8206	73.8641	86.7362	101.7211	119.1446	139.3797	162.8524	190.0496
21	54.7637	65.0963	77.2694	91.5915	108.4202	128.1685	151.3137	178.4060	210.0796	247.0645
22	66.2641	79.4175	95.0413	113.5735	135.5253	161.4924	192.1683	228.3596	271.0027	321.1839
23	80.1795	96.8894	116.9008	140.8312	169.4066	203.4804	244.0538	292.3003	349.5935	417.5391
24	97.0172	118.2050	143.7880	174.6306	211.7582	256.3853	309.9483	374.1444	450.9756	542.8008
25	117.3909	144.2101	176.8593	216.5420	264.6978	323.0454	393.6344	478.9049	581.7585	705.6410
26	142.0429	175.9364	217.5369	268.5121	330.8722	407.0373	499.9157	612.9982	750.4685	917.3333
27	171.8719	214.6424	267.5704	332.9550	413.5903	512.8670	634.8929	784.6377	968.1044	1192.5333
28	207.9651	261.8637	329.1115	412.8642	516.9879	646.2124	806.3140	1004.3363	1248.8546	1550.2933
29	251.6377	319.4737	404.8072	511.9516	646.2349	814.2276	1024.0187	1285.5504	1611.0225	2015.3813
30	304.4816	389.7579	497.9129	634.8199	807.7936	1025.9267	1300.5038	1645.5046	2078.2190	2619.9956

续表

期数	21%	22%	23%	24%	25%	26%	27%	28%	29%	30%
31	368.4228	475.5046	612.4328	787.1767	1009.7420	1292.6677	1651.6398	2106.2458	2680.9025	3405.9943
32	445.7916	580.1156	753.2924	976.0991	1262.1774	1628.7613	2097.5826	2695.9947	3458.3642	4427.7926
33	539.4078	707.7411	926.5496	1210.3629	1577.7218	2052.2392	2663.9299	3450.8732	4461.2898	5756.1304
34	652.6834	863.4441	1139.6560	1500.8500	1972.1523	2585.8215	3383.1910	4417.1177	5755.0639	7482.9696
35	789.7470	1053.4018	1401.7769	1861.0540	2465.1903	3258.1350	4296.6525	5653.9106	7424.0324	9727.8604
36	955.5938	1285.1502	1724.1856	2307.7070	3081.4879	4105.2501	5456.7487	7237.0056	9577.0018	12646.2186
37	1156.2685	1567.8833	2120.7483	2861.5567	3851.8599	5172.6152	6930.0709	9263.3671	12354.3324	16440.0841
38	1399.0849	1912.8176	2608.5204	3548.3303	4814.8249	6517.4951	8801.1900	11857.1099	15937.0888	21372.1094
39	1692.8927	2333.6375	3208.4801	4399.9295	6018.5311	8212.0438	11177.5113	15177.1007	20558.8445	27783.7422
40	2048.4002	2847.0378	3946.4305	5455.9126	7523.1638	10347.1752	14195.4393	19426.6889	26520.9094	36118.8648
41	2478.5643	3473.3861	4854.1095	6765.3317	9403.9548	13037.4408	18028.2080	24866.1618	34211.9731	46954.5243
42	2999.0628	4237.5310	5970.5547	8389.0113	11754.9435	16427.1754	22895.8241	31828.6871	44133.4453	61040.8815
43	3628.8659	5169.7878	7343.7823	10402.3740	14693.6794	20698.2410	29077.6966	40740.7195	56932.1445	79353.1460
44	4390.9278	6307.1411	9032.8522	12898.9437	18367.0992	26079.7837	36928.6747	52148.1210	73442.4664	103159.0898
45	5313.0226	7694.7122	11110.4082	15994.6902	22958.8740	32860.5275	46899.4169	66749.5949	94740.7816	134106.8167
46	6428.7574	9387.5489	13665.8021	19833.4158	28698.5925	41404.2646	59562.2594	85439.4814	122215.6083	174338.8617
47	7778.7964	11452.8096	16808.9365	24593.4356	35873.2407	52169.3734	75644.0695	109362.5362	157658.1347	226640.5202
48	9412.3437	13972.4277	20674.9919	30495.8602	44841.5509	65733.4105	96067.9683	139984.0464	203378.9938	294632.6763
49	11388.9358	17046.3618	25430.2401	37814.8666	56051.9386	82824.0972	122006.3197	179179.5794	262358.9020	383022.4792
50	13780.6123	20796.5615	31279.1953	46890.4346	70064.9232	104358.3625	154948.0260	229349.8616	338442.9836	497929.2230
51	16674.5409	25371.8050	38473.4102	58144.1389	87581.1540	131491.5367	196783.9930	293567.8228	436591.4488	647307.9899
52	20176.1945	30953.6021	47322.2946	72098.7323	109476.4425	165679.3363	249915.6711	375766.8132	563202.9690	841500.3868
53	24413.1954	37763.3945	58206.4224	89402.4280	136845.5532	208755.9637	317392.9023	480981.5210	726531.8300	1093950.5029
54	29539.9664	46071.3413	71593.8995	110859.0107	171056.9414	263032.5143	403088.9860	615656.3468	937226.0607	1422135.6538
55	35743.3594	56207.0364	88060.4964	137465.1733	213821.1768	331420.9680	511923.0122	788040.1239	1209021.6183	1848776.3499
56	43249.4648	68572.5844	108314.4105	170456.8149	267276.4710	417590.4197	650142.2255	1008691.3586	1559637.8876	2403409.2548
57	52331.8524	83658.5530	133226.7250	211366.4505	334095.5888	526163.9288	825680.6263	1291124.9390	2011932.8749	3124432.0313
58	63321.5414	102063.4346	163868.8717	262094.3986	417619.4860	662966.5503	1048614.3955	1652639.9220	2595393.4087	4061761.6407
59	76619.0651	124517.3903	201558.7122	324997.0542	522024.3574	835337.8534	1331740.2822	2115379.1001	3348057.4972	5280290.1329
60	92709.0688	151911.2161	247917.2160	402996.3473	652530.4468	1052525.6953	1691310.1584	2707685.2482	4318994.1714	6864377.1727

附录二　　复利现值系数表（P/F，i，n）　$P = F \times \frac{1}{(1+i)^n}$

期数	1%	2%	3%	4%	5%	6%	7%	8%	9%	10%
1	0.9901	0.9804	0.9709	0.9615	0.9524	0.9434	0.9346	0.9259	0.9174	0.9091
2	0.9803	0.9612	0.9426	0.9246	0.9070	0.8900	0.8734	0.8573	0.8417	0.8264
3	0.9706	0.9423	0.9151	0.8890	0.8638	0.8396	0.8163	0.7938	0.7722	0.7513
4	0.9610	0.9238	0.8885	0.8548	0.8227	0.7921	0.7629	0.7350	0.7084	0.6830
5	0.9515	0.9057	0.8626	0.8219	0.7835	0.7473	0.7130	0.6806	0.6499	0.6209
6	0.9420	0.8880	0.8375	0.7903	0.7462	0.7050	0.6663	0.6302	0.5963	0.5645
7	0.9327	0.8706	0.8131	0.7599	0.7107	0.6651	0.6227	0.5835	0.5470	0.5132
8	0.9235	0.8535	0.7894	0.7307	0.6768	0.6274	0.5820	0.5403	0.5019	0.4665
9	0.9143	0.8368	0.7664	0.7026	0.6446	0.5919	0.5439	0.5002	0.4604	0.4241
10	0.9053	0.8203	0.7441	0.6756	0.6139	0.5584	0.5083	0.4632	0.4224	0.3855
11	0.8963	0.8043	0.7224	0.6496	0.5847	0.5268	0.4751	0.4289	0.3875	0.3505
12	0.8874	0.7885	0.7014	0.6246	0.5568	0.4970	0.4440	0.3971	0.3555	0.3186
13	0.8787	0.7730	0.6810	0.6006	0.5303	0.4688	0.4150	0.3677	0.3262	0.2897
14	0.8700	0.7579	0.6611	0.5775	0.5051	0.4423	0.3878	0.3405	0.2992	0.2633
15	0.8613	0.7430	0.6419	0.5553	0.4810	0.4173	0.3624	0.3152	0.2745	0.2394
16	0.8528	0.7284	0.6232	0.5339	0.4581	0.3936	0.3387	0.2919	0.2519	0.2176
17	0.8444	0.7142	0.6050	0.5134	0.4363	0.3714	0.3166	0.2703	0.2311	0.1978
18	0.8360	0.7002	0.5874	0.4936	0.4155	0.3503	0.2959	0.2502	0.2120	0.1799
19	0.8277	0.6864	0.5703	0.4746	0.3957	0.3305	0.2765	0.2317	0.1945	0.1635
20	0.8195	0.6730	0.5537	0.4564	0.3769	0.3118	0.2584	0.2145	0.1784	0.1486
21	0.8114	0.6598	0.5375	0.4388	0.3589	0.2942	0.2415	0.1987	0.1637	0.1351
22	0.8034	0.6468	0.5219	0.4220	0.3418	0.2775	0.2257	0.1839	0.1502	0.1228
23	0.7954	0.6342	0.5067	0.4057	0.3256	0.2618	0.2109	0.1703	0.1378	0.1117
24	0.7876	0.6217	0.4919	0.3901	0.3101	0.2470	0.1971	0.1577	0.1264	0.1015
25	0.7798	0.6095	0.4776	0.3751	0.2953	0.2330	0.1842	0.1460	0.1160	0.0923
26	0.7720	0.5976	0.4637	0.3607	0.2812	0.2198	0.1722	0.1352	0.1064	0.0839
27	0.7644	0.5859	0.4502	0.3468	0.2678	0.2074	0.1609	0.1252	0.0976	0.0763
28	0.7568	0.5744	0.4371	0.3335	0.2551	0.1956	0.1504	0.1159	0.0895	0.0693
29	0.7493	0.5631	0.4243	0.3207	0.2429	0.1846	0.1406	0.1073	0.0822	0.0630
30	0.7419	0.5521	0.4120	0.3083	0.2314	0.1741	0.1314	0.0994	0.0754	0.0573

续表

期数	1%	2%	3%	4%	5%	6%	7%	8%	9%	10%
31	0. 7346	0. 5412	0. 4000	0. 2965	0. 2204	0. 1643	0. 1228	0. 0920	0. 0691	0. 0521
32	0. 7273	0. 5306	0. 3883	0. 2851	0. 2099	0. 1550	0. 1147	0. 0852	0. 0634	0. 0474
33	0. 7201	0. 5202	0. 3770	0. 2741	0. 1999	0. 1462	0. 1072	0. 0789	0. 0582	0. 0431
34	0. 7130	0. 5100	0. 3660	0. 2636	0. 1904	0. 1379	0. 1002	0. 0730	0. 0534	0. 0391
35	0. 7059	0. 5000	0. 3554	0. 2534	0. 1813	0. 1301	0. 0937	0. 0676	0. 0490	0. 0356
36	0. 6989	0. 4902	0. 3450	0. 2437	0. 1727	0. 1227	0. 0875	0. 0626	0. 0449	0. 0323
37	0. 6920	0. 4806	0. 3350	0. 2343	0. 1644	0. 1158	0. 0818	0. 0580	0. 0412	0. 0294
38	0. 6852	0. 4712	0. 3252	0. 2253	0. 1566	0. 1092	0. 0765	0. 0537	0. 0378	0. 0267
39	0. 6784	0. 4619	0. 3158	0. 2166	0. 1491	0. 1031	0. 0715	0. 0497	0. 0347	0. 0243
40	0. 6717	0. 4529	0. 3066	0. 2083	0. 1420	0. 0972	0. 0668	0. 0460	0. 0318	0. 0221
41	0. 6650	0. 4440	0. 2976	0. 2003	0. 1353	0. 0917	0. 0624	0. 0426	0. 0292	0. 0201
42	0. 6584	0. 4353	0. 2890	0. 1926	0. 1288	0. 0865	0. 0583	0. 0395	0. 0268	0. 0183
43	0. 6519	0. 4268	0. 2805	0. 1852	0. 1227	0. 0816	0. 0545	0. 0365	0. 0246	0. 0166
44	0. 6454	0. 4184	0. 2724	0. 1780	0. 1169	0. 0770	0. 0509	0. 0338	0. 0226	0. 0151
45	0. 6391	0. 4102	0. 2644	0. 1712	0. 1113	0. 0727	0. 0476	0. 0313	0. 0207	0. 0137
46	0. 6327	0. 4022	0. 2567	0. 1646	0. 1060	0. 0685	0. 0445	0. 0290	0. 0190	0. 0125
47	0. 6265	0. 3943	0. 2493	0. 1583	0. 1009	0. 0647	0. 0416	0. 0269	0. 0174	0. 0113
48	0. 6203	0. 3865	0. 2420	0. 1522	0. 0961	0. 0610	0. 0389	0. 0249	0. 0160	0. 0103
49	0. 6141	0. 3790	0. 2350	0. 1463	0. 0916	0. 0575	0. 0363	0. 0230	0. 0147	0. 0094
50	0. 6080	0. 3715	0. 2281	0. 1407	0. 0872	0. 0543	0. 0339	0. 0213	0. 0134	0. 0085
51	0. 6020	0. 3642	0. 2215	0. 1353	0. 0831	0. 0512	0. 0317	0. 0197	0. 0123	0. 0077
52	0. 5961	0. 3571	0. 2150	0. 1301	0. 0791	0. 0483	0. 0297	0. 0183	0. 0113	0. 0070
53	0. 5902	0. 3501	0. 2088	0. 1251	0. 0753	0. 0456	0. 0277	0. 0169	0. 0104	0. 0064
54	0. 5843	0. 3432	0. 2027	0. 1203	0. 0717	0. 0430	0. 0259	0. 0157	0. 0095	0. 0058
55	0. 5785	0. 3365	0. 1968	0. 1157	0. 0683	0. 0406	0. 0242	0. 0145	0. 0087	0. 0053
56	0. 5728	0. 3299	0. 1910	0. 1112	0. 0651	0. 0383	0. 0226	0. 0134	0. 0080	0. 0048
57	0. 5671	0. 3234	0. 1855	0. 1069	0. 0620	0. 0361	0. 0211	0. 0124	0. 0074	0. 0044
58	0. 5615	0. 3171	0. 1801	0. 1028	0. 0590	0. 0341	0. 0198	0. 0115	0. 0067	0. 0040
59	0. 5560	0. 3109	0. 1748	0. 0989	0. 0562	0. 0321	0. 0185	0. 0107	0. 0062	0. 0036
60	0. 5504	0. 3048	0. 1697	0. 0951	0. 0535	0. 0303	0. 0173	0. 0099	0. 0057	0. 0033

附录二

复利现值系数表 (P/F, i, n) (续1)

期数	11%	12%	13%	14%	15%	16%	17%	18%	19%	20%
1	0.9009	0.8929	0.8850	0.8772	0.8696	0.8621	0.8547	0.8475	0.8403	0.8333
2	0.8116	0.7972	0.7831	0.7695	0.7561	0.7432	0.7305	0.7182	0.7062	0.6944
3	0.7312	0.7118	0.6931	0.6750	0.6575	0.6407	0.6244	0.6086	0.5934	0.5787
4	0.6587	0.6355	0.6133	0.5921	0.5718	0.5523	0.5337	0.5158	0.4987	0.4823
5	0.5935	0.5674	0.5428	0.5194	0.4972	0.4761	0.4561	0.4371	0.4190	0.4019
6	0.5346	0.5066	0.4803	0.4556	0.4323	0.4104	0.3898	0.3704	0.3521	0.3349
7	0.4817	0.4523	0.4251	0.3996	0.3759	0.3538	0.3332	0.3139	0.2959	0.2791
8	0.4339	0.4039	0.3762	0.3506	0.3269	0.3050	0.2848	0.2660	0.2487	0.2326
9	0.3909	0.3606	0.3329	0.3075	0.2843	0.2630	0.2434	0.2255	0.2090	0.1938
10	0.3522	0.3220	0.2946	0.2697	0.2472	0.2267	0.2080	0.1911	0.1756	0.1615
11	0.3173	0.2875	0.2607	0.2366	0.2149	0.1954	0.1778	0.1619	0.1476	0.1346
12	0.2858	0.2567	0.2307	0.2076	0.1869	0.1685	0.1520	0.1372	0.1240	0.1122
13	0.2575	0.2292	0.2042	0.1821	0.1625	0.1452	0.1299	0.1163	0.1042	0.0935
14	0.2320	0.2046	0.1807	0.1597	0.1413	0.1252	0.1110	0.0985	0.0876	0.0779
15	0.2090	0.1827	0.1599	0.1401	0.1229	0.1079	0.0949	0.0835	0.0736	0.0649
16	0.1883	0.1631	0.1415	0.1229	0.1069	0.0930	0.0811	0.0708	0.0618	0.0541
17	0.1696	0.1456	0.1252	0.1078	0.0929	0.0802	0.0693	0.0600	0.0520	0.0451
18	0.1528	0.1300	0.1108	0.0946	0.0808	0.0691	0.0592	0.0508	0.0437	0.0376
19	0.1377	0.1161	0.0981	0.0829	0.0703	0.0596	0.0506	0.0431	0.0367	0.0313
20	0.1240	0.1037	0.0868	0.0728	0.0611	0.0514	0.0433	0.0365	0.0308	0.0261
21	0.1117	0.0926	0.0768	0.0638	0.0531	0.0443	0.0370	0.0309	0.0259	0.0217
22	0.1007	0.0826	0.0680	0.0560	0.0462	0.0382	0.0316	0.0262	0.0218	0.0181
23	0.0907	0.0738	0.0601	0.0491	0.0402	0.0329	0.0270	0.0222	0.0183	0.0151
24	0.0817	0.0659	0.0532	0.0431	0.0349	0.0284	0.0231	0.0188	0.0154	0.0126
25	0.0736	0.0588	0.0471	0.0378	0.0304	0.0245	0.0197	0.0160	0.0129	0.0105
26	0.0663	0.0525	0.0417	0.0331	0.0264	0.0211	0.0169	0.0135	0.0109	0.0087
27	0.0597	0.0469	0.0369	0.0291	0.0230	0.0182	0.0144	0.0115	0.0091	0.0073
28	0.0538	0.0419	0.0326	0.0255	0.0200	0.0157	0.0123	0.0097	0.0077	0.0061
29	0.0485	0.0374	0.0289	0.0224	0.0174	0.0135	0.0105	0.0082	0.0064	0.0051
30	0.0437	0.0334	0.0256	0.0196	0.0151	0.0116	0.0090	0.0070	0.0054	0.0042

续表

期数	11%	12%	13%	14%	15%	16%	17%	18%	19%	20%
31	0.0394	0.0298	0.0226	0.0172	0.0131	0.0100	0.0077	0.0059	0.0046	0.0035
32	0.0355	0.0266	0.0200	0.0151	0.0114	0.0087	0.0066	0.0050	0.0038	0.0029
33	0.0319	0.0238	0.0177	0.0132	0.0099	0.0075	0.0056	0.0042	0.0032	0.0024
34	0.0288	0.0212	0.0157	0.0116	0.0086	0.0064	0.0048	0.0036	0.0027	0.0020
35	0.0259	0.0189	0.0139	0.0102	0.0075	0.0055	0.0041	0.0030	0.0023	0.0017
36	0.0234	0.0169	0.0123	0.0089	0.0065	0.0048	0.0035	0.0026	0.0019	0.0014
37	0.0210	0.0151	0.0109	0.0078	0.0057	0.0041	0.0030	0.0022	0.0016	0.0012
38	0.0190	0.0135	0.0096	0.0069	0.0049	0.0036	0.0026	0.0019	0.0013	0.0010
39	0.0171	0.0120	0.0085	0.0060	0.0043	0.0031	0.0022	0.0016	0.0011	0.0008
40	0.0154	0.0107	0.0075	0.0053	0.0037	0.0026	0.0019	0.0013	0.0010	0.0007
41	0.0139	0.0096	0.0067	0.0046	0.0032	0.0023	0.0016	0.0011	0.0008	0.0006
42	0.0125	0.0086	0.0059	0.0041	0.0028	0.0020	0.0014	0.0010	0.0007	0.0005
43	0.0112	0.0076	0.0052	0.0036	0.0025	0.0017	0.0012	0.0008	0.0006	0.0004
44	0.0101	0.0068	0.0046	0.0031	0.0021	0.0015	0.0010	0.0007	0.0005	0.0003
45	0.0091	0.0061	0.0041	0.0027	0.0019	0.0013	0.0009	0.0006	0.0004	0.0003
46	0.0082	0.0054	0.0036	0.0024	0.0016	0.0011	0.0007	0.0005	0.0003	0.0002
47	0.0074	0.0049	0.0032	0.0021	0.0014	0.0009	0.0006	0.0004	0.0003	0.0002
48	0.0067	0.0043	0.0028	0.0019	0.0012	0.0008	0.0005	0.0004	0.0002	0.0002
49	0.0060	0.0039	0.0025	0.0016	0.0011	0.0007	0.0005	0.0003	0.0002	0.0001
50	0.0054	0.0035	0.0022	0.0014	0.0009	0.0006	0.0004	0.0003	0.0002	0.0001
51	0.0049	0.0031	0.0020	0.0013	0.0008	0.0005	0.0003	0.0002	0.0001	0.0001
52	0.0044	0.0028	0.0017	0.0011	0.0007	0.0004	0.0003	0.0002	0.0001	0.0001
53	0.0040	0.0025	0.0015	0.0010	0.0006	0.0004	0.0002	0.0002	0.0001	0.0001
54	0.0036	0.0022	0.0014	0.0008	0.0005	0.0003	0.0002	0.0001	0.0001	0.0001
55	0.0032	0.0020	0.0012	0.0007	0.0005	0.0003	0.0002	0.0001	0.0001	0.0000
56	0.0029	0.0018	0.0011	0.0007	0.0004	0.0002	0.0002	0.0001	0.0001	0.0000
57	0.0026	0.0016	0.0009	0.0006	0.0003	0.0002	0.0001	0.0001	0.0000	0.0000
58	0.0024	0.0014	0.0008	0.0005	0.0003	0.0002	0.0001	0.0001	0.0000	0.0000
59	0.0021	0.0012	0.0007	0.0004	0.0003	0.0002	0.0001	0.0001	0.0000	0.0000
60	0.0019	0.0011	0.0007	0.0004	0.0002	0.0001	0.0001	0.0000	0.0000	0.0000

附录二　　复利现值系数表（P/F，i，n）（续 2）

期数	21%	22%	23%	24%	25%	26%	27%	28%	29%	30%
1	0.8264	0.8197	0.8130	0.8065	0.8000	0.7937	0.7874	0.7813	0.7752	0.7692
2	0.6830	0.6719	0.6610	0.6504	0.6400	0.6299	0.6200	0.6104	0.6009	0.5917
3	0.5645	0.5507	0.5374	0.5245	0.5120	0.4999	0.4882	0.4768	0.4658	0.4552
4	0.4665	0.4514	0.4369	0.4230	0.4096	0.3968	0.3844	0.3725	0.3611	0.3501
5	0.3855	0.3700	0.3552	0.3411	0.3277	0.3149	0.3027	0.2910	0.2799	0.2693
6	0.3186	0.3033	0.2888	0.2751	0.2621	0.2499	0.2383	0.2274	0.2170	0.2072
7	0.2633	0.2486	0.2348	0.2218	0.2097	0.1983	0.1877	0.1776	0.1682	0.1594
8	0.2176	0.2038	0.1909	0.1789	0.1678	0.1574	0.1478	0.1388	0.1304	0.1226
9	0.1799	0.1670	0.1552	0.1443	0.1342	0.1249	0.1164	0.1084	0.1011	0.0943
10	0.1486	0.1369	0.1262	0.1164	0.1074	0.0992	0.0916	0.0847	0.0784	0.0725
11	0.1228	0.1122	0.1026	0.0938	0.0859	0.0787	0.0721	0.0662	0.0607	0.0558
12	0.1015	0.0920	0.0834	0.0757	0.0687	0.0625	0.0568	0.0517	0.0471	0.0429
13	0.0839	0.0754	0.0678	0.0610	0.0550	0.0496	0.0447	0.0404	0.0365	0.0330
14	0.0693	0.0618	0.0551	0.0492	0.0440	0.0393	0.0352	0.0316	0.0283	0.0254
15	0.0573	0.0507	0.0448	0.0397	0.0352	0.0312	0.0277	0.0247	0.0219	0.0195
16	0.0474	0.0415	0.0364	0.0320	0.0281	0.0248	0.0218	0.0193	0.0170	0.0150
17	0.0391	0.0340	0.0296	0.0258	0.0225	0.0197	0.0172	0.0150	0.0132	0.0116
18	0.0323	0.0279	0.0241	0.0208	0.0180	0.0156	0.0135	0.0118	0.0102	0.0089
19	0.0267	0.0229	0.0196	0.0168	0.0144	0.0124	0.0107	0.0092	0.0079	0.0068
20	0.0221	0.0187	0.0159	0.0135	0.0115	0.0098	0.0084	0.0072	0.0061	0.0053
21	0.0183	0.0154	0.0129	0.0109	0.0092	0.0078	0.0066	0.0056	0.0048	0.0040
22	0.0151	0.0126	0.0105	0.0088	0.0074	0.0062	0.0052	0.0044	0.0037	0.0031
23	0.0125	0.0103	0.0086	0.0071	0.0059	0.0049	0.0041	0.0034	0.0029	0.0024
24	0.0103	0.0085	0.0070	0.0057	0.0047	0.0039	0.0032	0.0027	0.0022	0.0018
25	0.0085	0.0069	0.0057	0.0046	0.0038	0.0031	0.0025	0.0021	0.0017	0.0014
26	0.0070	0.0057	0.0046	0.0037	0.0030	0.0025	0.0020	0.0016	0.0013	0.0011
27	0.0058	0.0047	0.0037	0.0030	0.0024	0.0019	0.0016	0.0013	0.0010	0.0008
28	0.0048	0.0038	0.0030	0.0024	0.0019	0.0015	0.0012	0.0010	0.0008	0.0006
29	0.0040	0.0031	0.0025	0.0020	0.0015	0.0012	0.0010	0.0008	0.0006	0.0005
30	0.0033	0.0026	0.0020	0.0016	0.0012	0.0010	0.0008	0.0006	0.0005	0.0004

续表

期数	21%	22%	23%	24%	25%	26%	27%	28%	29%	30%
31	0. 0027	0. 0021	0. 0016	0. 0013	0. 0010	0. 0008	0. 0006	0. 0005	0. 0004	0. 0003
32	0. 0022	0. 0017	0. 0013	0. 0010	0. 0008	0. 0006	0. 0005	0. 0004	0. 0003	0. 0002
33	0. 0019	0. 0014	0. 0011	0. 0008	0. 0006	0. 0005	0. 0004	0. 0003	0. 0002	0. 0002
34	0. 0015	0. 0012	0. 0009	0. 0007	0. 0005	0. 0004	0. 0003	0. 0002	0. 0002	0. 0001
35	0. 0013	0. 0009	0. 0007	0. 0005	0. 0004	0. 0003	0. 0002	0. 0002	0. 0001	0. 0001
36	0. 0010	0. 0008	0. 0006	0. 0004	0. 0003	0. 0002	0. 0002	0. 0001	0. 0001	0. 0001
37	0. 0009	0. 0006	0. 0005	0. 0003	0. 0003	0. 0002	0. 0001	0. 0001	0. 0001	0. 0001
38	0. 0007	0. 0005	0. 0004	0. 0003	0. 0002	0. 0002	0. 0001	0. 0001	0. 0001	0. 0000
39	0. 0006	0. 0004	0. 0003	0. 0002	0. 0002	0. 0001	0. 0001	0. 0001	0. 0000	0. 0000
40	0. 0005	0. 0004	0. 0003	0. 0002	0. 0001	0. 0001	0. 0001	0. 0001	0. 0000	0. 0000
41	0. 0004	0. 0003	0. 0002	0. 0001	0. 0001	0. 0001	0. 0001	0. 0000	0. 0000	0. 0000
42	0. 0003	0. 0002	0. 0002	0. 0001	0. 0001	0. 0001	0. 0000	0. 0000	0. 0000	0. 0000
43	0. 0003	0. 0002	0. 0001	0. 0001	0. 0001	0. 0000	0. 0000	0. 0000	0. 0000	0. 0000
44	0. 0002	0. 0002	0. 0001	0. 0001	0. 0001	0. 0000	0. 0000	0. 0000	0. 0000	0. 0000
45	0. 0002	0. 0001	0. 0001	0. 0001	0. 0000	0. 0000	0. 0000	0. 0000	0. 0000	0. 0000
46	0. 0002	0. 0001	0. 0001	0. 0001	0. 0000	0. 0000	0. 0000	0. 0000	0. 0000	0. 0000
47	0. 0001	0. 0001	0. 0001	0. 0000	0. 0000	0. 0000	0. 0000	0. 0000	0. 0000	0. 0000
48	0. 0001	0. 0001	0. 0000	0. 0000	0. 0000	0. 0000	0. 0000	0. 0000	0. 0000	0. 0000
49	0. 0001	0. 0001	0. 0000	0. 0000	0. 0000	0. 0000	0. 0000	0. 0000	0. 0000	0. 0000
50	0. 0001	0. 0000	0. 0000	0. 0000	0. 0000	0. 0000	0. 0000	0. 0000	0. 0000	0. 0000
51	0. 0001	0. 0000	0. 0000	0. 0000	0. 0000	0. 0000	0. 0000	0. 0000	0. 0000	0. 0000
52	0. 0000	0. 0000	0. 0000	0. 0000	0. 0000	0. 0000	0. 0000	0. 0000	0. 0000	0. 0000
53	0. 0000	0. 0000	0. 0000	0. 0000	0. 0000	0. 0000	0. 0000	0. 0000	0. 0000	0. 0000
54	0. 0000	0. 0000	0. 0000	0. 0000	0. 0000	0. 0000	0. 0000	0. 0000	0. 0000	0. 0000
55	0. 0000	0. 0000	0. 0000	0. 0000	0. 0000	0. 0000	0. 0000	0. 0000	0. 0000	0. 0000
56	0. 0000	0. 0000	0. 0000	0. 0000	0. 0000	0. 0000	0. 0000	0. 0000	0. 0000	0. 0000
57	0. 0000	0. 0000	0. 0000	0. 0000	0. 0000	0. 0000	0. 0000	0. 0000	0. 0000	0. 0000
58	0. 0000	0. 0000	0. 0000	0. 0000	0. 0000	0. 0000	0. 0000	0. 0000	0. 0000	0. 0000
59	0. 0000	0. 0000	0. 0000	0. 0000	0. 0000	0. 0000	0. 0000	0. 0000	0. 0000	0. 0000
60	0. 0000	0. 0000	0. 0000	0. 0000	0. 0000	0. 0000	0. 0000	0. 0000	0. 0000	0. 0000

附录三 年金终值系数表（F/A，i，n） $F = A \cdot \frac{(1+i)^n - 1}{i}$

期数	1%	2%	3%	4%	5%	6%	7%	8%	9%	10%
1	1.0000	1.0000	1.0000	1.0000	1.0000	1.0000	1.0000	1.0000	1.0000	1.0000
2	2.0100	2.0200	2.0300	2.0400	2.0500	2.0600	2.0700	2.0800	2.0900	2.1000
3	3.0301	3.0604	3.0909	3.1216	3.1525	3.1836	3.2149	3.2464	3.2781	3.3100
4	4.0604	4.1216	4.1836	4.2465	4.3101	4.3746	4.4399	4.5061	4.5731	4.6410
5	5.1010	5.2040	5.3091	5.4163	5.5256	5.6371	5.7507	5.8666	5.9847	6.1051
6	6.1520	6.3081	6.4684	6.6330	6.8019	6.9753	7.1533	7.3359	7.5233	7.7156
7	7.2135	7.4343	7.6625	7.8983	8.1420	8.3938	8.6540	8.9228	9.2004	9.4872
8	8.2857	8.5830	8.8923	9.2142	9.5491	9.8975	10.2598	10.6366	11.0285	11.4359
9	9.3685	9.7546	10.1591	10.5828	11.0266	11.4913	11.9780	12.4876	13.0210	13.5795
10	10.4622	10.9497	11.4639	12.0061	12.5779	13.1808	13.8164	14.4866	15.1929	15.9374
11	11.5668	12.1687	12.8078	13.4864	14.2068	14.9716	15.7836	16.6455	17.5603	18.5312
12	12.6825	13.4121	14.1920	15.0258	15.9171	16.8699	17.8885	18.9771	20.1407	21.3843
13	13.8093	14.6803	15.6178	16.6268	17.7130	18.8821	20.1406	21.4953	22.9534	24.5227
14	14.9474	15.9739	17.0863	18.2919	19.5986	21.0151	22.5505	24.2149	26.0192	27.9750
15	16.0969	17.2934	18.5989	20.0236	21.5786	23.2760	25.1290	27.1521	29.3609	31.7725
16	17.2579	18.6393	20.1569	21.8245	23.6575	25.6725	27.8881	30.3243	33.0034	35.9497
17	18.4304	20.0121	21.7616	23.6975	25.8404	28.2129	30.8402	33.7502	36.9737	40.5447
18	19.6147	21.4123	23.4144	25.6454	28.1324	30.9057	33.9990	37.4502	41.3013	45.5992
19	20.8109	22.8406	25.1169	27.6712	30.5390	33.7600	37.3790	41.4463	46.0185	51.1591
20	22.0190	24.2974	26.8704	29.7781	33.0660	36.7856	40.9955	45.7620	51.1601	57.2750
21	23.2392	25.7833	28.6765	31.9692	35.7193	39.9927	44.8652	50.4229	56.7645	64.0025
22	24.4716	27.2990	30.5368	34.2480	38.5052	43.3923	49.0057	55.4568	62.8733	71.4027
23	25.7163	28.8450	32.4529	36.6179	41.4305	46.9958	53.4361	60.8933	69.5319	79.5430
24	26.9735	30.4219	34.4265	39.0826	44.5020	50.8156	58.1767	66.7648	76.7898	88.4973
25	28.2432	32.0303	36.4593	41.6459	47.7271	54.8645	63.2490	73.1059	84.7009	98.3471
26	29.5256	33.6709	38.5530	44.3117	51.1135	59.1564	68.6765	79.9544	93.3240	109.1818
27	30.8209	35.3443	40.7096	47.0842	54.6691	63.7058	74.4838	87.3508	102.7231	121.0999
28	32.1291	37.0512	42.9309	49.9676	58.4026	68.5281	80.6977	95.3388	112.9682	134.2099
29	33.4504	38.7922	45.2189	52.9663	62.3227	73.6398	87.3465	103.9659	124.1354	148.6309
30	34.7849	40.5681	47.5754	56.0849	66.4388	79.0582	94.4608	113.2832	136.3075	164.4940

续表

期数	1%	2%	3%	4%	5%	6%	7%	8%	9%	10%
31	36.1327	42.3794	50.0027	59.3283	70.7608	84.8017	102.0730	123.3459	149.5752	181.9434
32	37.4941	44.2270	52.5028	62.7015	75.2988	90.8898	110.2182	134.2135	164.0370	201.1378
33	38.8690	46.1116	55.0778	66.2095	80.0638	97.3432	118.9334	145.9506	179.8003	222.2515
34	40.2577	48.0338	57.7302	69.8579	85.0670	104.1838	128.2588	158.6267	196.9823	245.4767
35	41.6603	49.9945	60.4621	73.6522	90.3203	111.4348	138.2369	172.3168	215.7108	271.0244
36	43.0769	51.9944	63.2759	77.5983	95.8363	119.1209	148.9135	187.1021	236.1247	299.1268
37	44.5076	54.0343	66.1742	81.7022	101.6281	127.2681	160.3374	203.0703	258.3759	330.0395
38	45.9527	56.1149	69.1594	85.9703	107.7095	135.9042	172.5610	220.3159	282.6298	364.0434
39	47.4123	58.2372	72.2342	90.4091	114.0950	145.0585	185.6403	238.9412	309.0665	401.4478
40	48.8864	60.4020	75.4013	95.0255	120.7998	154.7620	199.6351	259.0565	337.8824	442.5926
41	50.3752	62.6100	78.6633	99.8265	127.8398	165.0477	214.6096	280.7810	369.2919	487.8518
42	51.8790	64.8622	82.0232	104.8196	135.2318	175.9505	230.6322	304.2435	403.5281	537.6370
43	53.3978	67.1595	85.4839	110.0124	142.9933	187.5076	247.7765	329.5830	440.8457	592.4007
44	54.9318	69.5027	89.0484	115.4129	151.1430	199.7580	266.1209	356.9496	481.5218	652.6408
45	56.4811	71.8927	92.7199	121.0294	159.7002	212.7435	285.7493	386.5056	525.8587	718.9048
46	58.0459	74.3306	96.5015	126.8706	168.6852	226.5081	306.7518	418.4261	574.1860	791.7953
47	59.6263	76.8172	100.3965	132.9454	178.1194	241.0986	329.2244	452.9002	626.8628	871.9749
48	61.2226	79.3535	104.4084	139.2632	188.0254	256.5645	353.2701	490.1322	684.2804	960.1723
49	62.8348	81.9406	108.5406	145.8337	198.4267	272.9584	378.9990	530.3427	746.8656	1057.1896
50	64.4632	84.5794	112.7969	152.6671	209.3480	290.3359	406.5289	573.7702	815.0836	1163.9085
51	66.1078	87.2710	117.1808	159.7738	220.8154	308.7561	435.9860	620.6718	889.4411	1281.2994
52	67.7689	90.0164	121.6962	167.1647	232.8562	328.2814	467.5050	671.3255	970.4908	1410.4293
53	69.4466	92.8167	126.3471	174.8513	245.4990	348.9783	501.2303	726.0316	1058.8349	1552.4723
54	71.1410	95.6731	131.1375	182.8454	258.7739	370.9170	537.3164	785.1141	1155.1301	1708.7195
55	72.8525	98.5865	136.0716	191.1592	272.7126	394.1720	575.9286	848.9232	1260.0918	1880.5914
56	74.5810	101.5583	141.1538	199.8055	287.3482	418.8223	617.2436	917.8371	1374.5001	2069.6506
57	76.3268	104.5894	146.3884	208.7978	302.7157	444.9517	661.4506	992.2640	1499.2051	2277.6156
58	78.0901	107.6812	151.7800	218.1497	318.8514	472.6488	708.7522	1072.6451	1635.1335	2506.3772
59	79.8710	110.8348	157.3334	227.8757	335.7940	502.0077	759.3648	1159.4568	1783.2955	2758.0149
60	81.6697	114.0515	163.0534	237.9907	353.5837	533.1282	813.5204	1253.2133	1944.7921	3034.8164

附录三　　年金终值系数表（F/A，i，n）（续1）

期数	11%	12%	13%	14%	15%	16%	17%	18%	19%	20%
1	1.0000	1.0000	1.0000	1.0000	1.0000	1.0000	1.0000	1.0000	1.0000	1.0000
2	2.1100	2.1200	2.1300	2.1400	2.1500	2.1600	2.1700	2.1800	2.1900	2.2000
3	3.3421	3.3744	3.4069	3.4396	3.4725	3.5056	3.5389	3.5724	3.6061	3.6400
4	4.7097	4.7793	4.8498	4.9211	4.9934	5.0665	5.1405	5.2154	5.2913	5.3680
5	6.2278	6.3528	6.4803	6.6101	6.7424	6.8771	7.0144	7.1542	7.2966	7.4416
6	7.9129	8.1152	8.3227	8.5355	8.7537	8.9775	9.2068	9.4420	9.6830	9.9299
7	9.7833	10.0890	10.4047	10.7305	11.0668	11.4139	11.7720	12.1415	12.5227	12.9159
8	11.8594	12.2997	12.7573	13.2328	13.7268	14.2401	14.7733	15.3270	15.9020	16.4991
9	14.1640	14.7757	15.4157	16.0853	16.7858	17.5185	18.2847	19.0859	19.9234	20.7989
10	16.7220	17.5487	18.4197	19.3373	20.3037	21.3215	22.3931	23.5213	24.7089	25.9587
11	19.5614	20.6546	21.8143	23.0445	24.3493	25.7329	27.1999	28.7551	30.4035	32.1504
12	22.7132	24.1331	25.6502	27.2707	29.0017	30.8502	32.8239	34.9311	37.1802	39.5805
13	26.2116	28.0291	29.9847	32.0887	34.3519	36.7862	39.4040	42.2187	45.2445	48.4966
14	30.0949	32.3926	34.8827	37.5811	40.5047	43.6720	47.1027	50.8180	54.8409	59.1959
15	34.4054	37.2797	40.4175	43.8424	47.5804	51.6595	56.1101	60.9653	66.2607	72.0351
16	39.1899	42.7533	46.6717	50.9804	55.7175	60.9250	66.6488	72.9390	79.8502	87.4421
17	44.5008	48.8837	53.7391	59.1176	65.0751	71.6730	78.9792	87.0680	96.0218	105.9306
18	50.3959	55.7497	61.7251	68.3941	75.8364	84.1407	93.4056	103.7403	115.2659	128.1167
19	56.9395	63.4397	70.7494	78.9692	88.2118	98.6032	110.2846	123.4135	138.1664	154.7400
20	64.2028	72.0524	80.9468	91.0249	102.4436	115.3797	130.0329	146.6280	165.4180	186.6880
21	72.2651	81.6987	92.4699	104.7684	118.8101	134.8405	153.1385	174.0210	197.8474	225.0256
22	81.2143	92.5026	105.4910	120.4360	137.6316	157.4150	180.1721	206.3448	236.4385	271.0307
23	91.1479	104.6029	120.2048	138.2970	159.2764	183.6014	211.8013	244.4868	282.3618	326.2369
24	102.1742	118.1552	136.8315	158.6586	184.1678	213.9776	248.8076	289.4945	337.0105	392.4842
25	114.4133	133.3339	155.6196	181.8708	212.7930	249.2140	292.1049	342.6035	402.0425	471.9811
26	127.9988	150.3339	176.8501	208.3327	245.7120	290.0883	342.7627	405.2721	479.4306	567.3773
27	143.0786	169.3740	200.8406	238.4993	283.5688	337.5024	402.0323	479.2211	571.5224	681.8528
28	159.8173	190.6989	227.9499	272.8892	327.1041	392.5028	471.3778	566.4809	681.1116	819.2233
29	178.3972	214.5828	258.5834	312.0937	377.1697	456.3032	552.5121	669.4475	811.5228	984.0680
30	199.0209	241.3327	293.1992	356.7868	434.7451	530.3117	647.4391	790.9480	966.7122	1181.8816

续表

期数	11%	12%	13%	14%	15%	16%	17%	18%	19%	20%
31	221.9132	271.2926	332.3151	407.7370	500.9569	616.1616	758.5038	934.3186	1151.3875	1419.2579
32	247.3236	304.8477	376.5161	465.8202	577.1005	715.7475	888.4494	1103.4960	1371.1511	1704.1095
33	275.5292	342.4294	426.4632	532.0350	664.6655	831.2671	1040.4858	1303.1253	1632.6698	2045.9314
34	306.8374	384.5210	482.9034	607.5199	765.3654	965.2698	1218.3684	1538.6878	1943.8771	2456.1176
35	341.5896	431.6635	546.6808	693.5727	881.1702	1120.7130	1426.4910	1816.6516	2314.2137	2948.3411
36	380.1644	484.4631	618.7493	791.6729	1014.3457	1301.0270	1669.9945	2144.6489	2754.9143	3539.0094
37	422.9825	543.5987	700.1867	903.5071	1167.4975	1510.1914	1954.8936	2531.6857	3279.3481	4247.8112
38	470.5106	609.8305	792.2110	1030.9981	1343.6222	1752.8220	2288.2255	2988.3891	3903.4242	5098.3735
39	523.2667	684.0102	896.1984	1176.3378	1546.1655	2034.2735	2678.2238	3527.2992	4646.0748	6119.0482
40	581.8261	767.0914	1013.7042	1342.0251	1779.0903	2360.7572	3134.5218	4163.2130	5529.8290	7343.8578
41	646.8269	860.1424	1146.4858	1530.9086	2046.9539	2739.4784	3668.3906	4913.5914	6581.4965	8813.6294
42	718.9779	964.3595	1296.5289	1746.2358	2354.9969	3178.7949	4293.0169	5799.0378	7832.9808	10577.3553
43	799.0655	1081.0826	1466.0777	1991.7088	2709.2465	3688.4021	5023.8298	6843.8646	9322.2472	12693.8263
44	887.9627	1211.8125	1657.6678	2271.5481	3116.6334	4279.5465	5878.8809	8076.7603	11094.4741	15233.5916
45	986.6386	1358.2300	1874.1646	2590.5648	3585.1285	4965.2739	6879.2907	9531.5771	13203.4242	18281.3099
46	1096.1688	1522.2176	2118.8060	2954.2439	4123.8977	5760.7177	8049.7701	11248.2610	15713.0748	21938.5719
47	1217.7474	1705.8838	2395.2508	3368.8380	4743.4824	6683.4326	9419.2310	13273.9480	18699.5590	26327.2863
48	1352.6996	1911.5898	2707.6334	3841.4753	5456.0047	7753.7818	11021.5002	15664.2586	22253.4753	31593.7436
49	1502.4965	2141.9806	3060.6258	4380.2819	6275.4055	8995.3869	12896.1553	18484.8251	26482.6356	37913.4923
50	1668.7712	2400.0182	3459.5071	4994.5213	7217.7163	10435.6488	15089.5017	21813.0937	31515.3363	45497.1908
51	1853.3360	2689.0204	3910.2430	5694.7543	8301.3737	12106.3526	17655.7170	25740.4505	37504.2502	54597.6289
52	2058.2029	3012.7029	4419.5746	6493.0199	9547.5798	14044.3690	20658.1888	30374.7316	44631.0578	65518.1547
53	2285.6053	3375.2272	4995.1193	7403.0427	10980.7167	16292.4680	24171.0809	35843.1833	53111.9588	78622.7856
54	2538.0218	3781.2545	5645.4849	8440.4687	12628.8243	18900.2629	28281.1647	42295.9563	63204.2309	94348.3427
55	2818.2042	4236.0050	6380.3979	9623.1343	14524.1479	21925.3050	33089.9627	49910.2284	75214.0348	113219.0113
56	3129.2067	4745.3257	7210.8496	10971.3731	16703.7701	25434.3538	38716.2564	58895.0696	89505.7014	135863.8135
57	3474.4194	5315.7647	8149.2601	12508.3654	19210.3356	29504.8504	45299.0199	69497.1821	106512.7847	163037.5763
58	3857.6056	5954.6565	9209.6639	14260.5365	22092.8859	34226.6264	53000.8533	82007.6749	126751.2137	195646.0915
59	4282.9422	6670.2153	10407.9202	16258.0117	25407.8188	39703.8867	62011.9984	96770.0563	150834.9444	234776.3098
60	4755.0658	7471.6411	11761.9498	18535.1333	29219.9916	46057.5085	72555.0381	114189.6665	179494.5838	281732.5718

附录三　　年金终值系数表（F/A，i，n）（续2）

期数	21%	22%	23%	24%	25%	26%	27%	28%	29%	30%
1	1.0000	1.0000	1.0000	1.0000	1.0000	1.0000	1.0000	1.0000	1.0000	1.0000
2	2.2100	2.2200	2.2300	2.2400	2.2500	2.2600	2.2700	2.2800	2.2900	2.3000
3	3.6741	3.7084	3.7429	3.7776	3.8125	3.8476	3.8829	3.9184	3.9541	3.9900
4	5.4457	5.5242	5.6038	5.6842	5.7656	5.8480	5.9313	6.0156	6.1008	6.1870
5	7.5892	7.7396	7.8926	8.0484	8.2070	8.3684	8.5327	8.6999	8.8700	9.0431
6	10.1830	10.4423	10.7079	10.9801	11.2588	11.5442	11.8366	12.1359	12.4423	12.7560
7	13.3214	13.7396	14.1708	14.6153	15.0735	15.5458	16.0324	16.5339	17.0506	17.5828
8	17.1189	17.7623	18.4300	19.1229	19.8419	20.5876	21.3612	22.1634	22.9953	23.8577
9	21.7139	22.6700	23.6690	24.7125	25.8023	26.9404	28.1287	29.3692	30.6639	32.0150
10	27.2738	28.6574	30.1128	31.6434	33.2529	34.9449	36.7235	38.5926	40.5564	42.6195
11	34.0013	35.9620	38.0388	40.2379	42.5661	45.0306	47.6388	50.3985	53.3178	56.4053
12	42.1416	44.8737	47.7877	50.8950	54.2077	57.7386	61.5013	65.5100	69.7800	74.3270
13	51.9913	55.7459	59.7788	64.1097	68.7596	73.7506	79.1066	84.8529	91.0161	97.6250
14	63.9095	69.0100	74.5280	80.4961	86.9495	93.9258	101.4654	109.6117	118.4108	127.9125
15	78.3305	85.1922	92.6694	100.8151	109.6868	119.3465	129.8611	141.3029	153.7500	167.2863
16	95.7799	104.9345	114.9834	126.0108	138.1085	151.3766	165.9236	181.8677	199.3374	218.4722
17	116.8937	129.0201	142.4295	157.2534	173.6357	191.7345	211.7230	233.7907	258.1453	285.0139
18	142.4413	158.4045	176.1883	195.9942	218.0446	242.5855	269.8882	300.2521	334.0074	371.5180
19	173.3540	194.2535	217.7116	244.0328	273.5558	306.6577	343.7580	385.3227	431.8696	483.9734
20	210.7584	237.9893	268.7853	303.6006	342.9447	387.3887	437.5726	494.2131	558.1118	630.1655
21	256.0176	291.3469	331.6059	377.4648	429.6809	489.1098	556.7173	633.5927	720.9642	820.2151
22	310.7813	356.4432	408.8753	469.0563	538.1011	617.2783	708.0309	811.9987	931.0438	1067.2796
23	377.0454	435.8607	503.9166	582.6298	673.6264	778.7707	900.1993	1040.3583	1202.0465	1388.4635
24	457.2249	532.7501	620.8174	723.4610	843.0329	982.2511	1144.2531	1332.6586	1551.6400	1806.0026
25	554.2422	650.9551	764.6054	898.0916	1054.7912	1238.6363	1454.2014	1706.8031	2002.6156	2348.8033
26	671.6330	795.1653	941.4647	1114.6336	1319.4890	1561.6818	1847.8358	2185.7079	2584.3741	3054.4443
27	813.6759	971.1016	1159.0016	1383.1457	1650.3612	1968.7191	2347.7515	2798.7061	3334.8426	3971.7776
28	985.5479	1185.7440	1426.5719	1716.1007	2063.9515	2481.5860	2982.6443	3583.3438	4302.9470	5164.3109
29	1193.5129	1447.6077	1755.6835	2128.9648	2580.9394	3127.7984	3788.9583	4587.6801	5551.8016	6714.6042
30	1445.1507	1767.0813	2160.4907	2640.9164	3227.1743	3942.0260	4812.9771	5873.2306	7162.8241	8729.9855

续表

期数	21%	22%	23%	24%	25%	26%	27%	28%	29%	30%
31	1749. 6323	2156. 8392	2658. 4036	3275. 7363	4034. 9678	4967. 9527	6113. 4809	7518. 7351	9241. 0431	11349. 9811
32	2118. 0551	2632. 3439	3270. 8364	4062. 9130	5044. 7098	6260. 6204	7765. 1207	9624. 9810	11921. 9456	14755. 9755
33	2563. 8467	3212. 4595	4024. 1287	5039. 0122	6306. 8872	7889. 3817	9862. 7033	12320. 9756	15380. 3098	19183. 7681
34	3103. 2545	3920. 2006	4950. 6783	6249. 3751	7884. 6091	9941. 6210	12526. 6332	15771. 8488	19841. 5997	24939. 8985
35	3755. 9379	4783. 6447	6090. 3344	7750. 2251	9856. 7613	12527. 4424	15909. 8242	20188. 9665	25596. 6636	32422. 8681
36	4545. 6848	5837. 0466	7492. 1113	9611. 2791	12321. 9516	15785. 5774	20206. 4767	25842. 8771	33020. 6960	42150. 7285
37	5501. 2787	7122. 1968	9216. 2969	11918. 9861	15403. 4396	19890. 8276	25663. 2254	33079. 8826	42597. 6978	54796. 9471
38	6657. 5472	8690. 0801	11337. 0451	14780. 5428	19255. 2994	25063. 4428	32593. 2963	42343. 2498	54952. 0302	71237. 0312
39	8056. 6321	10602. 8978	13945. 5655	18328. 8731	24070. 1243	31580. 9379	41394. 4863	54200. 3597	70889. 1190	92609. 1405
40	9749. 5248	12936. 5353	17154. 0456	22728. 8026	30088. 6554	39792. 9817	52571. 9976	69377. 4604	91447. 9635	120392. 8827
41	11797. 9250	15783. 5730	21100. 4761	28184. 7152	37611. 8192	50140. 1570	66767. 4369	88804. 1494	117968. 8729	156511. 7475
42	14276. 4893	19256. 9591	25954. 5856	34950. 0469	47015. 7740	63177. 5978	84795. 6449	113670. 3112	152180. 8460	203466. 2718
43	17275. 5521	23494. 4901	31925. 1403	43339. 0581	58770. 7175	79604. 7732	107691. 4690	145498. 9983	196314. 2913	264507. 1533
44	20904. 4180	28664. 2779	39268. 9225	53741. 4321	73464. 3969	100303. 0142	136769. 1656	186239. 7178	253246. 4358	343860. 2993
45	25295. 3458	34971. 4191	48301. 7747	66640. 3758	91831. 4962	126382. 7979	173697. 8403	238387. 8388	326688. 9022	447019. 3890
46	30608. 3684	42666. 1312	59412. 1829	82635. 0660	114790. 3702	159243. 3254	220597. 2572	305137. 4337	421429. 6838	581126. 2058
47	37037. 1257	52053. 6801	73077. 9850	102468. 4818	143488. 9627	200647. 5900	280159. 5166	390576. 9151	543645. 2922	755465. 0675
48	44815. 9221	63506. 4897	89886. 9215	127061. 9174	179362. 2034	252816. 9634	355803. 5861	499939. 4514	701303. 4269	982105. 5877
49	54228. 2658	77478. 9175	110561. 9135	157557. 7776	224203. 7543	318550. 3739	451871. 5544	639923. 4978	904682. 4207	1276738. 2640
50	65617. 2016	94525. 2793	135992. 1536	195372. 6442	280255. 6929	401374. 4711	573877. 8741	819103. 0771	1167041. 3227	1659760. 7433
51	79397. 8140	115321. 8408	167271. 3489	242263. 0788	350320. 6161	505732. 8336	728825. 9001	1048452. 9387	1505484. 3063	2157689. 9662
52	96072. 3549	140693. 6458	205744. 7591	300407. 2178	437901. 7701	637224. 3704	925609. 8931	1342020. 7616	1942075. 7551	2804997. 9561
53	116248. 5494	171647. 2478	253067. 0537	372505. 9500	547378. 2126	802903. 7066	1175525. 5642	1717787. 5748	2505278. 7241	3646498. 3430
54	140661. 7448	209410. 6423	311273. 4761	461908. 3780	684223. 7658	1011659. 6704	1492918. 4665	2198769. 0958	3231810. 5540	4740448. 8458
55	170201. 7112	255481. 9837	382867. 3756	572767. 3888	855280. 7072	1274692. 1847	1896007. 4525	2814425. 4426	4169036. 6147	6162584. 4996
56	205945. 0706	311689. 0201	470927. 8719	710232. 5621	1069101. 8840	1606113. 1527	2407930. 4647	3602465. 5665	5378058. 2330	8011360. 8495
57	249194. 5354	380261. 6045	579242. 2825	880689. 3770	1336378. 3550	2023703. 5724	3058072. 6902	4611156. 9252	6937696. 1205	10414770. 1043
58	301526. 3878	463920. 1575	712469. 0075	1092055. 8274	1670473. 9438	2549867. 5012	3883753. 3165	5902281. 8642	8949628. 9955	13539202. 1356
59	364847. 9292	565983. 5921	876337. 8792	1354150. 2260	2088093. 4298	3212834. 0515	4932367. 7120	7554921. 7862	1545022. 4042	17600963. 7763
60	441466. 9944	690500. 9824	1077896. 5914	1679147. 2802	2610117. 7872	4048171. 9049	6264107. 9942	9670300. 8863	4893079. 9014	22881253. 9091

附录四　年金现值系数表（P/A，i，n）　$P = A \cdot \frac{1-(1+i)^{-n}}{i}$

期数	1%	2%	3%	4%	5%	6%	7%	8%	9%	10%
1	0.9901	0.9804	0.9709	0.9615	0.9524	0.9434	0.9346	0.9259	0.9174	0.9091
2	1.9704	1.9416	1.9135	1.8861	1.8594	1.8334	1.8080	1.7833	1.7591	1.7355
3	2.9410	2.8839	2.8286	2.7751	2.7232	2.6730	2.6243	2.5771	2.5313	2.4869
4	3.9020	3.8077	3.7171	3.6299	3.5460	3.4651	3.3872	3.3121	3.2397	3.1699
5	4.8534	4.7135	4.5797	4.4518	4.3295	4.2124	4.1002	3.9927	3.8897	3.7908
6	5.7955	5.6014	5.4172	5.2421	5.0757	4.9173	4.7665	4.6229	4.4859	4.3553
7	6.7282	6.4720	6.2303	6.0021	5.7864	5.5824	5.3893	5.2064	5.0330	4.8684
8	7.6517	7.3255	7.0197	6.7327	6.4632	6.2098	5.9713	5.7466	5.5348	5.3349
9	8.5660	8.1622	7.7861	7.4353	7.1078	6.8017	6.5152	6.2469	5.9952	5.7590
10	9.4713	8.9826	8.5302	8.1109	7.7217	7.3601	7.0236	6.7101	6.4177	6.1446
11	10.3676	9.7868	9.2526	8.7605	8.3064	7.8869	7.4987	7.1390	6.8052	6.4951
12	11.2551	10.5753	9.9540	9.3851	8.8633	8.3838	7.9427	7.5361	7.1607	6.8137
13	12.1337	11.3484	10.6350	9.9856	9.3936	8.8527	8.3577	7.9038	7.4869	7.1034
14	13.0037	12.1062	11.2961	10.5631	9.8986	9.2950	8.7455	8.2442	7.7862	7.3667
15	13.8651	12.8493	11.9379	11.1184	10.3797	9.7122	9.1079	8.5595	8.0607	7.6061
16	14.7179	13.5777	12.5611	11.6523	10.8378	10.1059	9.4466	8.8514	8.3126	7.8237
17	15.5623	14.2919	13.1661	12.1657	11.2741	10.4773	9.7632	9.1216	8.5436	8.0216
18	16.3983	14.9920	13.7535	12.6593	11.6896	10.8276	10.0591	9.3719	8.7556	8.2014
19	17.2260	15.6785	14.3238	13.1339	12.0853	11.1581	10.3356	9.6036	8.9501	8.3649
20	18.0456	16.3514	14.8775	13.5903	12.4622	11.4699	10.5940	9.8181	9.1285	8.5136
21	18.8570	17.0112	15.4150	14.0292	12.8212	11.7641	10.8355	10.0168	9.2922	8.6487
22	19.6604	17.6580	15.9369	14.4511	13.1630	12.0416	11.0612	10.2007	9.4424	8.7715
23	20.4558	18.2922	16.4436	14.8568	13.4886	12.3034	11.2722	10.3711	9.5802	8.8832
24	21.2434	18.9139	16.9355	15.2470	13.7986	12.5504	11.4693	10.5288	9.7066	8.9847
25	22.0232	19.5235	17.4131	15.6221	14.0939	12.7834	11.6536	10.6748	9.8226	9.0770
26	22.7952	20.1210	17.8768	15.9828	14.3752	13.0032	11.8258	10.8100	9.9290	9.1609
27	23.5596	20.7069	18.3270	16.3296	14.6430	13.2105	11.9867	10.9352	10.0266	9.2372
28	24.3164	21.2813	18.7641	16.6631	14.8981	13.4062	12.1371	11.0511	10.1161	9.3066
29	25.0658	21.8444	19.1885	16.9837	15.1411	13.5907	12.2777	11.1584	10.1983	9.3696
30	25.8077	22.3965	19.6004	17.2920	15.3725	13.7648	12.4090	11.2578	10.2737	9.4269

续表

期数	1%	2%	3%	4%	5%	6%	7%	8%	9%	10%
31	26. 5423	22. 9377	20. 0004	17. 5885	15. 5928	13. 9291	12. 5318	11. 3498	10. 3428	9. 4790
32	27. 2696	23. 4683	20. 3888	17. 8736	15. 8027	14. 0840	12. 6466	11. 4350	10. 4062	9. 5264
33	27. 9897	23. 9886	20. 7658	18. 1476	16. 0025	14. 2302	12. 7538	11. 5139	10. 4644	9. 5694
34	28. 7027	24. 4986	21. 1318	18. 4112	16. 1929	14. 3681	12. 8540	11. 5869	10. 5178	9. 6086
35	29. 4086	24. 9986	21. 4872	18. 6646	16. 3742	14. 4982	12. 9477	11. 6546	10. 5668	9. 6442
36	30. 1075	25. 4888	21. 8323	18. 9083	16. 5469	14. 6210	13. 0352	11. 7172	10. 6118	9. 6765
37	30. 7995	25. 9695	22. 1672	19. 1426	16. 7113	14. 7368	13. 1170	11. 7752	10. 6530	9. 7059
38	31. 4847	26. 4406	22. 4925	19. 3679	16. 8679	14. 8460	13. 1935	11. 8289	10. 6908	9. 7327
39	32. 1630	26. 9026	22. 8082	19. 5845	17. 0170	14. 9491	13. 2649	11. 8786	10. 7255	9. 7570
40	32. 8347	27. 3555	23. 1148	19. 7928	17. 1591	15. 0463	13. 3317	11. 9246	10. 7574	9. 7791
41	33. 4997	27. 7995	23. 4124	19. 9931	17. 2944	15. 1380	13. 3941	11. 9672	10. 7866	9. 7991
42	34. 1581	28. 2348	23. 7014	20. 1856	17. 4232	15. 2245	13. 4524	12. 0067	10. 8134	9. 8174
43	34. 8100	28. 6616	23. 9819	20. 3708	17. 5459	15. 3062	13. 5070	12. 0432	10. 8380	9. 8340
44	35. 4555	29. 0800	24. 2543	20. 5488	17. 6628	15. 3832	13. 5579	12. 0771	10. 8605	9. 8491
45	36. 0945	29. 4902	24. 5187	20. 7200	17. 7741	15. 4558	13. 6055	12. 1084	10. 8812	9. 8628
46	36. 7272	29. 8923	24. 7754	20. 8847	17. 8801	15. 5244	13. 6500	12. 1374	10. 9002	9. 8753
47	37. 3537	30. 2866	25. 0247	21. 0429	17. 9810	15. 5890	13. 6916	12. 1643	10. 9176	9. 8866
48	37. 9740	30. 6731	25. 2667	21. 1951	18. 0772	15. 6500	13. 7305	12. 1891	10. 9336	9. 8969
49	38. 5881	31. 0521	25. 5017	21. 3415	18. 1687	15. 7076	13. 7668	12. 2122	10. 9482	9. 9063
50	39. 1961	31. 4236	25. 7298	21. 4822	18. 2559	15. 7619	13. 8007	12. 2335	10. 9617	9. 9148
51	39. 7981	31. 7878	25. 9512	21. 6175	18. 3390	15. 8131	13. 8325	12. 2532	10. 9740	9. 9226
52	40. 3942	32. 1449	26. 1662	21. 7476	18. 4181	15. 8614	13. 8621	12. 2715	10. 9853	9. 9296
53	40. 9844	32. 4950	26. 3750	21. 8727	18. 4934	15. 9070	13. 8898	12. 2884	10. 9957	9. 9360
54	41. 5687	32. 8383	26. 5777	21. 9930	18. 5651	15. 9500	13. 9157	12. 3041	11. 0053	9. 9418
55	42. 1472	33. 1748	26. 7744	22. 1086	18. 6335	15. 9905	13. 9399	12. 3186	11. 0140	9. 9471
56	42. 7200	33. 5047	26. 9655	22. 2198	18. 6985	16. 0288	13. 9626	12. 3321	11. 0220	9. 9519
57	43. 2871	33. 8281	27. 1509	22. 3267	18. 7605	16. 0649	13. 9837	12. 3445	11. 0294	9. 9563
58	43. 8486	34. 1452	27. 3310	22. 4296	18. 8195	16. 0990	14. 0035	12. 3560	11. 0361	9. 9603
59	44. 4046	34. 4561	27. 5058	22. 5284	18. 8758	16. 1311	14. 0219	12. 3667	11. 0423	9. 9639
60	44. 9550	34. 7609	27. 6756	22. 6235	18. 9293	16. 1614	14. 0392	12. 3766	11. 0480	9. 9672

附录四　　年金现值系数表（P/A，i，n）（续1）

期数	11%	12%	13%	14%	15%	16%	17%	18%	19%	20%
1	0.9009	0.8929	0.8850	0.8772	0.8696	0.8621	0.8547	0.8475	0.8403	0.8333
2	1.7125	1.6901	1.6681	1.6467	1.6257	1.6052	1.5852	1.5656	1.5465	1.5278
3	2.4437	2.4018	2.3612	2.3216	2.2832	2.2459	2.2096	2.1743	2.1399	2.1065
4	3.1024	3.0373	2.9745	2.9137	2.8550	2.7982	2.7432	2.6901	2.6386	2.5887
5	3.6959	3.6048	3.5172	3.4331	3.3522	3.2743	3.1993	3.1272	3.0576	2.9906
6	4.2305	4.1114	3.9975	3.8887	3.7845	3.6847	3.5892	3.4976	3.4098	3.3255
7	4.7122	4.5638	4.4226	4.2883	4.1604	4.0386	3.9224	3.8115	3.7057	3.6046
8	5.1461	4.9676	4.7988	4.6389	4.4873	4.3436	4.2072	4.0776	3.9544	3.8372
9	5.5370	5.3282	5.1317	4.9464	4.7716	4.6065	4.4506	4.3030	4.1633	4.0310
10	5.8892	5.6502	5.4262	5.2161	5.0188	4.8332	4.6586	4.4941	4.3389	4.1925
11	6.2065	5.9377	5.6869	5.4527	5.2337	5.0286	4.8364	4.6560	4.4865	4.3271
12	6.4924	6.1944	5.9176	5.6603	5.4206	5.1971	4.9884	4.7932	4.6105	4.4392
13	6.7499	6.4235	6.1218	5.8424	5.5831	5.3423	5.1183	4.9095	4.7147	4.5327
14	6.9819	6.6282	6.3025	6.0021	5.7245	5.4675	5.2293	5.0081	4.8023	4.6106
15	7.1909	6.8109	6.4624	6.1422	5.8474	5.5755	5.3242	5.0916	4.8759	4.6755
16	7.3792	6.9740	6.6039	6.2651	5.9542	5.6685	5.4053	5.1624	4.9377	4.7296
17	7.5488	7.1196	6.7291	6.3729	6.0472	5.7487	5.4746	5.2223	4.9897	4.7746
18	7.7016	7.2497	6.8399	6.4674	6.1280	5.8178	5.5339	5.2732	5.0333	4.8122
19	7.8393	7.3658	6.9380	6.5504	6.1982	5.8775	5.5845	5.3162	5.0700	4.8435
20	7.9633	7.4694	7.0248	6.6231	6.2593	5.9288	5.6278	5.3527	5.1009	4.8696
21	8.0751	7.5620	7.1016	6.6870	6.3125	5.9731	5.6648	5.3837	5.1268	4.8913
22	8.1757	7.6446	7.1695	6.7429	6.3587	6.0113	5.6964	5.4099	5.1486	4.9094
23	8.2664	7.7184	7.2297	6.7921	6.3988	6.0442	5.7234	5.4321	5.1668	4.9245
24	8.3481	7.7843	7.2829	6.8351	6.4338	6.0726	5.7465	5.4509	5.1822	4.9371
25	8.4217	7.8431	7.3300	6.8729	6.4641	6.0971	5.7662	5.4669	5.1951	4.9476
26	8.4881	7.8957	7.3717	6.9061	6.4906	6.1182	5.7831	5.4804	5.2060	4.9563
27	8.5478	7.9426	7.4086	6.9352	6.5135	6.1364	5.7975	5.4919	5.2151	4.9636
28	8.6016	7.9844	7.4412	6.9607	6.5335	6.1520	5.8099	5.5016	5.2228	4.9697
29	8.6501	8.0218	7.4701	6.9830	6.5509	6.1656	5.8204	5.5098	5.2292	4.9747
30	8.6938	8.0552	7.4957	7.0027	6.5660	6.1772	5.8294	5.5168	5.2347	4.9789

续表

期数	11%	12%	13%	14%	15%	16%	17%	18%	19%	20%
31	8. 7331	8. 0850	7. 5183	7. 0199	6. 5791	6. 1872	5. 8371	5. 5227	5. 2392	4. 9824
32	8. 7686	8. 1116	7. 5383	7. 0350	6. 5905	6. 1959	5. 8437	5. 5277	5. 2430	4. 9854
33	8. 8005	8. 1354	7. 5560	7. 0482	6. 6005	6. 2034	5. 8493	5. 5320	5. 2462	4. 9878
34	8. 8293	8. 1566	7. 5717	7. 0599	6. 6091	6. 2098	5. 8541	5. 5356	5. 2489	4. 9898
35	8. 8552	8. 1755	7. 5856	7. 0700	6. 6166	6. 2153	5. 8582	5. 5386	5. 2512	4. 9915
36	8. 8786	8. 1924	7. 5979	7. 0790	6. 6231	6. 2201	5. 8617	5. 5412	5. 2531	4. 9929
37	8. 8996	8. 2075	7. 6087	7. 0868	6. 6288	6. 2242	5. 8647	5. 5434	5. 2547	4. 9941
38	8. 9186	8. 2210	7. 6183	7. 0937	6. 6338	6. 2278	5. 8673	5. 5452	5. 2561	4. 9951
39	8. 9357	8. 2330	7. 6268	7. 0997	6. 6380	6. 2309	5. 8695	5. 5468	5. 2572	4. 9959
40	8. 9511	8. 2438	7. 6344	7. 1050	6. 6418	6. 2335	5. 8713	5. 5482	5. 2582	4. 9966
41	8. 9649	8. 2534	7. 6410	7. 1097	6. 6450	6. 2358	5. 8729	5. 5493	5. 2590	4. 9972
42	8. 9774	8. 2619	7. 6469	7. 1138	6. 6478	6. 2377	5. 8743	5. 5502	5. 2596	4. 9976
43	8. 9886	8. 2696	7. 6522	7. 1173	6. 6503	6. 2394	5. 8755	5. 5510	5. 2602	4. 9980
44	8. 9988	8. 2764	7. 6568	7. 1205	6. 6524	6. 2409	5. 8765	5. 5517	5. 2607	4. 9984
45	9. 0079	8. 2825	7. 6609	7. 1232	6. 6543	6. 2421	5. 8773	5. 5523	5. 2611	4. 9986
46	9. 0161	8. 2880	7. 6645	7. 1256	6. 6559	6. 2432	5. 8781	5. 5528	5. 2614	4. 9989
47	9. 0235	8. 2928	7. 6677	7. 1277	6. 6573	6. 2442	5. 8787	5. 5532	5. 2617	4. 9991
48	9. 0302	8. 2972	7. 6705	7. 1296	6. 6585	6. 2450	5. 8792	5. 5536	5. 2619	4. 9992
49	9. 0362	8. 3010	7. 6730	7. 1312	6. 6596	6. 2457	5. 8797	5. 5539	5. 2621	4. 9993
50	9. 0417	8. 3045	7. 6752	7. 1327	6. 6605	6. 2463	5. 8801	5. 5541	5. 2623	4. 9995
51	9. 0465	8. 3076	7. 6772	7. 1339	6. 6613	6. 2468	5. 8804	5. 5544	5. 2624	4. 9995
52	9. 0509	8. 3103	7. 6789	7. 1350	6. 6620	6. 2472	5. 8807	5. 5545	5. 2625	4. 9996
53	9. 0549	8. 3128	7. 6805	7. 1360	6. 6626	6. 2476	5. 8809	5. 5547	5. 2626	4. 9997
54	9. 0585	8. 3150	7. 6818	7. 1368	6. 6631	6. 2479	5. 8811	5. 5548	5. 2627	4. 9997
55	9. 0617	8. 3170	7. 6830	7. 1376	6. 6636	6. 2482	5. 8813	5. 5549	5. 2628	4. 9998
56	9. 0646	8. 3187	7. 6841	7. 1382	6. 6640	6. 2485	5. 8815	5. 5550	5. 2628	4. 9998
57	9. 0672	8. 3203	7. 6851	7. 1388	6. 6644	6. 2487	5. 8816	5. 5551	5. 2629	4. 9998
58	9. 0695	8. 3217	7. 6859	7. 1393	6. 6647	6. 2489	5. 8817	5. 5552	5. 2629	4. 9999
59	9. 0717	8. 3229	7. 6866	7. 1397	6. 6649	6. 2490	5. 8818	5. 5552	5. 2630	4. 9999
60	9. 0736	8. 3240	7. 6873	7. 1401	6. 6651	6. 2492	5. 8819	5. 5553	5. 2630	4. 9999

附录四　　年金现值系数表（P/A，i，n）（续2）

期数	21%	22%	23%	24%	25%	26%	27%	28%	29%	30%
1	0.8264	0.8197	0.8130	0.8065	0.8000	0.7937	0.7874	0.7813	0.7752	0.7692
2	1.5095	1.4915	1.4740	1.4568	1.4400	1.4235	1.4074	1.3916	1.3761	1.3609
3	2.0739	2.0422	2.0114	1.9813	1.9520	1.9234	1.8956	1.8684	1.8420	1.8161
4	2.5404	2.4936	2.4483	2.4043	2.3616	2.3202	2.2800	2.2410	2.2031	2.1662
5	2.9260	2.8636	2.8035	2.7454	2.6893	2.6351	2.5827	2.5320	2.4830	2.4356
6	3.2446	3.1669	3.0923	3.0205	2.9514	2.8850	2.8210	2.7594	2.7000	2.6427
7	3.5079	3.4155	3.3270	3.2423	3.1611	3.0833	3.0087	2.9370	2.8682	2.8021
8	3.7256	3.6193	3.5179	3.4212	3.3289	3.2407	3.1564	3.0758	2.9986	2.9247
9	3.9054	3.7863	3.6731	3.5655	3.4631	3.3657	3.2728	3.1842	3.0997	3.0190
10	4.0541	3.9232	3.7993	3.6819	3.5705	3.4648	3.3644	3.2689	3.1781	3.0915
11	4.1769	4.0354	3.9018	3.7757	3.6564	3.5435	3.4365	3.3351	3.2388	3.1473
12	4.2784	4.1274	3.9852	3.8514	3.7251	3.6059	3.4933	3.3868	3.2859	3.1903
13	4.3624	4.2028	4.0530	3.9124	3.7801	3.6555	3.5381	3.4272	3.3224	3.2233
14	4.4317	4.2646	4.1082	3.9616	3.8241	3.6949	3.5733	3.4587	3.3507	3.2487
15	4.4890	4.3152	4.1530	4.0013	3.8593	3.7261	3.6010	3.4834	3.3726	3.2682
16	4.5364	4.3567	4.1894	4.0333	3.8874	3.7509	3.6228	3.5026	3.3896	3.2832
17	4.5755	4.3908	4.2190	4.0591	3.9099	3.7705	3.6400	3.5177	3.4028	3.2948
18	4.6079	4.4187	4.2431	4.0799	3.9279	3.7861	3.6536	3.5294	3.4130	3.3037
19	4.6346	4.4415	4.2627	4.0967	3.9424	3.7985	3.6642	3.5386	3.4210	3.3105
20	4.6567	4.4603	4.2786	4.1103	3.9539	3.8083	3.6726	3.5458	3.4271	3.3158
21	4.6750	4.4756	4.2916	4.1212	3.9631	3.8161	3.6792	3.5514	3.4319	3.3198
22	4.6900	4.4882	4.3021	4.1300	3.9705	3.8223	3.6844	3.5558	3.4356	3.3230
23	4.7025	4.4985	4.3106	4.1371	3.9764	3.8273	3.6885	3.5592	3.4384	3.3254
24	4.7128	4.5070	4.3176	4.1428	3.9811	3.8312	3.6918	3.5619	3.4406	3.3272
25	4.7213	4.5139	4.3232	4.1474	3.9849	3.8342	3.6943	3.5640	3.4423	3.3286
26	4.7284	4.5196	4.3278	4.1511	3.9879	3.8367	3.6963	3.5656	3.4437	3.3297
27	4.7342	4.5243	4.3316	4.1542	3.9903	3.8387	3.6979	3.5669	3.4447	3.3305
28	4.7390	4.5281	4.3346	4.1566	3.9923	3.8402	3.6991	3.5679	3.4455	3.3312
29	4.7430	4.5312	4.3371	4.1585	3.9938	3.8414	3.7001	3.5687	3.4461	3.3317
30	4.7463	4.5338	4.3391	4.1601	3.9950	3.8424	3.7009	3.5693	3.4466	3.3321

续表

期数	21%	22%	23%	24%	25%	26%	27%	28%	29%	30%
31	4. 7490	4. 5359	4. 3407	4. 1614	3. 9960	3. 8432	3. 7015	3. 5697	3. 4470	3. 3324
32	4. 7512	4. 5376	4. 3421	4. 1624	3. 9968	3. 8438	3. 7019	3. 5701	3. 4473	3. 3326
33	4. 7531	4. 5390	4. 3431	4. 1632	3. 9975	3. 8443	3. 7023	3. 5704	3. 4475	3. 3328
34	4. 7546	4. 5402	4. 3440	4. 1639	3. 9980	3. 8447	3. 7026	3. 5706	3. 4477	3. 3329
35	4. 7559	4. 5411	4. 3447	4. 1644	3. 9984	3. 8450	3. 7028	3. 5708	3. 4478	3. 3330
36	4. 7569	4. 5419	4. 3453	4. 1649	3. 9987	3. 8452	3. 7030	3. 5709	3. 4479	3. 3331
37	4. 7578	4. 5426	4. 3458	4. 1652	3. 9990	3. 8454	3. 7032	3. 5710	3. 4480	3. 3331
38	4. 7585	4. 5431	4. 3462	4. 1655	3. 9992	3. 8456	3. 7033	3. 5711	3. 4481	3. 3332
39	4. 7591	4. 5435	4. 3465	4. 1657	3. 9993	3. 8457	3. 7034	3. 5712	3. 4481	3. 3332
40	4. 7596	4. 5439	4. 3467	4. 1659	3. 9995	3. 8458	3. 7034	3. 5712	3. 4481	3. 3332
41	4. 7600	4. 5441	4. 3469	4. 1661	3. 9996	3. 8459	3. 7035	3. 5713	3. 4482	3. 3333
42	4. 7603	4. 5444	4. 3471	4. 1662	3. 9997	3. 8459	3. 7035	3. 5713	3. 4482	3. 3333
43	4. 7606	4. 5446	4. 3472	4. 1663	3. 9997	3. 8460	3. 7036	3. 5713	3. 4482	3. 3333
44	4. 7608	4. 5447	4. 3473	4. 1663	3. 9998	3. 8460	3. 7036	3. 5714	3. 4482	3. 3333
45	4. 7610	4. 5449	4. 3474	4. 1664	3. 9998	3. 8460	3. 7036	3. 5714	3. 4482	3. 3333
46	4. 7612	4. 5450	4. 3475	4. 1665	3. 9999	3. 8461	3. 7036	3. 5714	3. 4482	3. 3333
47	4. 7613	4. 5451	4. 3476	4. 1665	3. 9999	3. 8461	3. 7037	3. 5714	3. 4483	3. 3333
48	4. 7614	4. 5451	4. 3476	4. 1665	3. 9999	3. 8461	3. 7037	3. 5714	3. 4483	3. 3333
49	4. 7615	4. 5452	4. 3477	4. 1666	3. 9999	3. 8461	3. 7037	3. 5714	3. 4483	3. 3333
50	4. 7616	4. 5452	4. 3477	4. 1666	3. 9999	3. 8461	3. 7037	3. 5714	3. 4483	3. 3333
51	4. 7616	4. 5453	4. 3477	4. 1666	4. 0000	3. 8461	3. 7037	3. 5714	3. 4483	3. 3333
52	4. 7617	4. 5453	4. 3477	4. 1666	4. 0000	3. 8461	3. 7037	3. 5714	3. 4483	3. 3333
53	4. 7617	4. 5453	4. 3478	4. 1666	4. 0000	3. 8461	3. 7037	3. 5714	3. 4483	3. 3333
54	4. 7617	4. 5454	4. 3478	4. 1666	4. 0000	3. 8461	3. 7037	3. 5714	3. 4483	3. 3333
55	4. 7618	4. 5454	4. 3478	4. 1666	4. 0000	3. 8461	3. 7037	3. 5714	3. 4483	3. 3333
56	4. 7618	4. 5454	4. 3478	4. 1666	4. 0000	3. 8461	3. 7037	3. 5714	3. 4483	3. 3333
57	4. 7618	4. 5454	4. 3478	4. 1666	4. 0000	3. 8461	3. 7037	3. 5714	3. 4483	3. 3333
58	4. 7618	4. 5454	4. 3478	4. 1667	4. 0000	3. 8461	3. 7037	3. 5714	3. 4483	3. 3333
59	4. 7618	4. 5454	4. 3478	4. 1667	4. 0000	3. 8461	3. 7037	3. 5714	3. 4483	3. 3333
60	4. 7619	4. 5454	4. 3478	4. 1667	4. 0000	3. 8462	3. 7037	3. 5714	3. 4483	3. 3333

主要参考文献

[1] 中国注册会计师协会. 财务成本管理. 北京. 中国财经出版传媒集团·中国财政经济出版社. 2018.

[2] 财政部会计资格评价中心. 中级会计资格·财务管理. 北京. 中国财经出版传媒集团·经济科学出版社. 2018.

[3] 闫华红. 2018 年会计专业技术资格考试应试指导及全真模拟测试·中级财务管理. 北京. 北京科学技术出版社. 2018.

[4] 荆新、王化成、刘俊彦. 财务管理学（第八版）. 北京. 中国人民大学出版社. 2018.

[5] [美] 查尔斯·亨格瑞等著. 潘飞等译. 管理会计教程.（第 15 版）北京. 人民邮电出版社. 2016.

[6] 郭素娟. 财务管理（第四版）[M]. 北京. 中国财政经济出版社. 2019.

[7] 于树彬、王忠民、刘萍. 管理会计 [M]. 东北财经大学出版社. 2010.

[8] 周峰. 管理会计与实训 [M]. 北京. 中国财政经济出版社. 2010.

[9] 贯成海. 管理会计 [M]. 北京. 电子工业出版社. 2007.